A Grande Ibéria

FUNDAÇÃO EDITORA DA UNESP

PRESIDENTE DO CONSELHO CURADOR
Marcos Macari

DIRETOR-PRESIDENTE
José Castilho Marques Neto

EDITOR EXECUTIVO
Jézio Hernani Bomfim Gutierre

ASSESSOR EDITORIAL
João Luis C. T. Ceccantini

CONSELHO EDITORIAL ACADÊMICO
Alberto Ikeda
Alfredo Pereira Júnior
Antonio Carlos Carrera de Souza
Eliabeth Berwerth Stucchi
Kester Carrara
Lourdes A. M. dos Santos Pinto
Maria Heloísa Martins Dias
Paulo José Brando Santilli
Ruben Aldrovandi
Tania Regina de Luca

EDITORA-ASSISTENTE
Denise Katchuian Dognini

Vamireh Chacon

A Grande Ibéria

Convergências e divergências de uma tendência

© 2005 by Vamireh Chacon
Direitos exclusivos para esta edição reservados à:
Fundação Editora da UNESP (FEU)

Edição:

Praça da Sé, 108 - 01001 900 São Paulo SP
Fone: (11) 3242 7171 - Fax: (11) 3242 7172
www.editoraunesp.com.br - feu@editora.unesp.br

Co-edição: ◯ Paralelo 15

SRTVN 701 - Centro Empresarial Norte, Torre B, sala 820
70719 903 Brasília DF
Fone: (61) 3326 5081 - Fax: (61) 3328 8514
e-mail: paralelo15@uol.com.br

Ficha catalográfica

Chacon, Vamireh
  A Grande Ibéria. Vamireh Chacon. São Paulo: Editora UNESP;
Brasília: Paralelo 15. 2005.
  270 p.
  Inclui índice onomástico.
  ISBN 85-7139-600-0
  1. Ciência Política. 2. Cultura. 3. História. I. Chacon,
Vamireh. II. Título.

CDU 327

Ao Felipe, em especial.

À memória de Oliveira Martins,
que entendeu a Espanha.

À memória de Miguel de Unamuno,
que amou Portugal.

Ibéria, dizes tu?! ... Disseste Ibéria?!
Acorda, Sancho, é ela a nossa dama!
Miguel Torga

Mi corazón aguarda
al hombre ibero de recia mano,
que tallará en roble castellano
el Dios adusto de la tierra parda.
Antonio Machado

...esta Galicia, competidora en clima e galantura c' os países máis encantadores da Terra...
Rosalía de Castro

Nuestro viejo amigo Tirso de Molina dijo hablando de nuestra Vizcaya que "por su hierro España goza su oro". Qué llegue a decirse que por nuestras palabras goza España su espírito.
Miguel de Unamuno

Dolça Catalunya,
pàtria del meu cor
quan de tu s'allunya
d'enyorança es mor.
Jacint Verdaguer

Sumário

Apresentação
Iberidade e ibero-americanidade — 11

Advertência
Ibéria e Nova Ibéria noutra globalização — 19

Primeira Parte
Heranças

Capítulo 1
Do Finisterra à polarização castelhana — 43

Capítulo 2
Extremos e equilíbrios da Espanha — 59

Capítulo 3
Visões lusitanas da Ibéria — 83

Capítulo 4
Iberidades e iberismos na monarquia — 107

Capítulo 5
Iberidades e iberismos na república — 155

Segunda Parte

Projeções ibéricas

Capítulo 6
Neo-Ibéria e Pós-iberidade   205

Índice onomástico   257

Apresentação

Iberidade e ibero-americanidade

Este é um texto de pesquisa de história das mentalidades, a partir de idéias individuais e geracionais, no contexto da cultura que somos, seiva da civilização que fazemos. Um tanto no sentido de Alfred Weber, menos famoso irmão de Max Weber: mais sociologia da cultura que filosofia da história, sem propostas de utopias nem programas políticos, ou ideologias, é fundamental que isto fique muito claro.

Grande Ibéria está aqui entendida como viva herança, atuante legado, da Antiga à Nova Ibéria: Antiga, seminal, a de Portugal e Espanhas de diversos reinos e etnias; Nova, as Américas Portuguesa (Brasil) e Hispânicas de vários povos e idiomas. *Grande Ibéria* projetando-se também na África lusófona, ainda hispanófona na outrora Guiné espanhola, e além, na Ásia e Oceania de Timor Leste. Quase onipresente, menos ou mais, através de imigrantes portugueses e espanhóis na própria Europa, na América do Norte a língua castelhana chega a rivalizar com os anglofalantes.

Existe ampla diferenciação internacional entre anglófonos, hispanófonos, lusófonos, francófonos, arabófonos, russófonos, a China um mundo em si mesma, os idiomas alemão, italiano, japonês lutando por respectivos espaços. A lusofonia é fundamental para a identidade nacional interna de Portugal, Brasil, afro-lusófonos e timorenses diante dos vizinhos e do mundo. Lusófonos e hispanófonos precisam aprender a língua do outro, até se tornarem bilíngües, trilíngües com o inglês hoje, mais adiante com o idioma do próximo co-hegemônico, porque não se deve aceitar a unilateralidade. Quanto mais as culturas, em geral, se conhecerem, tanto menos se estranharão e entrarão em conflito, suas competições serão muito mais pacificadas e institucionalizáveis. Não só as etnias, também os idiomas e as culturas não podem ser excludentes, xenofóbicos.

Goethe dizia que quem não conhece línguas estrangeiras, não conhece a sua própria...

A todos interessa paz e colaboração no mundo, aos brasileiros e hispano-americanos em especial a paz e colaboração nas Antiga e Nova Ibérias, para intensas e extensas trocas culturais e comerciais, as projeções políticas como conseqüência.

Há muitas assimetrias dentro e fora das Antiga e Nova Ibérias.

Aos seus componentes cabe livremente decidir, sem imposições internas nem externas, inclusive as das outrora sedes coloniais, que desde mais de um século não detêm monopólios de influência. As trocas culturais e comerciais diversificam-se e entremeiam-se em escala mundial. Existem diálogos, além de conflitos, entre culturas.

Os hispano-americanos não são espanhóis e vice-versa, porque as Américas Hispânicas não são só espanholas. Terminaram por triunfar as reivindicações de reconhecimento e aceitação das culturas inca, asteca, maia, aymara, quéchua, guarani e outras com seus costumes ainda vivos, inclusive suas línguas todavia faladas por largos segmentos populacionais, embora o espanhol castelhano lhes seja necessário como principal elo de comunicação entre si e mundial, ademais de imigrantes do mundo inteiro. O mundo *em espanhol* é diferente do mundo *em Espanha*.

Há vários Brasis no tempo e no espaço, Brasis unidos pelo instinto de nacionalidade e por um Estado unitário herdado e transformado.

O brasileiro não é português e vice-versa, porque o Brasil não se limita a uma mistura de português, índio e africano.

Casa-Grande & Senzala, de Gilberto Freyre, onde isso é tão enfatizado, concentra-se nos séculos XVI e XVII e surge como primeiro tomo de uma trilogia, estendendo-se aos séculos XVIII e XIX, em *Sobrados e Mucambos*, e ao século XX, em *Ordem e Progresso*, com a miscigenação brasileira indo muito além: de fins do século XIX a inícios do XX, a imigração italiana, principalmente em São Paulo e no Sul do Brasil, foi mais numerosa que a portuguesa, conforme o demonstram as estatísticas. As imigrações italiana e alemã – não esqueçamos a importância também desta –, de início se dedicaram à agricultura, à qual muito contribuíram para a modernização, logo à industrialização por eles consideravelmente incrementada nas regiões em que se instalaram, enquanto os portugueses se concentravam no comércio, ao lado dos espanhóis.

Gilberto Freyre também escreveu *Um engenheiro francês no Brasil*, sobre importantes contribuições das missões técnicas e artísticas vindas de Paris; *Ingleses no Brasil*, sobre as muitas influências dos imigrantes britânicos se estendendo do comércio nas principais cidades do litoral à construção de ferrovias pelos distantes interiores do país; *Nós e a Europa germânica* e as influências alemãs; *Novo Mundo nos trópicos*, outro tanto das chinesas e indianas, intermitentes, mas constantes ao longo dos tempos.

Os brasileiros são muito conscientes também da contribuição holandesa, desde as realizações do príncipe Maurício de Nassau no século XVII no Nordeste, aos imigrantes, principalmente em São Paulo.

Depois vieram chineses, japoneses, eslavos, mais judeus e mais árabes, desde os tempos coloniais, e inúmeras etnias e culturas, fazendo com que todos, enquanto brasileiros, construíssem o Brasil, na continuação de mais essa herança ibérica, a da geral miscigenação remontando às que, de início, constituíram as bases da Espanha e de Portugal, as etnias menos européias da Europa.

Daí *Os dois Brasis* na distinção feita por Jacques Lambert, professor da Sorbonne, entre o Brasil menos desenvolvido ao Norte e Nordeste até o Rio de Janeiro, herdeiros da escravidão, e o Brasil mais industrializado, das imigrações do trabalho livre. Amplamente, o Brasil das capitanias do litoral e o Brasil do Planalto Central: o primeiro, mais antigo, produto do que C. R. Boxer denominou *O império marítimo português*, e o segundo, o resultado da interiorização pelos bandeirantes, principalmente paulistas, além do meridiano das Tordesilhas, oficializada desde a União Ibérica dos reis Filipes e em tempos seguintes.

O mundo *em português* é muito diferente do mundo *em Portugal*. Pelas inúmeras miscigenações, Brasil e Américas Hispânicas são sínteses e identidades próprias, culturas e civilizações e povos diversos dos de Portugal e Espanha, aproximados pela lusofonia e hispanofonia. Suas confraternizações se tornam difíceis por antigas retóricas saudosistas e pelas supostamente novas. As pessoas e os povos podem ser amigos, os Estados e empresas têm interesses.

O primeiro Estado brasileiro foi herdeiro direto do Estado unitário forte vindo do Direito Romano a alguns reis portugueses, principalmente Dom João II, no Brasil desde Dom João III, mais as reformas do marquês de Pombal e os transplantes por Dom João VI. Os primeiros Estados hispano-americanos desde Carlos V, Filipe II e, principalmente, do reformador Carlos III.

Isso é iberidade e ibero-americanidade. Esta América é latina pelas línguas neolatinas portuguesa e castelhana e pelo Direito Romano estruturador de seus Estados e sociedades. O jurista e latino-americanista Pierangelo Catalano, da Universidade La Sapienza, de Roma, muito tem atuado nas relações entre os especialistas em Direito Romano da Itália e os do Brasil e Américas Hispânicas, refortalecendo antigos laços.

Iberismo é assunto para portugueses e espanhóis, ibero-americanismo para ibero-americanos. As uniões ibéricas refazem-se, muito melhores, na prática econômica das relações entre Portugal e Espanha e de muitos projetos comuns de auto-estradas, ferrovias, represas de rios, hidrelétricas e obras diversas de infra-estrutura, no quadro da União Européia, sem se precisar tocar nas fronteiras, do mesmo modo que a Alemanha voltou a ser a maior exportadora e importadora para e da Áustria. Algo idêntico passou a acontecer na Ibero-América numa factual união ibero-americana transfronteiriça interna, com Espanha e Portugal de volta entre seus principais parceiros comerciais, sem excludências de muitas integrações continentais e globais.

A integração política e econômica da Europa é entre muitas culturas estratificadas em inúmeros Estados multisseculares; a integração política e econômica ibero-americana é entre o Brasil lusófono e menos populosos hispanófonos. A união ibero-americana é a união ibérica da América Latina, com todas as atrações e repulsas mútuas herdadas e menos ou mais modificadas. Nas diferenças de proporção, inverte-se, na América do Sul e em toda a Ibero-América, a assimetria de Portugal com menor território, população e economia que Espanha: o Brasil é que tem maior território, população e economia que seus vizinhos. Com as conseqüentes diferenças de visão: o Brasil não se assusta e sim deseja maior integração consigo mesmo e com os vizinhos, daí ao mundo.

Espanha e Hispano-América, Portugal e Brasil vivem em mundos diferentes, têm objetivos próprios, são mundos diferentes cada vez mais pelos diversos caminhos e composições internas e externas que assumem. Cumpre buscar novos reencontros, outras convergências. Toda sociedade tem seu próprio ritmo em escala própria.

Também se apresenta diferente da portuguesa a visão da Espanha pelo Brasil: com a União Ibérica começou a legalização da quadruplicação do território do Brasil, limitado pelo Tratado de Tordesilhas a um quarto do que virá a ser, estendido pelos bandeirantes paulistas e ibéricos, reconhecido no Tratado de 1750, entre Portugal e Espanha, negociado pelo brasileiro Alexandre de Gusmão.

A relativa longa duração da União Ibérica – 60 anos – demonstrou ao Brasil a fragilidade da dominação colonial portuguesa. Tanto assim que, logo após 1640, irrompem as primeiras tentativas de independência brasileira por um espanhol, Amador Bueno, em São Paulo, e por uma família de portugueses, os Beckman, no Maranhão, reprimidos pelo poder colonial português. As lutas populares contra os holandeses, no século XVII, no seguinte voltam-se contra os lusos em inconfidências de Olinda a Minas Gerais, Rio de Janeiro e Bahia. A situação tornou-se incontrolável nas rebeliões dos princípios do século XIX – o auge em Pernambuco, 1817 –, até a inevitável separação independentista do Brasil, em 1822, contra a reação armada portuguesa em Salvador.

O talento político de Dom João VI, mais injustiçado em Portugal que no Brasil – assessorado por Dom Rodrigo de Sousa Coutinho, conde de Linhares, vindo do grupo em torno do marquês de Pombal, e por outros conselheiros, entre os quais Silvestre Pinheiro Ferreira – viabilizou a transição independentista dentro de um Estado fortalecido por Dom João II, transplantado por Dom João III e Dom João VI, com fronteiras internas e externas consolidadas e abrasileiradas no Novo Mundo. Estado refortalecido pelo marquês de Pombal. Na Espanha, pelo reformismo de

Carlos III e seus ministros iluministas da razão de Estado, reformistas não-revolucionários, conforme também suas circunstâncias.

O Estado e a sociedade prosseguem construídos pelos brasileiros e hispano-americanos, natos e adotivos, em extensa multiplicação e intensa miscigenação com outros povos. Crescentemente ali se implanta o pluralismo também de religiões e agnosticismos.

O maior legado político português ao Brasil é a vontade nacional do primeiro Estado europeu em fronteiras estáveis desde Dom Afonso III, em meados do século XIII, no breve período de três gerações após o fundador Dom Afonso I, Afonso Henriques; idêntica herança da Espanha entre os hispano-americanos.

Benedetto Croce demonstrou quanto a historiografia precisa entender-se na contemporaneidade. O passado passou, fica o legado, a herança. Saudades, sim, mas do futuro a continuar a ser construído pela grandeza e miséria humanas, cada qual menor ou maior, segundo os tempos e as pessoas. *A Grande Ibéria* já está prenunciada nos meus livros *O humanismo ibérico* (Lisboa, 1998) e *O futuro político da lusofonia* (Lisboa, 2002), ao enfatizar a diferença entre "iberidade" e "iberismo", e "o espaço luso-tropical e hispânico, ibérico", em "aliança emblemática".

As interpretações aqui muito recorrem à metodologia cultural alemã, biográfica e de época dos ingleses e à escola francesa dos *Annales*.

Em Portugal, convivi com Antônio Sérgio e Agostinho da Silva, opostos ideológicos; na Espanha, outro tanto de Gil Robles à Passionária, entre vários ibéricos representativos do tempo. Menéndez y Pelayo e Menéndez Pidal uniram rigor na pesquisa e paixão na escrita, Ranke e Michelet. O ser humano sempre volta ao passado por saudade, mágoa, curiosidade, autocrítica ou inspiração para o futuro, então o pesquisa, revive-o e reinterpreta-o. Lucien Febvre sintetizou muito bem – "Cada época forja mentalmente seu universo" – o Johan Huizinga de "só é passado, para uma cultura, algo que ela entenda, e só posso compreender, sempre, a partir de uma situação consciente historicamente condicionada". Este é também o sentido desta história das mentalidades aqui tentada, com algo próprio e próximo da linha de *Sobrados e Mucambos*, de Gilberto Freyre, *Raízes do Brasil*, de Sérgio Buarque de Holanda, e *Os donos do poder*, de Raymundo Faoro, vindo ao presente e projetando-se no futuro.

Portanto, esta é uma visão brasileira realista, objetiva, direta com experiências pessoais vividas dentro e fora da iberidade e latinidade, não só em livros, artigos e documentos lidos. As integrações propostas não são falsas fusões por supostos apelos sentimentais de cultura e idioma, e sim negociadas coordenações mundiais de custos comparativos, competitivos e complementares, com preferências culturais e idiomáticas, nunca excludências de outras alternativas, a pretexto sentimental ou ideológico.

Agradeço aos cavalheiros lusitanos Adriano de Carvalho, tão embaixador de Portugal no Brasil que nos dois permanece para sempre, Francisco Knopfli outro tanto embaixador dos portugueses no Brasil e dos brasileiros em Portugal, Adriano Moreira tão amigo dos brasileiros e do Brasil, João Bigotte Chorão conhecedor maior de Camilo Castelo Branco e Unamuno; a José Alberto Braga, luso-brasileiro de coração, a Manuel Ferreira Patrício na Universidade de Évora e na Universidade Nova de Lisboa a José Esteves Pereira. Em especial a Carlos Miguel de Araújo, cuja biblioteca ibérica várias vezes cruzou o Atlântico, quando eu não estava em Portugal. Agradecimentos extensivos ao embaixador Dário de Castro Alves, brasileiro tão conhecedor dos portugueses, e ao então recém-concluinte do mestrado de Ciência Política da Universidade de Brasília, Claus Rodarte; ainda agradecimentos aos cavalheiros hispânicos José Manuel Santos Pérez e Vicente Justo Hermida do Centro de Estudos Brasileiros da Universidade de Salamanca. No Brasil, os agradecimentos são à revisão técnica por Franck Soudant e aos esboços de cartografia por Alexandre Freitas Ribeiro Soares da Universidade de Brasília.

Entre o Brasil, Portugal, Espanha e Hispano-América em longas e largas viagens de fins do século XX aos primeiros anos do século XXI, também ibérico e neo-ibérico.

Advertência

Ibéria e Nova Ibéria noutra globalização

O Brasil e os hispano-americanos vão continuar onde estão, vizinhos imediatos. Não adianta se ignorarem, ou hostilizarem-se. Portugal e Espanha, que também viveram muito tempo de costas um para o outro, optaram por começar a integrar-se desde 1985, na então Comunidade Econômica Européia, depois União Européia. Respectivas integrações vêm sendo tentadas, cada vez mais, na América do Sul em especial e América Latina ou Ibero-América em geral, e com a própria América do Norte. Dentro e entre as integrações por blocos mundiais, haverá menores ou maiores aproximações de trocas econômicas, tecnológicas, culturais e entendimentos políticos.

A globalização (eletrônica) de fins do século XX e princípios do XXI não é a primeira, nem será a última; ela se efetua com as tecnologias, meios de produção das épocas, cultura material mais cultura intelectual em interação. Modernização é sua atualização em escala competitiva. Cada globalização é uma articulação dos elos dos sistemas de produção em menor ou maior escala quantitativa e qualitativa, construtivas inter-relações ou em conflito com as culturas nacionais, regionais e grupos sociais. Sempre há muitos globalizados e poucos globalizadores.

As aproximações só se realizam satisfatoriamente para todas as partes envolvidas, com eqüidade, na proporção de preparatórias e simultâneas aproximações humanas de contatos diretos pessoais e dos vários setores das diversas sociedades civis, não só entre Estados. Na percuciente observação de um brasileiro, já em meados do século XIX, Tobias Barreto,

> quando se evangeliza uma idéia nobre, por mais densa que seja a nuvem em que venha envolvida, o gênio do povo se encarrega de penetrar-lhe o íntimo e conhecer, por instinto, o seu alcance.

A Grande Ibéria é aqui uma metáfora inspiradora, uma documentada advertência ao brio, não uma ideologia com pretensões justificantes, nem uma utopia com pretensões determinantes, a história é uma façanha da liberdade, mostrou-a muito bem Benedetto Croce. Pois vale a pena lembrar a crítica de Raymond Ruyer:

> Quando se lêem várias utopias umas atrás das outras, fica-se impressionado pela monotonia da imaginação humana, quase tão evidente neste domínio como no das mitologias e dos contos populares.

O pensador português Álvaro Ribeiro explica, a propósito da sua tradução de *A cidade do Sol*, de Campanella, como

> o utopista, ao descrever uma sociedade melhor que o leitor compara com a sociedade em que vive, excita a generosidade latente no coração dos humanos; mas como não pode, porém, objetivar o sentimento senão numa imagem que exclui o mal, o erro, a aventura e a liberdade, ou seja, um dos fatores do dinamismo social, logo o aspecto de dedução fantasista e escolástica repugna a quem prefira o real na plenitude da verdade.

Portanto, não mitifiquemos, para não mistificarmos – tentações demasiado próximas –, nem incidamos em ideologias e utopias iberistas ou antiiberistas, ambíguas, contraproducentes.

A inspiradora metáfora da Grande Ibéria de Aquém e Além-Mar, Antiga e Nova Ibérias, deve ser aqui entendida no sentido de Leszek Kolakowski:

> É necessário ter os olhos voltados para o horizonte que nos mostra a estrada; mas, ao mesmo tempo, levar em conta que não existe um lugar onde o horizonte acabe.

A compreensão precisa ser feita com informações e métodos objetivos, além dos animadores impulsos subjetivos e sim no sentido de tipo-ideal weberiano. Os historicistas são totalizantes e deterministas; os culturalistas, mais objetivos, são nominalistas e probabilistas. A luta por justiça, paz e liberdade é realismo de fins: casa dividida não sobrevive.

Fernand Braudel distinguiu os ciclos históricos em curta e longa duração. Os ciclos longos são imprevisíveis, pois, Benedetto Croce, ao dizer muito bem a história como façanha da liberdade, ela é uma aventura do espírito, isto é, uma aventura da cultura e da civilização, o que somos e o

A Grande Ibéria

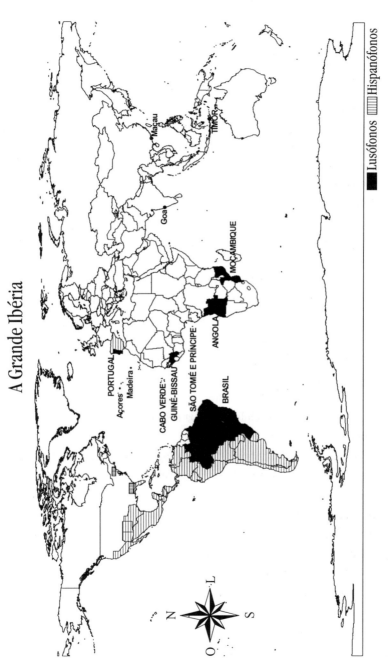

que fazemos em meio a cambiantes circunstâncias, às vezes fora do nosso controle.

Cumpre também lembrar que existem utopias pelo avesso, as antiutopias, entre elas a chamada *leyenda negra* da suposta inferioridade cultural – portanto política, econômica, social, científica e tecnológica – dos povos ibéricos, daí sua rápida ascensão e decadência históricas. Lenda tão absorvida pelos ibéricos e ibero-americanos, que precisa de catarse para maior brio deles, contra o derrotismo e o escapismo dos ideólogos antipovo.

Qual a origem da lenda negra, como se alastrou? Em 1914, Julián Juderías y Loyot (Madri, 1877 - Madri, 1918) publicou a primeira longa pesquisa historiográfica e historiológica a respeito, no seu livro intitulado *Leyenda negra*.

Ele mostra documentadamente seu início no panfleto de Guilherme de Orange, no francês mais conhecido na época que o holandês, *Apologie ou défense du très illustre prince Guillaume* (1581) em luta contra Filipe II de Espanha, plena época das lutas religiosas e políticas entre esta e a Holanda. Guilherme, na paixão do tempo, lançava contra Filipe, entre outras ignóbeis acusações, a de haver assassinado seu próprio filho e herdeiro do trono, Dom Carlos. Acusação ecoando pelas gerações seguintes, inclusive em Schiller, em sua peça de teatro exatamente intitulada *Dom Carlos*.

A diatribe de Guilherme de Orange logo passou a ser divulgada pelos Estados protestantes, a partir, naturalmente, da Inglaterra em luta radical contra a Espanha pelo domínio dos mares. Francisco de Quevedo, também grande poeta, foi o primeiro a refutar a tal diatribe, através do seu livro *Espanha defendida*, mais sua *Carta a Luís XIII*, rei de França, por onde já se alastrava a repercussão.

O Iluminismo francês do século XVIII – iluminismo muito anticlerical, ao contrário da maior parte do alemão, inglês ou italiano – na forma do enciclopedismo também francês evidentemente aderiu em grau extremo às versões da lenda negra, recebidas e acrescentadas, sempre com Filipe II no centro do debate. Apesar de tudo, os ingleses, mais pragmáticos, tendiam a preferir o discurso historiosófico, para evitar os percalços das provas historiográficas e implicações historiológicas; isto é, preferiam discussões políticas transformadas em filosofia, com algum apoio documental, em análises racionalistas. De qualquer modo, procuravam evitar os extremos passionais. Exemplo típico é a *História do imperador Carlos V*, de autoria de Robertson, em 1769.

Multiplicaram-se os panfletários naquelas épocas de acirradas discussões religiosas. À lenda negra aderiram inclusive autores ibéricos acrescentando a Contra-Reforma como ponto de partida da alegada perversão histórica, argumento de Antero de Quental, ou a Inquisição, já antes, segundo Alexandre Herculano. Acusações estendidas contra a colonização portuguesa e espanhola em geral, através do Abade Raynal e Buckle da França à Inglaterra, do século XVIII ao XIX.

A posterior historiografia, metodologicamente mais objetiva, com mais documentos e isenção, passou, pouco a pouco, a tornar o debate menos emocional, embora reconhecido como muito complexo. Permaneceriam as seqüelas, a nível vulgar, nem assim menos influentes em versões derrotistas supostamente atribuídas a Max Weber contra o catolicismo e não só em favor dos calvinistas. Já as católicas Veneza, Florença, Gênova, Milão, Lisboa, Sevilha, Barcelona e a Liga Hanseática, entre outros centros, foram capitalistas antes do protestantismo. Além destas refutações, multiplicam-se os desmentidos construtivos – na arte, ciência, tecnologia, economia, política, cultura e civilização em geral – à utopia pelo avesso, a do fracasso da Ibéria e Ibero-América, Antiga e Nova Ibérias.

O latino-americanista estadunidense Richard M. Morse – ele preferiria chamar-se ibero-americanista, amigo pessoal dos brasileiros Antônio Candido e Florestan Fernandes, desde os tempos de sua tese de doutoramento sobre a cidade de São Paulo, em 1947 – Richard M. Morse escreveu *O espelho de Próspero – Cultura e idéias nas Américas)*, mais paralelo que convergente com o meu próprio *O humanismo ibérico – A escolástica progressista e a questão da modernidade*, embora algumas das idéias de ambos se entrecruzem: as dele, da história das mentalidades sociais às suas origens individuais; as minhas, da história das idéias filosófico-políticas específicas às suas projeções sociais.

Morse prefere "Ibéria" a "Hispânia", para não confundir com Espanha. Ele se propõe a analisar e a sintetizar o itinerário ibérico de produtor, no século XVII, a consumidor de projetos da Europa para o mundo no século XVIII. Daí optar por Ibero-América em vez de América Latina,

> apenas para realçar a herança ideológica e institucional que o Novo Mundo recebeu das nações que lhe deram origem. O termo "América Latina" provém da França...

É a Ibero-América, com reforço francês, que se opõe à Anglo-América, ao compartilharem das "culturas políticas de suas respectivas pátrias de origem", "por mais diferentes que sejam suas respectivas mensagens culturais" assimiladas e reproduzidas criativamente.

Morse não aceita a civilização ibero-americana, poderia melhor dizer suas civilizações, como patológicas em qualquer interpretação determinista mesmo cultural. Indiretamente Morse se opõe, portanto, à interpretação calvinista-capitalista de Max Weber. Morse não diz, mas essa tese weberiana há muito vem sendo refutada pelos que apontam as anteriores e também grandes contribuições das católicas Veneza e Gênova a importantes primeiras manifestações do capitalismo antes de Lutero e Calvino. E a Liga Hanseática, já no apogeu, era católica, muito antes de tornar-se protestante...

Em Espanha, os reis Fernando de Aragão e Isabel de Castela, Dom João III, em Portugal, acrescentaram mais escolas, inclusive universidades, passando até a exigir que os funcionários do Estado fossem letrados, pouco a pouco universitários.

Fernando e Isabel – em Portugal os sucessivos reis – sintetizavam direções opostas: na Espanha, Aragão projetando-se europeiamente no Mediterrâneo, fazendo Fernando merecer de Maquiavel o elogio de primeiro príncipe moderno; Castela levando às Américas o ideal e o ímpeto de últimas cruzadas. Menéndez Pidal foi quem desenvolveu esta interpretação, sem traumas de antíteses insolúveis e sim como demonstração de entrecruzamentos de espíritos. Mais Carlos V que Filipe II, mesmo assim também este, tentaram sínteses euroamericanas, inclusive nos difíceis momentos das lutas religiosas desencadeadas entre católicos e protestantes.

Apresenta-se importante o fato que alguém de formação cultural anglo-protestante, como Richard M. Morse, reconheça como

> o papel de uma Inquisição [ibérica] teve uma conotação muito menos negativa do que aquela protestante que viria a adquirir mais tarde na cultura política da Inglaterra...

Realmente se costuma esquecer, por influência da *leyenda negra*, as estatísticas comprovando muito mais vítimas executadas pela perseguição religiosa na Inglaterra, que na Espanha daquele período. Não se trata de sinistra competição em torno do mal menor, porém de distribuição de responsabilidades.

A por mim denominada "escolástica progressista" em meu *O humanismo ibérico*, chega a ser classificada de "Revolução Religiosa" por Morse em seu *O espelho de Próspero*: "Suárez cumpriu essa função e ajudou a 'modernizar' a teologia e a filosofia no Norte da Europa". Überweg demonstrou como a influência suareziana veio reconhecidamente até a geração de Schopenhauer. No século XVI, Francisco Suárez, espanhol, ensinou em universidades do seu país e de Portugal. Juan de Mariana, também jesuíta, estendeu ao próprio tiranicídio o direito à revolução defendido por Suárez, a partir do conceito de Santo Tomás de Aquino de que todo poder vem de Deus, através do povo.

Morse reconhece que nem Hobbes, nem Locke, foram tão longe nos seus contratualismos. Nem na defesa dos direitos humanos tanto quanto Bartolomé de las Casas e Antônio Vieira já o faziam pelos ameríndios desde os séculos XVI e XVII, enquanto Francisco de Vitoria pela primeira vez estabelecia os fundamentos do Direito Internacional, antes de Hugo Grócio; humanismo com liberdade.

Na escolástica progressista, o pacto social é entre indivíduos para formarem uma comunidade senhora de um Estado, não deste contra ela.

Vale a pena dar a palavra ao texto de Morse, mesmo longamente, para suas conclusões admiráveis, repita-se, não só por suas acuradas pesquisas, quanto pela coragem de um anglo-protestante-americano:

Dizer que a Ibéria, em última análise, furtou-se às grandes "revoluções" não é negar que fosse sensível às tendências provenientes de todas as partes da Europa, e muito menos dizer que fosse um caso de desenvolvimento estancado.

A Contra-Reforma ibérica foi a Reforma Católica em competição com a Reforma Protestante. E mais:

Espreitando o futuro que nos reserva o século XXI e mais além – a cumulativa racionalização da vida e coletivização das mentes; tempos, talvez, de rotina, disfunção burocrática e entropia pura, pontuados por episódios apocalípticos – cabe perguntar se um certo leque de opções ocidentais que por muito tempo a Ibero-América manteve em custódia, sem honras nem louvores, não estará destinado a alcançar lentamente um reconhecimento cada vez maior.

Onde Richard M. Morse se detém é donde Gilberto Freyre, Darcy Ribeiro, José Vasconcelos, Uslar Pietri, Germán Arciniegas e outros ibero-americanos partem para propostas de reconstrução.

A recusa prática, tanto quanto a refutação intelectual, da lenda negra na Península Ibérica e Ibero-América, esta recusa ressalta em necessidade no reagrupamento mundial entre impérios de fonias, como venho destacando desde a minha monografia "Globalização e Estados transnacionais" publicada em 1998 pela *Revista Brasiliense de Política Comparada*, ampliada em livro em 2002: línguas inglesa, francesa, italiana, alemã, portuguesa, castelhana, chinesa, japonesa, russa, árabe, combatendo por imporem-se culturalmente e com os seus implícitos interesses, na luta mundial por corações e mentes nas fonopolíticas.

Muito cuidado: a língua não esgota a cultura, nem determina sozinha a civilização, sequer é o único instrumento de afirmação e comunicação. Existem uma enorme quantidade e qualidade de linguagens, sinais e registros de valores: os sons, os gestos, as danças, os números, as cores, as formas e as artes e ciências que os expressam. As próprias palavras, em si, mudam de sentido de uma cultura e civilização a outras numa mesma época, ainda mais em épocas diferentes. Diferenças todavia maiores nos estilos literários e ritmos de vida, nas sutilezas de expressão e interpretação.

Joseph S. Nye Jr. (em *Bound to lead*, sobre as projeções do poder dos Estados Unidos aplicáveis metodologicamente a outras potências) distingue *hard power* econômico, tecnológico, militar e o não menos importante *soft power* cultural. Não há cultura inocente...

Existem muitas assimetrias dentro das só aparentes simetrias culturais entre povos. A relação Portugal-Espanha não corresponde à relação Brasil-América Hispânica: Portugal tem um território cinco vezes inferior e população quatro vezes menor que os da Espanha; já o Brasil tem dois terços do território, da população e da economia da América do Sul, cerca de 40% dos da América Latina em geral.

Portugal tem temores históricos diante da Espanha, não compartilhados pelo Brasil diante da América Hispânica, ela é que os tem em relação ao Brasil, por conta daquelas assimetrias. O Brasil divide suas exportações e importações em quatro partes de uns 25% cada uma: com a América do Norte (Estados Unidos e Canadá), União Européia, Oriente (China, Japão, Índia) e Sul-Sul (América Latina e África). Portugal é quem está continentalizado, com a maioria de suas exportações e importações concentradas na União Européia, principalmente na Espanha. O Brasil é cada vez mais *global partner* econômico e *global player* político, com alianças de geometria variável, conforme interesses e circunstâncias.

Os investimentos internacionais no Brasil e países da América Hispânica, e suas importações e exportações, são feitos diretamente, sem precisarem passar pela "porta" ou "ponte" de Portugal ou Espanha; também nisto as estatísticas são claras.

Outras assimetrias existem entre Brasil-Portugal e Espanha-América Hispânica: nas escolas brasileiras de curso secundário, entre o primário e o universitário, ao lado da obrigatoriedade do inglês como primeira língua estrangeira, a segunda língua, por livre escolha vem deixando de ser o francês e tornando-se o espanhol castelhano, pelo maior intercâmbio comercial e pessoal entre o Brasil e vizinhos hispano-americanos. Por sua vez eles estão, cada vez mais, a preferir o português como segundo idioma, também no lugar do francês, pelos mesmos motivos. Isto se deve evidentemente à imediata vizinhança e maior peso demográfico e econômico brasileiro. Por outro lado, o espanhol castelhano é a língua estrangeira que mais cresce nos Estados Unidos e na Europa. Isto quanto às Américas, pois tendem a se estender mundialmente as projeções daqueles dois idiomas ibéricos.

Samuel P. Huntington, na sua preferência por conflitos de civilizações, concentrou-se no que considera ameaça ibérica pelos hispano-americanos nos Estados Unidos à hegemonia cultural e política dos *Wasps*, os anglo-americanos brancos, protestantes, construtores e mantenedores das instituições democráticas de seu país, como se observa em seu livro *Who are we? – The challenges to America's national identity*. Entre outros, Carlos Fuentes deu-lhe contundente resposta. Lembre-se que também há muitos imigrantes brasileiros ali, podendo ser vistos como naturais aliados ibericamente aos hispano-americanos, todos precisando cada vez mais se organizar para ascensão social e luta pelo poder no que os anglo-americanos tanto proclamam como pluralismo e pluriculturalismo. A imigração portuguesa e espanhola é bem menor nos Estados Unidos.

Ao contrário de Portugal, a memória histórica brasileira tem gratas recordações da União Ibérica; foi depois dela que começou a legalização da quadruplicação do território do Brasil pela penetração dos bandeirantes paulistas e ibéricos no Oeste, além dos limites do Tratado de Tordesilhas, demonstrada pelas pesquisas de Afonso Taunay em sua *História geral das bandeiras paulistas*, em doze volumes de documentos e interpretações; depois nos dois volumes *Marcha para o Oeste*, de autoria de Cassiano Ricardo. E na seqüência de livros de Sérgio Buarque de Holanda – *Visão do paraíso, O extremo Oeste, Monções* – no contexto da síntese *Raízes do Brasil*, onde também são demonstradas as diferenças e convergências lusas e espanholas.

O conflito entre bandeirantes e espanhóis foi principalmente nas reduções indígenas jesuíticas no Sul. O Brasil não tem traumas históricos espanhóis, como alguns hispano-americanos.

Houve um grande bandeirante português, Antônio Raposo Tavares, e vários espanhóis, em meio à maioria brasileira. Cassiano Ricardo demonstrou-o no seu específico ensaio "O 'bandeirismo' e o elemento espanhol do Planalto" central brasileiro, publicado na revista *Notícia Bibliográfica e Histórica*, da Pontifícia Universidade Católica de Campinas, no número de julho-dezembro de 1994. Ademais, sob o comando militar espanhol de uma frota da União Ibérica, foi expulsa da Bahia, em 1625, a primeira invasão holandesa do Brasil; a segunda viria a ser em Pernambuco, pouco depois. Eram os primeiros êxitos de defesa da nascente unidade pré-nacional brasileira, com ajuda de portugueses e espanhóis, com intensa e extensa participação brasileira. Um grande painel do pintor Juan Bautista Mayno comemora o evento baiano no Museu do Prado, em Madri.

Assim, não existe desconfiança, muito menos repulsa, dos brasileiros e hispano-americanos à palavra e ao conceito de "Ibéria", pois valorizam a iberidade, porém consideram o iberismo assunto interno de Portugal e Espanha. No caso de discordância entre estes, não compete ao Brasil e hispano-americanos opinar e sim mediar e aproximar. Desentendimentos entre Portugal e Espanha afetam negativamente os investimentos econômicos, trocas comerciais, negociações políticas e acordos culturais entre a Península Ibérica e a Ibero-América, além de darem um mau exemplo de cizânia interna, como se ela já não fosse tanta no mundo. A Nova Ibéria interessa-se, por motivos próprios, em haver paz e prosperidade na Antiga Ibéria.

A preferência de alguns portugueses e espanhóis pela palavra e conceito de "Hispânia", para se evitar qualquer conotação iberista, aquela opção cria dificuldades na Ibero-América subdividida em América Lusitana e América Hispânica na sua autodefinição habitual; traz ademais grandes dificuldades aos imigrantes portugueses e brasileiros nos Estados Unidos, por exemplo, onde também querem identidade própria em vez de se ver identificados enquanto hispano-americanos (*hispanics*), embora sejam aliados. Além disto, *hispanidad* é conceito político, associado ideologicamente a Ramiro de Maeztu, do qual o generalíssimo Franco tentou em vão apossar-se. Alemães, russos, anglófonos e demais povos usam indistintamente "América Latina" e "Ibero-América"; só os francófonos, italianos e romenos preferem "América Latina", para melhor se afirmarem. Daí os ibero-americanos nos Estados Unidos se chamarem "latinos".

Denominam-se cimeiras (*cumbres* em espanhol castelhano) ibero-americanas as periódicas reuniões de chefes de Estado e governo de Portugal, Espanha, Brasil e países da América Hispânica, desde a primeira em Guadalajara, México, em 1991, criando a Comunidade Ibero-Americana de Nações sediada em Madri. A Espanha tornou-se dos maiores investidores internacionais no Brasil, também Portugal, após séculos de mútuo afastamento econômico, cultural e político entre a Península Ibérica e a Ibero-América. Mesmo que os investimentos ibéricos não tenham condições, a longo prazo, de manterem-se em tão altos níveis, esta fase será das que marcarão relacionamentos e deixarão demonstrações e incentivos para maiores retomadas de oportunidades, até em intercâmbios tecnológicos no viável recíproco.

O erudito e astuto colombiano Germán Arciniegas tem mais um argumento digno de realista atenção: ao reincluir Portugal e Brasil como Ibero-América, a América Hispânica demonstra ser América Ladina, não só Latina (*América Ladina* é título de póstuma – 1993 – coleção de ensaios de sua autoria)...

Henry Kamen – em *O império* (espanhol) – demonstrou quanto sua dominação era heterogênea, dependente de ministros e militares estrangeiros na Europa e de soldados e camponeses índios na América, daí já Filipe II decidir conter sua expansão tornada cada vez mais difícil.

Claudio Sánchez-Albornoz – último presidente da República Espanhola escolhido no exílio, substituindo os que na Espanha estavam no poder e faleceram exilados – Sánchez-Albornoz, distinguido historiador, explica a básica formação cultural guerreirista dos povos de Portugal e Espanha pelo fato de ser a Península Ibérica "fundo de saco" da Europa, desde o início recebendo os finais impactos das sucessivas invasões vindo do Leste, amalgamando populações, culturas e civilizações a golpes de martelo contra bigorna.

Daí, "A Conquista [da Ibero-América] não ter sido um passo de balé; foi bárbara e brutal, mas não havia opção". Pois, acrescenta o jurista e historiador peruano de instituições, Fernán Altuve-Febres Lores, houve um frontal choque entre a concepção universal de Império de Carlos V e as concepções de impérios locais dos astecas e incas, estas há menos tempo conseguindo unificar etnias, culturas e civilizações vizinhas. O que possibilitou aos espanhóis aliarem-se a uns contra outros, o mesmo acontecendo aos portugueses diante de tribos menos organizadas, também rivais entre si no Brasil, com diálogos ao lado dos conflitos.

Por isso, continua Sánchez-Albornoz, "a rudeza, aspereza e a violência" da reconquista ibérica aos mouros, forjaram povos na Ibero-América "com nosso ímpeto bélico". Donde Ernesto Sábato – nisto insuspeito, porque dos principais defensores dos direitos humanos contra ditaduras na Argentina – pôde dizer:

> Comovedor destino o deste idioma [castelhano, o mesmo se aplica ao português na Ibero-América] que conta mil anos e é também revelador do mistério da Conquista. Porque se fosse apenas verdade o que conta a infausta lenda [*leyenda negra*], os descendentes das raças subjugadas deveriam manifestar hoje sua repulsa [aos idiomas ibéricos]. E tal não acontece.

Mesmo Manoel Bomfim, tão antiibérico no Brasil, usou a língua portuguesa nos seus textos. Muito depois, Amílcar Cabral, um dos líderes das independências afro-lusófonas, mostrou, muito bem, como é uma das maiores vitórias dos colonizados sua apropriação da cultura do colonizador.

Naquele seu discurso, ao receber em Madri, 1985, o Prêmio Cervantes, Ernesto Sábato conclui muito bem:

> Foi um vastíssimo fenômeno que, em meio milênio, conferiu unidade espiritual a umas vinte nações diferentes. Quantos e quais outros impérios produziram semelhante prodígio?

A transoceânica Nova Ibéria amplia a mais rica síntese ibérica de etnias, culturas e civilizações, desde o início de celtiberos, romanos (fenícios e gregos no litoral); mais germânicos visigodos, suevos e alanos; judeus, árabes, bérberes e negros em ondas conflitantes entre si, depois convergindo e compondo-se nos povos ibéricos, os menos europeus dos povos da Europa. Ainda mais absurdo o racismo ali.

No ultramar ibero-americano, esta mistura, predisposta ainda a outras, somou-se a índios, cristãos-novos e negros, noutra síntese, antecipadora prefiguração da humanidade do futuro, "raça cósmica", como a apresenta o mexicano José Vasconcelos, desde princípios do século XX, mestiçagem universal nas palavras do venezuelano Arturo Uslar Pietri, morenidade de Gilberto Freyre e Darcy Ribeiro, onça castanha de Ariano Suassuna, desde Bolívar anunciada em começos do século XIX até como "um novo gênero humano", contra e acima de todos os preconceitos...

Desde o berço, Ibéria são Ibérias. Em Portugal, ao lado do portal da antiqüíssima Sé de Braga, há uma placa de bronze proclamando-a sede do Arcebispado Primaz de todas as Espanhas, desde a precursora unidade portuguesa e os reinos, culturas e idiomas unificados por Fernando e Isabel.

O primeiro Império Mundial foi projeto concreto de Carlos V da Alemanha, I em Espanha; a primeira Grande Ibéria, concreto projeto de Filipe II de Espanha, em Portugal, organizando suas heranças dinásticas. As seguintes globalizações e integrações têm de renovar-se, para inovarem. Sem nostalgia do passado e sim com saudade do futuro. Poderão vir a surgir um patriotismo europeu e um patriotismo ibero-latino-americano, sínteses dos respectivos nacionalismos, mas só com o amadurecimento dos tempos.

As Ibérias de Aquém e Além-Mar são mais convergentes que os divergentes eslavos dos Bálcãs e outras etnias dentro da Rússia, Ásia e África. Mesmo assim, internas diferenças ibero-americanas suficientes para Jorge Luís Borges testemunhar que nunca encontrou um latino-americano e sim argentinos, brasileiros, mexicanos etc., etc., etc. Contudo, há denominadores comuns de máximos – as línguas ibero-neo-latinas português e espanhol castelhano, e o Direito Romano estruturador de suas sociedades e Estados – a denominadores comuns mínimos, pela sua imersão em diferentes culturas e civilizações índias, afros e de sucessivas, crescentes, ondas de imigrantes europeus vários, mais semitas e asiáticos, inclusive de novo africanos. Com a retomada do desenvolvimento econômico em Portugal e Espanha, também para lá passam a rumar imigrantes do mundo inteiro. A pluriculturalidade *de facto* apresenta-se com muito maior energia e criatividade, que os multiculturalismos ideológicos.

Só têm sentido integrações dentro e fora da Ibéria européia e Nova Ibéria transoceânica se houver consideráveis resultados positivos econômicos e sociais, para relacionamentos objetivos, sem ideologismos e sem sentimentalismo. As idéias são adequações entre inteligência e objeto; as ideologias, políticas por definição, limitam-se a idéias-força no sentido de Sorel, em parte antecipado pelo quase esquecido Fouillée: motivações visando a mobilizações, ideologismo é o seu abuso.

As integrações econômicas e sociais, para consumarem-se em políticas, precisam começar pela cultural, só assim poderão haver mútuas confianças, ao melhor se conhecerem diretamente as pessoas e as instituições das sociedades civis respectivas, não só entre os Estados. Nisto o grande desafio está no equilíbrio entre a espontânea vontade instintiva e a vontade de opção institucional, Ferdinand Tönnies muito bem as distinguiu.

Desde 2004 surgiu uma Constituição da Europa confederando-se gradativamente após os Tratados de Roma de 1957 e tratados seguintes. Dentro dela, o federalismo espanhol ou ibérico tende a existir na medida do consentimento, menor ou maior, dos seus povos, inevitavelmente causando reações negativas e positivas. A maior riqueza humana das Ibérias é a sua diversidade cultural de povos, idiomas, nações.

Portugal, com a maioria de suas exportações e importações na Espanha e União Européia, continentaliza-se diante da maior diversificação globalizante pela Espanha. No Conselho da Europa, Parlamento Europeu e Banco Central Europeu a Espanha tem menos votos que a Alemanha, França, Itália ou Grã-Bretanha, porém mais que Portugal e outros menores, conforme os tratados e a Constituição da União Européia. A aritmética é a maior inimiga da ilusão. A vontade política tem de ser realista, o realismo consiste na adequação eficaz entre meios e fins.

A integração econômica pacífica Portugal-Espanha só começou a ser possível no quadro da mais ampla adesão de ambos, em 1985, à integração européia iniciada pelos Tratados de Roma de 1957. Portugal havia encolhido de um império mundial desde a independência do Brasil em 1822 às da África, consumadas em 1974-1975, num ciclo de século e meio, muito mais breve que o que levou a compor-se. Antes, a Espanha passara até por vários ciclos de violentas desagregações e reagregações internas. Galegos, catalães e bascos, ao se separarem dos falantes de língua castelhana, terminam optando por reaproximações neofederalistas sob diferentes nomenclaturas; integrações factuais com Portugal em ainda mais diversas terminologias também em ciclos centrípetos e centrífugos. Quando em paz os seus povos, a Península Ibérica tem sido próspera e feliz.

As Hispano-Américas, também as há várias, só se integraram parcial e brevemente, como na Grã-Colômbia de Bolívar, ao tornar-se inalcançado o seu sonho de Pátria Grande, anunciado aos representantes da América Meridional por ele convocados no Congresso Anfictiônico reunido no Panamá em 1824. Fora detida pelos britânicos, logo no início, a articulação do general Belgrano em Buenos Aires com a rainha Carlota Joaquina, no Rio de Janeiro, quando ela reivindicava no Vice-Reinado da Prata os direitos do seu irmão Fernando VII, aprisionado por Napoleão na Espanha, no que teria sido uma monarquia dual com seu marido Dom João VI no Brasil, antecipadora da integração ibero-americana. Uma confederação ibero-americana pode ser algo equivalente, no século XXI, à européia vindo do XX.

O Brasil tem duas das maiores fronteiras do mundo: a terrestre, com cerca de uma dezena de vizinhos, e a atlântica especialmente com a África do Sul, Namíbia, Angola e Cabinda, Cabo Verde, São Tomé e Príncipe, mais a Nigéria e Benim e seus descendentes de retornados escravos brasileiros.

Noutra época de grandes integrações mundiais, surge a Comunidade Ibero-Americana de Nações, após a Aliança de Livre Comércio da América Latina – Alalc, e Aliança Latino-Americana de Desenvolvimento Integrado – Aladi; Mercado Comum do Sul – Mercosul, da América do Sul ao Atlântico Sul pela República da África do Sul e vizinhanças. Em entrecruzamentos com uma possível Área de Livre Comércio das Américas – Alca, incluindo portanto o Canadá e os Estados Unidos, e a Comunidade dos Países de Língua Portuguesa – CPLP, sediada em Lisboa. O que em nada exclui outras integrações com a União Européia e demais blocos, ou novos que venham a surgir.

Por cima das fronteiras mundiais se entrecruzam muitos espaços e tempos culturais, científicos, tecnológicos, econômicos e políticos, entre os quais os da Ibéria e Ibero-América.

Gilberto Freyre demonstrou nas suas memórias *Tempo morto e outros tempos* o quanto o brasileiro pode participar das culturas ibéricas pela similitude de seus idiomas; o mesmo se diga dos hispanófonos. Neste amplo sentido ibérico e ibero-americano é que Fernando Pessoa ("A pátria é a língua") completa-se em Antonio Nebrija ("La lengua es compañera del imperio"), no mundial contexto das fonopolíticas, inclusive das tão próximas lusofonias, hispanofonias e latinofonias.

No caso da CPLP, ou Hispano-América, há não só a realidade idiomática comum, quanto também a ilusão semântica: diversas expressões do mesmo tronco e com nem sempre convergentes sentimentos e interesses subjacentes. Então se tem por vezes a impressão de que se está a concordar, quando se está a dizer coisas diferentes com as mesmas palavras; ou, pelo contrário, tem-se a impressão de que se está a discordar, quando na realidade se está a dizer a mesma coisa com palavras diversas... Leia-se, por exemplo, o brasileiro Guimarães Rosa e o moçambicano Mia Couto, compare-se um com o outro e com a estilística de Portugal... Outro tanto se aplica aos hispano-falantes da América e hispano-falantes europeus...

Como se tudo isso não bastasse, existem grandes obstáculos internos ibero-americanos a uma moeda legal única, ou equivalente para trocas comerciais, pelas assimetrias das diversas economias e conseqüentes dificuldades de representatividade na diretoria e técnicos de um Banco Central comum. O mesmo se diga de um parlamento ibero-americano, onde se repetem idênticas desigualdades proporcionais demográficas, diante da maior população e economia do Brasil, ao contrário de Portugal e Espanha na União Européia.

Daí as realistas advertências de Alain Touraine da Universidade de Paris: "Acredito pouco na existência da América Latina, sobretudo quando se olha desde o Brasil. Há o Mercosul e não muito mais";[1] antes, já Leslie Bethell, da Universidade de Oxford:

---

1 *Folha de S. Paulo*, 2 jan 2003.

Ao mesmo tempo em que o Brasil deveria, é claro, manter relações boas e próximas com seus vizinhos de língua espanhola, não traz nenhum benefício ao país ser visto pelos estrangeiros, muito menos pela comunidade financeira internacional, como pertencendo a algo chamado "América Latina".[2]

Kenneth Maxwell, de universidades britânicas e dos Estados Unidos, também descrê do Mercosul, "vulnerável às idiossincrasias dos investidores externos",[3] e não acredita em liderança brasileira na América do Sul diante da maior força de Washington.

Mesmo descontando a implícita ideologia do *divide et impera*, neste caso pelos intelectuais das economias e Estados centrais, há alguma verdade no que se refere às maiores turbulências econômicas e políticas, e menores ajustamentos culturais e sociais internos, nas comparações dos países hispano-americanos com o Brasil, além das distâncias tecnológicas, num quadro mais favorável que desfavorável aos brasileiros. E, em si, a soma de instabilidades não gera estabilidade... Também as integrações exigem autocrítica, ação e tempo tanto para serem poupados, quanto para serem ganhos.

Gilberto Freyre já advertia, desde 1940, auge das vitórias nazifascistas na Segunda Guerra Mundial, em *Uma cultura ameaçada: a luso-brasileira*, advertência válida ontem, hoje e amanhã, que

> há perigos reais. Não perigos de nações contra nações, estes são transitórios, nem de Estado contra Estado, estes são ainda mais superficiais; e sim os perigos de culturas contra culturas; sim, as ameaças de imposição violenta da parte dos grupos tecnicamente mais fortes a grupos tecnicamente ainda fracos, de valores de cultura e de formas de organização social, dentro dos quais os povos menores se achatariam em vassalos dos vencedores, ou por serem mestiços, ou por serem corruptos, ou por isto, ou por aquilo. [...] O grande drama é o que decide a sorte das culturas. É a guerra entre culturas.

---

2   *Jornal do Brasil*, 28 set 2002.
3   *Folha de S. Paulo*, 1º jun 2003.

Dito antes e melhor que muito posteriormente por Samuel P. Huntington, cada qual a serviço dos interesses da respectiva cultura de impossível inocência.

A resistência do México e suas culturas não deteve, mas conteve, o impacto da civilização anglo-americana na América Central e norte da América do Sul, mais amplamente América Meridional também com o Caribe. Área de encontro, conflito e colaboração, estendendo-se ao Texas e Califórnia num amplo Novo México anglófono na interna diversidade dos Estados Unidos.

O império-empresa dos Estados Unidos, vitorioso na Guerra Fria contra o da União Soviética, assemelha-se mais com Cartago que Roma, um império mais mercantilista que civilizatório, na diferenciação feita por Hélio Jaguaribe, autor de *Um estudo crítico da História*.

A agenda e o crivo das prioridades mundiais são decididos pelos Estados e pelas economias hegemônicos: logo que conveio, por exemplo, aos interesses estratégicos dos Estados Unidos – quando dos ataques de aviões suicidas, pilotados por muçulmanos imediatamente declarados fanáticos, a Nova York e Washington, em 2001 – o então presidente americano substituiu, com rapidez, a defesa dos direitos humanos pelo combate ao que declarava terrorismo, como prioridade nacional de seu país. Antes os Estados Unidos não haviam vacilado lançar bombas atômicas contra civis no Japão em fins da Segunda Guerra Mundial, noutra decisão nacional estratégica para apressar sua vitória neste conflito poupando vidas americanas.

Sem a ingenuidade do uruguaio de princípios do século XX, José Enrique Rodó – ao imaginar poder contrapor uma idealizada Ibero-América, enquanto suposto Ariel humanista, diante de um argüido demonizado Calibã tecnológico anglo-americano – melhor será atender ao realismo mais uma vez de Gilberto Freyre naquela perene advertência vindo de 1940:

> A mobilização dos recursos da cultura de um povo – cultura moral, cultura material por conseguinte agricultura, indústrias pesadas, todas as

indústrias – quando esses recursos existem, ainda que alguns só em potencial, outros dispersos, desconexos e um tanto soltos – mas principalmente os de cultura imaterial, tanto erudita quanto folclórica – é garantia muito maior de independência.

Darcy Ribeiro foi dos que ecoaram a advertência em seu livro *O povo brasileiro*, ao reconhecer que, "na verdade das coisas, o que somos é a Nova Roma. Uma Roma tardia e tropical". Neste sentido, a América Latina, "uma nova romanidade, uma romanidade tardia mas melhor, porque lavada em sangue índio e negro". Nela,

> O Brasil já é a maior das nações neolatinas, pela magnitude populacional, e começa a sê-lo no domínio da tecnologia da futura civilização, para se fazer uma potência econômica, de progresso auto-sustentado.

"Ademais, o Brasil é um país hispânico, ou, se se preferir outro sinônimo, ibérico", acrescenta e explica Julián Marías. Mesmo assim, o Brasil deve permanecer fundamentalmente lusófono em meio aos multilingüismos, faz parte da sua identidade e é base da sua unidade em meio a tantas diversidades internas. Mas são demasiado pouco uma cultura e uma civilização que só sejam elas próprias. O melhor da latinidade e da iberidade está na sua universalidade ecumênica, morena, mestiça, miscigenada, presente no mundo inteiro, onde recebe, dá e transforma-se em mutações criativas. Multiplicam-se encontros ibero-americanos de todos os tipos. O judeu de cultura alemã Franz Rosenzweig muito bem sintetizou: "Idioma é mais que sangue" ("Sprache ist mehr als Blut").

O Brasil e Portugal precisam ensinar espanhol castelhano nas suas escolas já aos adolescentes; Espanha e América Hispânica outro tanto o português, em especial nas regiões fronteiriças e capitais, até se atingir algum tipo de bilingüismo em ambos os lados. Pioneiras experiências de revistas com artigos diretamente em português e espanhol começaram a aparecer editadas no Brasil e América Hispânica. Bilingüismo luso-castelhano mais outro idioma local, quando necessário: o galego, o catalão, o basco, na Península Ibérica; outros idiomas na Ibero-América. A diversidade cultural é a maior riqueza, sua convivência pacífica a maior maturidade, o multilingüismo uma de suas melhores expressões.

Isto em nada exclui, antes reforça, o aprendizado do inglês na Península Ibérica e Ibero-América, hoje, depois o chinês e outro idioma que vier a ser mais falado mundialmente... O espanhol castelhano já é um dos idiomas oficiais da Organização das Nações Unidas e dos seus órgãos; cumpre que o português, tão falado, também o seja. Por isto, sem excludências, cabe ao Brasil demonstrar, com Darcy Ribeiro, quanto

> estamos nos construindo na luta para florescer amanhã como uma nova civilização, mestiça e tropical, orgulhosa de si mesma. Mais alegre porque mais sofrida. Melhor, porque incorpora em si mais humanidades. Mais generosa, porque aberta à convivência com todas as raças e todas as culturas...

Neste melhor sentido é que a Ibero-Latino-América é prefiguração da humanidade do futuro... Também há a francófona Terceira América Latina, rica em Quebec, pobre no Haiti.

O nacionalismo é bom servo e mau senhor. Só deve ser defensivo, pragmático, estratégico, autolimitado instrumento, nunca um fim em si mesmo. O melhor é o universalismo (inter)nacionalista e (inter) regionalista, respeitador e integrador das diferenças, rumo à eqüitativa divisão internacional do trabalho baseada em custos economicamente competitivos e socialmente complementares; não apenas integração dos sistemas mundiais de produção e comercialização por cima das fronteiras e sim também livre trânsito de pessoas e informações. O patriotismo é virtude cívica, o nacionalismo movimento político. É demasiado pouco uma cultura que seja só ela própria, com pretensões de inviável casticismo. Não se pode privilegiar impunemente o passado, o passado passou, o que fica é o legado, saudades só as do futuro...

Platão compreendeu muito bem: quem puder controlar a narrativa da história, controla a própria história. Neste sentido Lucien Febvre mostrou como "A história é filha do tempo... Também a filosofia... Até a física..." A própria verdade assim é filha do tempo: a memória desconstrói-se e redescobre-se a cada geração. Sem memória, não há raciocínio... Agostinho, santo pela fé e inteligência, indagava-se sobre o que é o tempo? "Se ninguém me pergunta, eu sei; porém, se me perguntam, não sei". "Em meu espírito, meço o tempo"; tempo individual, tempo social, sobrepostos e interpostos, diacrônicos e até sincrônicos, em duplos dialéticos, até tríbios como diz Gilberto Freyre.

Arno Wehling (*A invenção da história* e *Estado, história, memória*) e eu próprio (*A construção da brasilidade*) demonstramos a contribuição da historiografia brasileira à elaboração desta identidade nacional.

As integrações ibéricas, ibero-americanas, hispanófonas e lusófonas são globalizações dentro da globalização. Nela existem interdependências assimétricas pelas forças econômicas, tecnológicas, demográficas e militares envolvidas. Luso-tropicalismo e hispano-tropicalismo são ideologia; luso-tropicologia e hispano-tropicologia são ciência: partes da geral tropicologia de todos os povos ali relacionados, preferida por Gilberto Freyre ao tropicalismo, após longo amadurecimento. As culturas nacionais podem ser regionais ou transcontinentais.

A Grande Ibéria nada tem de sonho, e sim inspiração e desafio a ser correspondida e respondido, ou não, pelas gerações futuras em suas consciências e conveniências.

Assim se pode e deve ter brio pessoal e social, muito diferente da xenofobia, absurda porque suicida ao ser genocida. Então se clamará melhor com Miguel Torga:

> Olha esta Ibéria que te foi roubada,
> Que só terá paz quando for tua.
> Ergue a fronte dobrada
> E começa a façanha prometida.

Heranças

Capítulo 1

Do Finisterra
à polarização castelhana

> "Onde a terra se acaba e o mar começa", já o sabiam os antigos muito antes de Camões.
>
> Diz Vergílio na Eneida:
> "Região existe, dos gregos vetustos Hespéria chamada,
> Terra antiqüíssima, forte nas armas, de solo ubertoso,
> Pelos enótrios povoada..."[1]

A Ibéria romana dos povos do Ebro (Iber) – para os helenos Hespéria, onde nasce a estrela Vésper – era considerada tão antiga, que a ela se referiam no superlativo. Confirmavam Ortega y Gasset, quando este declarava a Andaluzia talvez o povo mais velho do Mediterrâneo, vindo da aurora dos tempos, anteriores aos celtas e aos fenícios.[2] Resistindo mesmo numa planície aos próprios mouros, tanto quanto os cantábricos o conseguiram nas montanhas do norte; resistência passiva tão eficaz como a ativa guerreira, desde os chamados "enótrios" por Vergílio.

Também é desconhecida a origem dos lusitanos.

Oliveira Martins lembra que Estrabão, o primeiro a descrever a Ibéria, à maneira de outros pioneiros,

> atribuía aos iberos muitas línguas e até alfabetos diferentes; [...] a palavra Ibéria [...] tivera um valor genérico geográfico, antes de designar uma

---

[1] *Eneida*, tradução de Carlos Alberto Nunes no metro original, edição comemorativa do segundo milenário do falecimento de Vergílio pela Academia Paulista de Letras, Editora Universidade de Brasília/A Montanha Edições, 1983, p. 22.

[2] José Ortega y Gasset, "Teoría de Andalucía y otros Ensayos" [1942], *Obras completas*, 2. ed., Tomo VI, 1941-1946, Madri, *Revista de Occidente*, 1952, p. 113.

determinada região... [Havia] povo ou povos, designados sob o nome de iberos [ocupando] não só a Espanha mas também as ilhas do Mediterrâneo, a Itália, e a costa meridional da França.[3]

Vieram da África, pelo caminho depois dos árabes, cruzando o Estreito de Gibraltar? Ou seriam outros dos asiáticos de sempre, irrompendo da habitual, quase intemporal, fonte das culturas e civilizações? A sabedoria de Oliveira Martins preferia aplacar as excessivas pretensões de alguns arqueólogos, por mais meritórias que prossigam suas descobertas, exclamando: "Paz do esquecimento a todas as quimeras!"[4]

Já existem, desde séculos, quase dois milênios, descrições também da corografia ibérica, naturalmente menos transformada pelos tempos que as paisagens humanas. Mas o que nos interessa aqui é o *homo ibericus*, expressão adotada, em vez de hispânico, para superar excessivas identificações com a espanholidade então sinônima de espanholização castelhana.

O ardor combatente ibérico, pela primeira vez sob o nome de hispânico na pena de Tito Lívio, logo passa a ser destacado por ele e Plínio o Jovem; e pelo fervor intelectual de Lucano, Marcial, Prudêncio; principalmente Sêneca, duro e não só puro no estoicismo; fervor político de Trajano e Teodósio os elevando e mantendo nos tronos.[5]

Os romanos herdaram um *Finisterre* na Bretanha, extremo do ocidente gaulês, mas projetaram seu próprio Fim de Terra muito além do Golfo de Biscaia, do Finisterra galega ao lusitano Cabo da Roca, ponto final da Europa, oposto aos montes pré-siberianos dos Urais. Um arco magnífico, ponte do Oriente à América. Quando os portugueses atingem a outra margem do Oceano, repetem, como São Roque, a denominação do cabo que lhes pareceu a ponta final da América no Rio Grande do Norte brasileiro, antes de cálculos mais exatos apontarem a Ponta de Seixas na Paraíba.

---

3   Oliveira Martins, *História da Civilização Ibérica*, [1885] 5. ed., Lisboa, Parceria A. M. Pereira, s/d, pp. 25-26.

4   Oliveira Martins, *História de Portugal*, [1879] 17. ed., Lisboa, Guimarães & Cia. Editores, 1977, p. 20.

5   *La Edad Media española y la empresa de América*, Madri, Ediciones Cultura Hispánica del Instituto de Cooperación Iberoamericana, 1983, p. 18.

Finisterrae, Hespéria, Terra do Sol Poente onde nasce a Estrela Vésper, término europeu da Via Láctea que os peregrinos medievais miravam se guiando no Caminho de São Tiago, rumo ao túmulo do apóstolo em Compostela, Campo de Estrelas na Galiza-Galícia também com seu Cabo Finisterra. *Abendland* dos alemães, Terra do Entardecer, tão Ocidente quanto *Westland*, onde o sol se põe para sempre retornar do Oriente, Terra do Amanhecer, *Morgenland*...

Este sentido de fim de linha e dialeticamente recomeço de outra, volta sempre aos melhores analistas do mundo ibérico, símbolo de eterno renascer, dente da roda da história, transmissor de energia vital aquecendo recriações de universos. Ibéria do primeiro império sobre o qual o sol realmente nunca se punha, além de mera imagem literária, a massa gigantesca de terras e gentes de fisionomias diversas, ao auge em Carlos V e Filipe II, pela América Meridional da Califórnia e Flórida ao norte, até a Patagônia ao sul, do leste brasileiro ao oeste peruano, do Atlântico de Angola ao Índico de Moçambique e Goa, até o Pacífico de Macau, Filipinas e Timor Leste: lusofonia e hispanofonia globalizadas há séculos.

Uma cultura não pode ser grande em tudo ao mesmo tempo, nem mesmo sucessivamente, por mais altos que fossem os seus auges. A história desenrola-se em ciclos. A Ibéria não tinha de ser exceção.

Um alemão, Karl Vossler, lingüista sensível às mais sutis modulações internas dos povos, mostra como a Espanha, implicitamente também Portugal de evolução paralela, não precisavam adotar o Renascimento e a Reforma, num momento em que a Península Ibérica estava no apogeu sem recorrer a tais inovações. Considerá-las indispensáveis à modernidade é raciocínio posterior aos fatos, portanto muito fácil, demasiado fácil para o analista que comodamente pretende meter à força o passado no presente, ao projetar seus próprios parâmetros obtidos exatamente pela visão da história já realizada em suas conseqüências, como se fosse possível aos anteriores prevê-las...

Mostra Vossler muito bem como o século XII foi uma antecipadora *Aufklaerung* no sul árabe da Espanha, precedendo o Iluminismo inglês, alemão e francês de 600 anos. Uma "metafísica de luz", procurando conciliar o logicismo paraempírico do aristotelismo árabe de Averróes com o neoplatonismo judaico de Maimônides. Síntese que iria marcar a Alta Idade Média católica do século seguinte, pelas mãos de Alberto Magno e Tomás de Aquino.

Quanto à fé católica ibérica, prossegue Karl Vossler,

> os reformadores não teriam encontrado aqui simplesmente nada essencial a renovar. Uma intimidade e severidade religiosas, que conservam todo seu viço e que caracterizam então como hoje o catolicismo espanhol, constituem o verdadeiro motivo do fracasso da Reforma na Península Ibérica.

Daí a defesa dos antigos e sólidos valores pelos jesuítas na Contra-Reforma, Companhia de Jesus fundada por um espanhol, Inácio de Loyola, além do mais, um basco, direto descendente de ardorosas pré-histórias. Ranke e Droysen apontam a Contra-Reforma na própria Alemanha como êxito ibérico. O espírito de cruzada impregnava os povos ibéricos e não só as elites, pelo seu gosto de fantasia e magia, típico nos autos sacramentais, reunindo multidões nas praças e átrios das igrejas.[6]

O desvio ocorreu não na Idade Média, nem na Contra-Reforma, e sim nos tempos seguintes, quando Espanha e Portugal insistiram num caminho esgotado. Neste sentido, tem razão Antônio Sérgio, ao mostrar como Portugal – e Espanha – não conseguiram projetar suas Epopéias das Descobertas em Revolução Comercial interna e internacional, ao contrário da Holanda e da Inglaterra, logo em seguida. Diferentemente das interpretações vulgares sobre a repulsa oficial ibérica ao erasmismo,

---

6   Karl Vossler, "Die Bedeutung der spanischen Kultur", primeiro aparecida na *Deutsche Vierteljahrsschrift für Literaturwissenschaft und Geistesgeschichte*, Vol. 8, 1930, depois en *Südliche Romania*, Munique e Berlim, 1940, traduzida como "Transcendencia Europea de la Cultura Española", in *Algunos Caracteres de la Cultura Española* [1942], Madri, Espasa-Calpe, 4. ed., 1962, pp. 94-96, 102 e 103-106. Também *Romania y Germania*, Madri, Rialp, 1956.

superadas pelas eruditas pesquisas de Marcel Bataillon[7] e J. V. Pina Martins.[8]

Manoel Bomfim entendeu: o maior equívoco ibérico foi o guerreirismo enquanto guerreirismo, herdeiro do ímpeto de cruzada da Reconquista, projetando-se Além-Pirineus e Além-Mar. Vossler autocritica germanicamente sua própria empatia hispanizante, ao reconhecer que "nenhum país europeu, antes da Espanha, engendrou o espírito da luta pela fé, e nenhum outro o manteve por tanto tempo, nem de modo mais tenaz". Porém, "quanto azar e quanta falta de método e sistema! Quanto arrojo em todos estes empreendimentos!"

Ímpeto ibérico como se o dogmatismo fosse capaz, por si só, de remover montanhas, ao contrário do humanismo italiano e norte-europeu, "de uma despreocupada tolerância cristã, de um liberalismo místico inspirado no espírito beneditino e franciscano, e de uma certa familiaridade com o mundo natural e a pré-história pagã". A Espanha, neste ponto mais que Portugal, preferia construir uma mística do poder reconhecido pelo mundo, "a honra", definida historicamente por Vossler.[9]

A tese do guerreirismo foi aprofundada por Claudio Sánchez-Albornoz em *La reconquista – Clave de la Historia de España*, depois amadurecida e ampliada, segundo ele mesmo dizia, em *España, un enigma histórico*. Enfim sintetizada em *Mi testamento histórico-político*.

Sánchez-Albornoz parte do pressuposto dialético da luta como motor da história. Reconquista da Península e Conquista da América e dos mundos nada tiveram de passos de balé, foram bárbaras e brutais, sem liberdade de opção.[10] Tese mais favorável à ciência política, que a de Américo Castro, inclinada à antropologia social, repelida por Sánchez-

---

7 Marcel Bataillon, *Érasme et l'Espagne*, [1937], com edições em espanhol sob o título *Erasmo y España*, pela Fondo de Cultura Económica.

8 J. V. Pina Martins, *Humanismo e erasmismo na cultura portuguesa do século XVI*, Paris, Fundação Calouste Gulbenkian/Centro Cultural Português, 1973.

9 Karl Vossler, op. cit., pp. 101, 114 e 125; Manoel Bomfim, *A América Latina – Males de origem*, Rio de Janeiro, H. Garnier, 1905.

Albornoz, que negava o "hibridismo" da interpenetração de cristãos, mouros e judeus, quando suas pesquisas demonstraram a guerra aberta, sangrenta com freqüência entre eles, durante a chamada Reconquista, com tempos de paz para o comércio e a política.

Donde Sánchez-Albornoz concluir, indo às últimas conseqüências, que o ódio e o conflito, múltiplos porque de parte à parte, explicam o nascimento dos reinos ibéricos, sua projeção nos espaços transoceânicos e até a herança temperamental dos seus descendentes continentais e ultramarinos...[11]

Tese dura, antecipada por Ortega y Gasset ao escrever: "La cultura de Castilla fué bélica". Manoel Bomfim demonstra o mesmo comportamento de Aragão no Mediterrâneo e de Portugal na Península Ibérica e oceanos...[12]

---

10   Claudio Sánchez-Albornoz, *La Edad Media española y la empresa de América*, Madri, Ediciones Cultura Hispánica del Instituto de Cooperación Iberoamericana, 1983, p. 109.
   Outro grande iberista ou hispanista alemão do porte de Vossler, Ernst Robert Curtius, adota a tese guerreirista de Sánchez-Albornoz, in *Europäische Literatur und lateinisches Mittelalter* [1947], traduzido ao português sob o título *Literatura européia e Idade Média latina* [1957], 2. ed., Brasília, Instituto Nacional do Livro/Ministério da Educação e Cultura, 1979. Com moderação, "ao mesmo tempo suspendendo o nosso julgamento", por tratar-se de seara dos historiadores (p. 588). Da sua parte, Curtius distingue o "atraso" cultural da Espanha no sentido de um "retardamento" nos termos do "racionalismo antigo ou moderno", proporcionando "à florescência espanhola a rica substância da Idade Média e, assim, foi produtivo". Porque, como o mostrou Sánchez-Albornoz, "O povo, como fator determinante, nunca desapareceu do palco" (p. 589).

11   Claudio Sánchez-Albornoz, *Mi testamento histórico-político*, Barcelona, Planeta, 1975, p. 91.
   Insigne medievalista de origem, Sánchez-Albornoz já escrevia que "La clave de la psicología, del estilo temperamental y de las instituciones españolas está ahí, en la pugna de ocho siglos de la España cristiana con El-Ándalus. En esa lucha se forjó el alma hispana. Vivimos aún de las consecuencias funestas de las singularidades de nuestra Edad Media". "Y como por obra de las peculiaridades de nuestra vida medieval, España fundó veinte pueblos a este lado del Océano..." In *La España musulmana. Según los autores islamitas y cristianos medievales*, 2.ed., Buenos Aires/Lima/Rio de Janeiro/Caracas/Montevidéu/México/Barcelona, Librería El Ateneo Editorial, 1960, pp. 11 e 12.

12   José Ortega y Gasset, "Teoria de Andalucía y otros ensayos", *Obras completas*, 2. ed., tomo VI (1941-1946), Madri, Revista de Occidente, 1952, p. 114. Ortega y

Também a história não anda sem motor.

O da Reconquista foi a luta, como sempre, por pontos estratégicos, praças d'armas, ou cidades em geral nas encruzilhadas ou dominando vales férteis. Antiga técnica de guerra, a perdurar muito depois.

Daí a castelhanização das cidades, pela predominância de início de Castela sobre Leão, depois sobre Aragão. A palavra "Castela", "Castilla", vem de "castelo", "castillo".

É impossível descobrirmos todas as causas das coisas. Principalmente quando dissolvidas na fumaça do tempo.

Só sabemos que os combatentes, oriundos do norte da Península Ibérica, desceram da sua cordilheira, onde tinham aprendido a perseverança, e se enrijeceram ainda mais nas secas planícies da Meseta Central castelhana. Aqui aprenderam, na plenitude, o ofício da dureza. O meio inóspito, e o adversário também implacável, lhes ensinaram tanto que não conseguiriam parar quando atingiram os limites marítimos ao sul. Tiveram de projetar suas energias na África e no mundo, bem como ao norte, além dos Pirineus contra a França de Francisco I, em guerras religiosas até à Holanda e à Alemanha, afogando-se nas águas frias do Canal da Mancha com a Invencível Armada em ataque contra a Inglaterra.

O Ebro e o Guadalquivir, dois rios, dois destinos, duas políticas: dedos apontando para o Mediterrâneo e o Atlântico, através de Barcelona e Sevilha, nascente capitalismo mercantil antes do calvinista weberiano, tanto quanto Lisboa era sua maior face para o Mar-Oceano, mostram-nos Fernand Braudel, Pierre Chaunu e Frédéric Mauro. Daquele tripé, a Ibéria se lançou em Nova Ibéria, superando-se a si mesma.

Um basco, adepto da castelhanização, Ramiro de Maeztu, chega a pretender que, fora das cidades e aldeias controladas pelo rei de Castela, a

---

Gasset defendia esta interpretação desde 1927 em "Espíritu de la letra. Orígenes del español", *Obras Completas*, 4. ed., tomo III (1917-1928), 1957, *passim*.
Ronaldo Conde Aguiar estuda-o muito bem em *O rebelde esquecido – Tempo, vida e obra de Manoel Bomfim*, Rio de Janeiro, Topbooks, 2000. A anti-iberidade de Bomfim ressalta no seu livro *A América Latina – Males de origem*, 1905.

desordem desolava os campos.¹³ Alguém poderia dizer o mesmo em relação às habituais lutas dos senhores medievais entre si também em Portugal, onde Dom João II cedo consolidará a ordem. Em ambos os casos, paralelamente, descia uma dupla força maior, somadora de energias, hegemônicas e concêntricas, uma ao lado da outra. Era o nascimento de Portugal e Espanha dentro da Hispânia. Dom João II firmará o Estado unitário português, contra as cissiparidades medievais, e preparará as forças internas para a projeção além-mar, antecipada por Dom João I em Ceuta e o Infante Dom Henrique em Sagres.

Sánchez-Albornoz mostra como Castela fez a Espanha e nela se desfez com centralismo e fereza, explicação válida para o passado, desde que sem recriminações; não se forja o aço a frio: Castela fez a Espanha e esta a desfez,¹⁴ ao cercá-la, ao crescer mais que o berço. Forças centrípetas e centrífugas passariam a se chocar nas antíteses dos separatismos e ditaduras, ciclos lembrados como básicos, neste contexto, por Salvador de Madariaga.¹⁵ Mas foi o instinto divinatório do povo, não só a liderança das elites por ele legitimada, que abriu o caminho à unificação genuína, a de baixo para cima, mais profunda, porque enraizada.

"Pendón de Aragón, pendón de Aragón", gritavam as próprias crianças castelhanas em ruas e praças, quando o rei de Castela, Henrique IV, queria obrigar a irmã Isabel a um matrimônio português, em vez de casar com Fernando no que viria a ser o nascimento da Espanha pela fusão de Castela e Aragão. Enquanto a multidão teimava em cantar:

> Flores de Aragón
> dentro en Castilla son.

No registro de casamento de Fernando e Isabel alternaram-se os títulos castelhanos e aragoneses, mais os de Navarra: "Rey e Reina de Castilla, de

---

13 Ramiro de Maeztu, *Autobiografía*, Madri, Editora Nacional, 1982, p. 31.
14 Claudio Sánchez-Albornoz, *Mi testamento histórico-político*, op. cit., p. 83.
15 Salvador de Madariaga, *Spain – A modern history*, 2. ed., Nova York, Frederick Praeger, 1960, pp. 22 e 23.

León, de Aragón, de Sicília, de Toledo, de Valencia, de Galícia, Condes de Barcelona, Señores de Vizcaya etc.".[16]

É fundamental insistir nisto, a base popular de cada seminal união nacional, contra as versões obscurantistas a serviço do oligarquismo, sob disfarces nostálgicos. Recordemos a única consagração válida da realeza, pelo povo como já Lope de Vega mostrava em *El mejor alcalde el rey*, e quando a aldeia se responsabiliza em conjunto, perante o monarca, após ter morto seu cruel preposto em *Fuenteovejuna*.

Esta é a única autêntica legitimidade histórica da coroa, brotando do predomínio, sobre as nobrezas locais, em favor do povo, a raiz de tudo.

Até hoje, castelhanos e aragoneses são os maiores portadores da "conciencia de la españolidad", mostra-o muito bem Pedro Laín Entralgo.[17] Confirmando, nos alicerces, as projeções dos líderes de outrora, captadas por Ortega y Gasset, quando dizia que a unidade espanhola se consolidou pela unificação das duas grandes políticas internacionais então existentes nas sementes da Espanha: a africana e centro-européia de Castela e a mediterrânea de Aragão:[18] uma primeira política realmente em escala mundial, *Weltpolitik* européia e não só oceânica à maneira de Portugal. Nem as antigas civilizações, chinesa e indiana, nem Alexandre ou Roma, ou ninguém, tentaram algo idêntico antes.

É que a Ibéria o propiciava, como um funil europeu, fim de linha da rota de invasões, seta lançada pelo arco gigantesco da Escandinávia à Itália rumo ao infinito transoceânico.

---

16   Apud Ramón Menéndez Pidal, *Los reyes católicos y otros estudios*, Buenos Aires: Espasa-Calpe, 1962, pp. 21-23.

17   Pedro Laín Entralgo, *A qué llamamos España*, Madri, Espasa-Calpe, 1974, p. 146.

18   José Ortega y Gasset, "Particularismo y acción directa", *Obras completas*, 4. ed., tomo III (1917-1928), Madri, Revista de Occidente, 1957. "Sólo en Aragón existía, como en Castilla, sensibilidad nacional", apesar das suspeitas recíprocas, mais de Aragão que de Castela, p. 63.

O mesmo idioma – com pequenas diferenças dialetais entre Leão, Castela e Aragão – tendia a predominar na Ibéria Oriental, mais ainda o português do condado portucalense sobre o mirandês e outros falares na Ibéria Ocidental. Irresistíveis as forças de atração descendo guerreiramente do norte, avassalando o centro e o sul nas paralelas rotas de Reconquista. Só superáveis numa nova etapa, quando do crescimento econômico de certas periferias mais favorecidas por fertilidade do solo, recursos minerais e acesso ao mar abrindo as mentes para maior inventividade comercial e industrial.

Enquanto não se esgotava o impulso absorvedor, a força aglutinante foi se impondo. O idioma tem também um sentido de poder. "A língua é companheira do império", disse-o muito bem Antonio Nebrija, autor da primeira gramática castelhana.

"A linguagem é uma legislação, a língua é seu código". A *libido dominandi*, nietzschiana "vontade de poder", encarna-se igualmente nos *topoi* da cultura política:

> Esse constrangimento de formar conceitos, espécies, formas, fins, leis [...] esse mundo de casos idênticos. [...] Toda língua é uma classificação, e [...] toda classificação é opressiva: *ordo* quer dizer, ao mesmo tempo, repartição e cominação. Jakobson mostrou que um idioma se define menos pelo que ele permite dizer, do que por aquilo que ele obriga a dizer,

explica um sociolingüista filósofo do porte de Roland Barthes.[19] Muito antes, Castela o entendeu na *praxis* guerreira da Reconquista, como Ortega y Gasset apontou numa das suas definições lapidares: "Castilla es una espada, una política y una fonética nuevas".[20]

Porém, o regressismo, além do mero conservadorismo, tentou mais que preservar a cultura castelhana-aragonesa, quis impô-la mais que

---

19 Roland Barthes, *Aula* (do francês *Leçon*, 1978), São Paulo, Cultrix, s/d, pp. 12, 13 e 35.
20 José Ortega y Gasset, "Espíritu de la letra. Orígenes del español", *Obras completas*, 4. ed., tomo III, op. cit., p. 520.

predominante, excludente, cultura-poder. O tradicionalismo casticista, em nome da cruzada ortodoxa contra os elos – a seu ver satânicos: Renascimento-Reforma-liberalismo-socialismo – desencadeou-se, buscando apoio final nas chamadas "forças da ordem", querendo paramilitarizar a sociedade resistente, enfiando-a pela violência num Estado mais que autoritário, totalitário paralisante. São simbólicos os fuzilamentos de Ramiro de Maeztu e José Antonio Primo de Rivera, o filósofo e o ideólogo da *hispanidad*, pelas esquerdas da Guerra Civil. Tanto quanto o de Federico García Lorca pelas direitas. Cada extremo procurava destruir seu oposto, ou o que lhe parecia nas paixões da época.

Vitorioso temporariamente, o tradicionalismo, sem convencer os vencidos no giro da história, pretendeu sistematizar uma *hispanidad* no fundo mais franquista que falangista, porque a serviço do poder imediato, não de princípios tidos por remotos. A seu ver, a *hispanidad* seria um "estilo" refletindo uma "alma", não apenas um idioma. Estilo nacional grandioso, arrojado, altivo, espontâneo, cultuando a honra (no sentido vossleriano de poder reconhecido e admirado), desprezando a morte ("Abajo la inteligencia, viva la muerte!", gritava o general Millán Astray, para repulsa de Miguel de Unamuno, então reitor da Universidade de Salamanca) e sobretudo "impaciente de la eternidad", signo substancial da "religiosidad del caballero"...

A epopéia hispânica, neste sentido, se basearia na *etopeya*, modo de ser no grego heróico...[21]

No final das contas, era um fechamento ao mundo, inclusive interno ibérico, ao término do desvio do erro histórico na perseverança em métodos anacrônicos superados exatamente pelo Renascimento, Reforma, li-

---

21 Manuel García Morente, *Idea de la hispanidad*, Madri, Espasa-Calpe, 1961, pp. 29, 28, 48, 49 e 210.
Azorín usa a palavra em 1948, no subtítulo do seu livro *El caballero inactual – Etopeya*, mas a de García Morente consta de conferências em 1942 e 1938.

beralismo, socialismo e tecnologias, com êxito noutras culturas não-imobilizantes.

Aprisionava-se, em si mesma, a hispanidade da maneira denunciada sofridamente por Antônio Machado:

> Castilla miserable, ayer dominadora,
> envuelta en sus andrajos desprecia cuanto ignora.
> ....
> Oh tierra ingrata y fuerte, tierra mía!
> Castilla, tus decrépitas ciudades!
> La agria melancolía
> Que puebla tus sombrías soledades![22]

Versos sintomaticamente escritos às margens do Douro nos campos de Soria, a caminho do Oceano por Portugal, domínios do Deus ibero, "Dios adusto de la tierra parda"...

Fechamento preparado pela tendência ao isolamento, propiciada por tantos fatores desde mais o século XVII, que o XVI, Século de Ouro de apogeu de uma causa depois vencida e só mantida na ilusão menos que quixotesca, sanchopanciana embora cruelmente, dos tradicionalistas no fundo regressistas ou, pelo menos, imobilistas. Já Gregorio Marañón era dos que advertiam contra a tendência ao fechamento-isolamento vindo desde a expulsão medieval dos judeus e mouros, ao exílio de espanhóis menos castiços, mudando apenas de ortodoxia, para um estranho liberalismo impositivo de cima para baixo...[23]

Outra não era a reação dos emigrados liberais à Inglaterra, por conseqüência do fracasso do *pronunciamiento* do general Riego em Cádiz, 1820. Um deles, depois presidente do Conselho de Ministros da rainha Isabel, costumava dizer que não passara dez anos refugiado no exterior:

---

22 Antônio Machado, "Campos de Castilla. A orillas del Duero" e "Orillas del Duero" (1907-1917), *Poesías Completas*, Madri, Espasa-Calpe, 11ª ed., 1966, pp. 78 e 83.

23 Gregorio Marañón, "Influencia de Francia en la política española a través de los emigrados", conferência em Paris, 1942, *Españoles fuera de España*, 2. ed., Madri, Espasa-Calpe, 1959, pp. 145-146.

> La verdad es que no lo estuve más que ocho días, porque cada semana había una revolución en Madrid, y yo vivía con la maleta hecha para marcharme a España.[24]

Esta era a intimidade intelectual de muitos liberais espanhóis. Daí aquela "falta de curiosidad intelectual", aquele "marasmo secular" denunciado por Azorín, de mistura com a aversão ao trabalho e conseqüente abandono da terra, sob pretexto de nostalgia guerreirista.[25]

Deformações pós-castelhanizantes a serem ultrapassadas neo-ibericamente, superando as queixas galegas de Rosalía de Castro:

> Castellanos de Castilla,
> tendes corazón d'aceiro,
> alma como as penas dura,
> e sin entrañas o peito!
> ....
> Castellanos de Castilla:
> Tratade bem ós gallegos;
> cuando van, van como rosas;
> cuando ven, ven como negros.[26]

Ou as amarguras bascas de Unamuno, também duramente absorvidas, a propósito das incompreensões para com sua terra natal: "A ti, mi Bilbao, se te desconoce y se te calumnia, a ti no te quieren porque te temen". Porque o basco é diferente até no seu ritmo de trabalho, nisto silencioso e eficiente. Depois de Tirso de Molina dizer dos bascos que "por su hierro España goza su oro", Unamuno termina desejando "que por nuestras palabras goza España su espíritu".[27]

Só após a solução destas questões mais que regionais, mesmo nacionais por sua riqueza cultural inaproveitada, é que se poderá e deverá

---

24 Apud Américo Castro, *La realidad histórica de España*, 5. ed., México, Editorial Porrúa, 1973, p. 17.

25 José Martínez Ruiz – Azorín, "Epílogo en Castilla", 1929, *Andando y Pensando – Notas de un transeúnte*, 2. ed., Buenos Aires, Espasa-Calpe, 1959, pp. 145 e 146.

26 Rosalía de Castro, *Obra poética*, 5. ed., Madri, Espasa-Calpe, 1963, p. 16.

27 Miguel de Unamuno, *Recuerdos de niñez y de mocedad*, 6. ed., Madri, Espasa-Calpe, 1968, pp. 157 e 156.

pensar em Ibéria como as Espanhas mais Portugal. Enquanto isto, os lusos bem que têm seus motivos de desconfiança, senão de temor. Após a consolidação da hegemonia dos espanhóis da conciliação, assim chamados por García Escudero, será mais possível a convergência.[28]

O galego, o catalão, o português, o basco com origem diferente e remota, o próprio bable asturiano e as falas leonesa e valenciana, não são dialetos castelhanos. As quatro primeiras são línguas próprias, com gramáticas e literaturas, adverte o também filólogo Miguel de Unamuno, não só grande pensador.[29] Em Portugal, o mirandês também tem identidade própria. O florescimento de cada uma e as combinações mútuas devem ficar por conta da livre vitalidade de todas.[30] O ser ibérico é a síntese das suas plurais existências culturais. Biodiversidade da natureza e da cultura.

Espanha e Portugal precisam iberizar-se, isto é, aceitarem suas complementares diversidades internas, para melhor se europeizarem e globalizarem-se. O que se faz economicamente deve se complementar culturalmente na integração política e institucional da Europa. Tendem a suceder-se em ciclos irregulares os eurocentrismos e os euroceticismos, com os realistas de permeio.

---

28 García Escudero, *Los españoles de la conciliación*, Madri, Espasa-Calpe, 1987.

29 Miguel de Unamuno, *La raza vasca y el vascuence. En torno a la lengua española*, Madri, Espasa-Calpe, 1968, p. 57.

30 São o que Américo Castro denomina *Aspectos del vivir hispánico* (Santiago do Chile, Editorial Cruz del Sur, 1949, depois com reedições em Madri). Américo Castro, descendente de espanhóis, com posterior itinerário mundial, nasceu no Brasil, por ele nunca esquecido. Em 1º de julho de 1947 escrevia dos Estados Unidos – Univesidade de Princeton – ao amigo brasileiro Baltazar Xavier: "Hace un año estaba en la tierra en donde nací, y siempre recuerdo de Cantagalo, el pueblecito limpio y ordenado que tan buena impresión me hizo. Y que buena e cariñosa la gente de allá" (cf. Cassiano Nunes, *Américo Castro: De Cantagalo a Princeton*, Brasília, Roberval Editora, 1999, p. 5).
    Sobre outra fundamental dimensão ibérica, a da Catalunha, cf. José Ferrater Mora, *Las formas de la vida catalana*, coleção de ensaios de 1949 a 1983 publicados no exílio, reunidos em castelhano sob aquele título e em catalão, *Les formes de vida catalana*, pela Enciclopedia Catalana com a Alianza Editorial, de Madri, 1987.

A Grande Ibéria

O mundo da globalização articula-se em megablocos como a União Européia e países continentais do porte dos Estados Unidos, China, Rússia, Índia, Indonésia, Brasil, África do Sul, menos ou mais que a Austrália, Canadá e associações comerciais do tipo da Asean do Sudoeste Asiático, outras com menor coesão na África, ou maior na Ibero-Latino-América da Comunidade Andina e Mercosul. A Liga Árabe projeta-se do norte da África ao Oriente Médio e o Islã organiza-se. A história percorre ciclos de agregação, desagregação e reagregação.

Capítulo 2

Extremos e equilíbrios da Espanha

Apesar dos Altos Pirineus (Pascal: "vérité en deçà des Pyrenées, erreur au-delà"!), a Ibéria é uma península européia, prolongamento continental a oeste, cindido da África pelo mar, embora tão próximo dela. Os ecos da Europa tinham de chegar aos seus confins, aqui ocidentais, como à Rússia a leste.

Com o moderado impacto da modernidade iluminista na Espanha e em Portugal, passou a surgir, embora lentamente, também uma ibérica religião civil liberal. Além do estrangeirismo dos exilados de retorno, sobretudo seu afrancesamento distanciador das bases populares a que pretendiam mudar, tinha-se interposto um obstáculo ainda maior: as invasões napoleônicas, misturando imperialismo e imposição de dinastia estrangeira, mais que propósitos de modernização burguesa naqueles dois países de incipiente capitalismo, em relação ao da França recém-revolucionária.

Daí o choque entre clericalismo eclesiástico e clericalismo secular das teologias políticas, conservadora e inovadora: reduzida, a primeira, a folclore sentimental, e a segunda a folclore institucional em sociedade civil invertebrada. A expressão vem evidentemente de Ortega y Gasset, à qual se deve explicar, em sua desarticulação interna, como produto de urbanizações gerando crescentes e agudas anomias, pois sem simultânea industrialização absorvedora dos conflitos, geradora de oportunidades de trabalho e de novas formas de realização pessoal e social. Benito Pérez Galdós e Pío Baroja foram sucessivamente os grandes novelistas deste ciclo.

O recurso aglutinante foi principalmente o messianismo político, para suprir as decepções com as frágeis instituições e os homens que as encarnavam: messianismo não só português, através do sebastianismo à espera de um redentor pessoal; na Polônia em forma coletiva de um messias-nação.

O conceito político de "messianismo" foi apresentado em 1846, pela revista socialista de Victor Considérant, *La Phalange*, criado pelo grande poeta romântico polonês Adam Mickiewicz, ao apresentar sua nação como "uma espécie de povo-Cristo, imolado no calvário do mundo para redenção dos séculos vindouros". Louvor baseado no princípio moral de recompensa pelo sofrimento injusto, infligido pelos vizinhos poderosos, em especial, a seu ver, pela Alemanha prussianizada, introdutora à força de ocidentalismos deformadores como a noção de propriedade individualista, mais que privada, ademais das tentativas russificantes bizantinas.[1]

Trata-se da tentativa, por Mickiewicz, de fundir religião sobrenatural popular, sem elos convencionais, e religião civil nacionalista. Algo afim às propostas ortodoxas russas de Dostoievsky, nisto precedido por Gogol e o Hertzen das últimas fases.

A Espanha, tanto quanto Portugal, passou também por misticismos patrióticos à sua maneira, especialmente após o choque da derrota (1898), em mãos dos Estados Unidos, potência iniciando sua ascensão internacional, de todo imprevista, quando as atenções se concentravam na Grã-Bretanha então no apogeu. Dom Miguel de Unamuno, qual um novo Moisés no Monte Sinai, sobe a Serra de Gredos, em 1911, nos arredores da sua universitária Salamanca, para dali dizer que,

> Sólo aquí en la montaña
> sólo aquí com mi España [...]
> con mi España inmortal,
> [vê o rosto da]
> Alma de mi carne, sol de mi tierra,
> Dios de mi España, que sois lo único que hay...

---

[1] Victor Considérant, "L'église officielle et le messianisme", *La Phalange – Revue de la Science Sociale*, Paris, Aux Bureaux de *La Phalange*, 1846, Ano 15, 1ª série, tomo III, pp. 632, 633 e 635; tomo IV, pp. 81 e 86. Trata-se de longa e minuciosa apreciação ao livro de Mickiewicz, de autoria do próprio Victor Considérant e principalmente L. Ménard.

Gredos:

> Santa montaña
> roca desnuda,
> corazón de España.[2]

Pode parecer, à primeira vista, mais um rompante de místico temperamental, porém se trata de tendência percorrendo o arco-íris ideológico espanhol da época.

O racionalista e liberal europeizado Ortega y Gasset descobria o "Dios terrible de Castilla" no sol do auge do verão em agosto, com "sus atroces miradas de déspota".[3] E Antônio Machado, poeta de inspirações populares e intenções socialistas, afirmava ter visto a face do "Dios hispano", e confiava no homem ibérico que talhasse no carvalho castelhano "el Dios adusto de la tierra parda"...[4]

Estranho, porém sintomático cruzamento de apelos histórico-telúricos com um místico-político perpassando uma geração em crise, de Manuel García Morente num extremo, a Antônio Machado noutro, com os próprios Miguel de Unamuno e José Ortega y Gasset de permeio. Tentativas desesperadas de enraizamento, para que a tempestade daqueles tempos não levasse a todos... Era totalmente impossível um pacto social constitucional nestes exaltados fundamentos, radicalização do moralismo hiper-religioso tradicional de uma cultura acostumada ao subjetivo bom senso, não o objetivo senso comum, ao contrário dos anglo-saxões, subindo pragmaticamente no horizonte. Os dogmatismos prefeririam entrar em choque frontal, sem mediações nem acordos, em sucessivas e crescentes guerras civis, até a última esgotando as intolerâncias de 1936 a 1939.

---

2   Miguel de Unamuno, "En Gredos", *Andanzas y visiones españolas*, Madri, Espasa-Calpe, 8. ed., 1964, pp. 261-262.

3   José Ortega y Gasset, "Notas de andar y ver. De Madrid a Asturias o los dos paisajes", *Obras completas*, Madri, Revista de Occidente, tomo II, 4. ed., ("El Espectador", 1916-1934), 1957, p. 254.

4   Antônio Machado, "El Dios ibero", *Poesías completas*, 11. ed., Madri, Espasa-Calpe, 1966, pp. 81-82.

Foi um português, consciente de seu iberismo, Fidelino de Figueiredo, quem tentou resumir a situação nas vésperas da derradeira hemorragia em massa. Dois símbolos impregnariam o íntimo da consciência espanhola: o Quixote e Filipe II, "excelsa loucura do idealismo" ao lado da "trivialidade calculadora" somada à violência; barco "às guinadas sobre a esquerda e sobre a direita", "por forças desiguais e desencontradas".

Fidelino de Figueiredo tenta então enumerar a trágica pendulação entre anarquia e tirania, pelo menos desde as Cortes de 1812-1814, gerando "a platônica Constituição de Cádiz, nunca aplicada", a outros surtos libertários por outorgas militares, sem apoios da precária sociedade civil. Daí sua cíclica repressão até a ditadura do general Primo de Rivera, de 1923 a 1930, quando foi escrito este seu livro *As duas Espanhas*. Depois viria a efêmera e sangrenta República, mais a fase draconiana do generalíssimo Francisco Franco, rumo à modernização de fora para dentro, pela vizinhança da Espanha com o Mercado Comum da Europa Ocidental capitalista e conseqüente viabilização de uma democracia representativa caminhando de liberal a social, no quadro da União Européia.

Tudo entremeado por golpes internos e guerras externas na América, África – Marrocos – e até em guerra naval na Oceania, diante da aguerrida esquadra dos Estados Unidos. Ao longo do amargo processo fratricida, Fidelino de Figueiredo resume o resultado:

> Os chefes militares juntaram em suas mãos a força bruta e o poder público, de que se apossaram, e foram a verdadeira nobreza mandante do século XIX.

A Espanha passava de nacionalista, contra as invasões napoleônicas, a liberal no tempo da rainha Isabel, enfim aderindo aos regressismos, "ideologias de retorno" histórico segundo Fidelino de Figueiredo as define como "refilipizações"...

Nada disto, apesar de tudo, diminuiu "a obsessão da decadência espanhola e da reconstrução". Só que, continua Fidelino de Figueiredo em suas distinções, "Um anglo-saxão ou um germano aproximar-se-ia da realidade nacional pelos métodos objetivos, inquéritos, estatísticas, reorganizações", enquanto os espanhóis da dolorosa transição "buscaram a Espanha viva e presente dentro deles mesmos, fechando os olhos e recortando a imagem que dela guardavam sobre a própria retina", para a reconstruírem "dentro de sua consciência", criticando-a ao autocriticarem-se, como a Geração de 98 em grau superlativo. Retomavam, em parte sem o saberem, a recomendação já de Santo Agostinho: *Noli foras ire; in interiore Hispaniae habitat veritas* – Nada busqueis fora; a verdade habita no interior da Hispânia.

Mais adiante virá a força unificadora castelhana, predominando diante das forças centrípetas basca, catalã e galega, reconhece-a o português Fidelino de Figueiredo.[5] Menéndez Pidal, na Espanha, tomou conhecimento e muito estimou as análises de Fidelino de Figueiredo em *As duas Espanhas*. Tentou melhor explicá-las como dualidade, entre tradição e inovação, comum a todos os povos, exacerbada na Espanha pelo isolamento no Finisterra Ocidental, aonde não chegavam hábitos de transação, ao modo dos povos mais acostumados com a alternância entre aqueles dois pólos do pensar e conviver sociais. O isolamento conservava os costumes antagônicos dos muçulmanos e cristãos na Reconquista e os radicalizava à medida que surgiam mais necessidades de respostas a novos desafios.[6]

Era uma traumatizada infra-história insuficiente para superar a "menoridade cívica" daquela sociedade, ainda segundo Fidelino, à qual Ortega y Gasset considerava invertebrada não apenas politicamente, e sim "en la convivencia social misma",[7] embora faltasse a Ortega entender, mais clara-

---

5 Fidelino de Figueiredo, *As duas Espanhas*, Lisboa, Edições Europa, s/d, pp. 25, 23, 172-177, 180, 222, 223, 227, 228, 237, 256 e 257.

6 Ramón Menéndez Pidal (org), "Las dos Españas", *Los españoles en la Historia*, "Prólogo" ao T. I, *Historia de España* [1947], aqui citado como o livro *Los españoles en la Historia*, Madri, Espasa-Calpe, 1982, p. 202.

7 José Ortega y Gasset, "España invertebrada – Bosquejo de algunos pensamientos históricos", *Obras completas*, 4. ed., tomo III (1917-1928), Madri, Revista de Occidente, 1957, p. 98.

mente, como organizar aquela incipiente sociedade civil, frágil pele do então Estado espanhol.[8]

É que o processo de industrialização ainda não rompera os obstáculos dos anacronismos ibéricos e, agora, surpreendentemente, Ortega não vislumbrava o papel fundamental da europeização econômica, não só intelectualista, do seu próprio país. Um certo *dilettantismo* – assim mesmo no melhor sentido italiano antigo – o impedia de vê-lo, com sua tendência a um aristocrático esteticismo formal.[9] Por isto, ele declarava "las opiniones de la masa, siempre inconexas, desacertadas y pueriles".[10] Faltava, na Espanha, elas se organizarem em partidos e sindicatos como na escala das nações industrializadas.

Quantas questões nacionais há na Península Ibérica?

Só se costuma falar na oposição cultural portuguesa-castelhana, já com amplas conseqüências, como outras não existissem, à maneira tão próxima da Galiza/Galícia, cujo relacionamento foi muito bem definido em língua galega por Vicente Risco,[11] escritor:

---

8   Cf. José Ortega y Gasset, "El Estado como fiel", in "Historia ascendente", *Obras Completas*, 2. ed., tomo VI (1941-1946), Madri, Revista de Occidente, 1952, no qual termina declarando simplesmente "la frivolidad e insustancialidad del 'liberalismo'" (pp. 99-107). Em abono de Ortega y Gasset, reconheça-se que se trata de texto inconcluso.

9   É o caso típico do ensaio "Charla, nada más", in José Ortega y Gasset, *Obras completas*, 4. ed., tomo III (1917-1928), Madri, *Revista de Occidente*, 1957, pp. 450ss., contrabalançado por sua repulsa à "infusión fraseológica, de tisana doctrinal", *in* "Fraseología y Sinceridad", *Obras completas*, tomo II ("El espectador", 1916-1934), op. cit., pp. 481-490.

10 Novamente "España invertebrada", op. cit., p. 98. Ortega y Gasset tentou a experiência política direta, elegeu-se deputado e aproximou-se de um socialismo democrático perto do liberalismo social. Cf. Fernando Salmerón, "El socialismo del joven Ortega", in *José Ortega y Gasset*, México, Fondo de Cultura Económica, 1984. Miguel de Unamuno também foi socialista na juventude, como o demonstra Rafael Pérez de la Dehesa em *Política y sociedad en el primer Unamuno*, Madri, Editorial Ciencia Nueva, 1966.

11 Vicente Risco, "Teoria do nacionalismo galego", in José Viale Moutinho, *Introdução ao nacionalismo galego*, Porto, Livraria Paisagem, 1973, pp. 71-128.

O galego e o portugués son duas formas dialectais do mesmo idioma; queiramos ou non, esto trábanos fortemente, estreitamente, con Portugal e coa civilizaçon portuguesa.

Confissão sua e de muitos, dos dois lados do Minho, que não se agrava em fatos porque as mudanças políticas, em Lisboa e Madri, têm sido quase simétricas: monarquia-república-ditadura-democracia nos últimos tempos. Desde a Idade Média: permissão-repressão-permissão.

Nem por isto deixou de ressuscitar literariamente o galego no período 1850-1870, conhecido por "Rexurdimento", após mais de quatro séculos de gueto como o classifica Xozé Alonso Montero, quando o idioma se viu relegado às classes sociais mais pobres, portanto mais rurais, merecendo de Celso Emilio Ferreiro a invocação de "lingua proletaria do meu pobo". Que não a impediu de gerar as alturas da Rosalía de Castro, autônoma porém fiel às raízes, mas sem excessos celtas.

O "Estatuto Autonómico de Galicia", aprovado em plebiscito pela quase totalidade dos eleitores galegos em 1936, consagrava o bilingüismo, submerso oficialmente após a Guerra Civil.

Em 1951, nasce a Editorial Galaxia, em Vigo, enfrentando estranhas restrições da censura franquista, que permitia a publicação de poetas e folcloristas, porém proibiu uma versão de Heidegger, sob o escarnecedor argumento que "en Galicia, algún pedantón traduce la filosofía alemana con ritmo de gaita" (sic...).[12] Demonstrando a intenção da política oficial em reduzir o galego a um anacronismo sentimental regionalista.

Os contatos com Portugal limitavam-se ao trânsito dos vizinhos pelas pontes sobre o Minho, margens sentidas como gêmeas por seus habitantes, irmãos em cultura. O que significa uma base poderosa, mas que não se basta, continuando a requerer aprofundamento. Por que não se tentam, conjuntamente, empreitadas luso-espanholas também culturais? Por que, num passo adiante, não se introduz o ensino obrigatório do castelhano

---

12 "La literatura gallega", *El año literario español (1974-1979)*, Madri, Editorial Castalia, 1980, pp. 133-135.

em escolas de Portugal e o de português, pelo menos na Galiza e Extremadura fronteiriças? Ou em toda a Espanha?

O problema se apresenta mais difícil noutras áreas da Península, com o paroxismo, hoje, no País Basco ou "Euzkadi".

Sua resistente cultura irrompeu em fins do século XIX, quando começaram a chegar à Espanha os ecos do princípio das nacionalidades, a partir da Primavera dos Povos de 1848. Em 1884, o jovem basco Miguel de Unamuno defende, na Faculdade de Filosofia e Letras de Madri, a tese "Crítica del problema sobre el orígen y prehistoria de raza vasca". Procura analisar, com tranqüilidade rara e objetivamente à luz da filologia então disponível, o que se chamava de "biskaitarrismo", reivindicações nacionalistas culturais deste grupo social no cotovelo do Golfo de Biscaia, entre as províncias de Álava, Guipúzcoa e Vizcaia, do lado espanhol dos Pirineus, e, do lado francês, na Basse-Navarre, Labourd e Soule. Região bela nas praias de San Sebastián, Biarritz e Saint-Jean-de-Luz, aos pés de picos de montanhas; região rica nas siderurgias de Bilbao, campos férteis e também indústrias de Vitória.

A reivindicação da autonomia é tanto mais forte aqui, quanto maior a diferença étnica e lingüística do seu povo em relação aos espanhóis em geral latinizados, bem como naturalmente perante os franceses. A possibilidade de um federalismo de fato, sob o título de autonomismo local para exorcizar velhos fantasmas separatistas, é viável na Espanha, mas na França, tende a continuar predominando o centralismo departamentalizado, apesar das eventuais concessões de prerrogativas administrativas por Paris. O que reduz a possibilidade de unificação de uma Grã-Vascônia pelas duas encostas ao norte dos Pirineus, inclusive com as Navarras espanhola e francesa, hoje hispanófona e francófona.

Problema também com implicações é o da Catalunha, de cultura universal desde a Idade Média da filosofia de Raimundo Lúlio – ou Ramón Llull, como preferem chamar os catalães –, à "gaia ciência" poética de Auzías March nos *Cants d'amor e cants de mort* e à prosa fantástica de Johannot Martorell em *Tirant lo blanch – Tirante o branco*, que influenciou confessadamente de Cervantes a Mário Vargas Llosa, entre outros.

A prosperidade capitalista de Barcelona – mais enraizada que a apenas mercantil de Sevilha, sem se industrializar por falta de um alargamento da sua burguesia, bloqueada pelo latifúndio andaluz e assoreado seu porto no Guadalquivir – permitiu à Catalunha ser o porto de Aragão descendo o Ebro. Saragoça e Barcelona se projetaram Mediterrâneo adentro, pelas ilhas Baleares, Sardenha e Sicília como trampolins. Nápoles a leste, Ceuta ao sul, foram as fronteiras marítimas da sua expansão em luta até Tunis e Argel. Valência também com fala catalã.

O provençal, a língua mais irmã da catalã, sofreu porque não teve um centro cultural, também mercantil e depois industrial, como Barcelona. Cedo chegou ao Mediterrâneo o afrancesamento, vindo de Paris, centro irradiador da unificação do país.

As derrotas dos geminados Aragão-Castela – enfim batidos nos campos de batalha europeus da Contra-Reforma, após épicas, mas exaustivas vitórias de Pirro – foram amplamente compensadas por êxitos coloniais na América. Permanecia Barcelona como um dos centros do Mediterrâneo Ocidental.

O máximo limite do poder ibérico, a leste, foi alcançado navalmente na sua vitória contra os turcos no litoral da Grécia sob dominação otomana, em Lepanto, 7 de outubro de 1571, uma das datas maiores da cristandade combatente. Porém Filipe II deteve-se, evitando uma talvez temerária arremetida contra os Dardanelos, golpe na cabeça da expansão islâmica, ameaçando sucessivamente a Europa, pela Ibéria e os Bálcãs, numa geopolítica de séculos. Mesmo assim, foram liquidadas as possibilidades de investidas muçulmanas ao sul da Itália e ao leste da própria Espanha litorânea. É a conclusão realista, nada triunfalista, de um historiador social do porte de Fernand Braudel.[13]

Houve tempo e espaço para muita glória. Nem o impacto das independências das Américas atingiu o cerne do orgulho mais imperialmente castelhano que catalão, basco ou galego. Até a erupção, inesperada para

---

13 Fernand Braudel, *La Méditerranée et le monde méditerranéen à l' époque de Philippe II*, 4. ed., Paris, Armand Colin, tomo II, 1979, pp. 394-398.

os espanhóis e talvez para alguns outros europeus, dos Estados Unidos como potência militar, internacional embora longínqua, após seu aprendizado de expansão fronteiriça, do Atlântico ao Pacífico, passando por cima do México no Texas e arredores.

O ano foi 1898, um divisor de águas.

Madri subestimou Washington, hoje parecendo absurdo, naquele tempo o contraste entre um passado, que se julgava ainda presente, e um futuro desconhecido. Bastava pensar em "Europa", o nome mágico ressoava com seu antiqüíssimo lastro no subconsciente coletivo. Que queria então dizer "América"?... O resultado não se fez esperar. A esquadra dos Estados Unidos aniquilou a espanhola numa só batalha, nas distantes Filipinas. Os fuzileiros navais americanos desembarcaram e desfilaram por lá, mais em Cuba e Porto Rico, pérolas das Antilhas, paraísos daí em diante perdidos para os antigos senhores, os novos chegando com idioma e costumes tão diferentes.

A Espanha caiu num estupor. Sua imperial castelhanidade ainda vivia Lepanto, como se a guerra naval tivesse parado no tempo. É Unamuno quem cunha, naturalmente amargo e clamoroso, o lema de toda uma geração: "me duele España, mi patria".[14]

Santiago Ramón y Cajal, em seus hábitos de pesquisador empírico, não de ciências sociais e sim das biológicas que lhe valeram um Prêmio Nobel, preferiu constatar com frieza e objetividade, que o fracasso fora das elites mais que tradicionais, tradicionalistas, da Espanha. Não do soldado, não do povo exigido e sangrado, e sim de "un Gobierno imprevisor [...] ignorante del incontrastable poderío militar de Yanquilandia". Como foi difícil aceitar a evidência, em vez de reconhecer logo a urgência da capitulação, diante de um *ultimatum* que custava tão pouco obedecer: a independência de Cuba, anseio de toda sua população![15]

---

14 Miguel de Unamuno, "Por capitales de provincia", *Andanzas y visiones españolas*, 8. ed., Madri, Espasa-Calpe, 1964, p. 92.

15 Santiago Ramón y Cajal, *El mundo visto a los ochenta años*, 7. ed., Madri, Espasa-Calpe, 1960, pp. 112-113.

Portugal enfrentava idêntico dilema diante do *ultimatum* britânico, obrigando a renúncia lusitana ao território entre Angola e Moçambique, do Atlântico ao Índico, em 1890.

Os cubanos, sob a liderança do grande José Martí, tinham optado por uma tática aliança com os anglo-saxões norte-americanos, pois continuavam pretendendo a salvaguarda da sua soberania nacional e afinidades iberistas, mesmo hispânicas. O regressismo então dominante em Madri, usando ideologicamente a honra – *el honor* – como disfarce e pretexto, insistira em ignorar tudo. Teimava em viver noutro mundo, o do passado, por sua condição rural autoritária e seu isolamento da Europa progressista.

Na denúncia também de Antônio Machado, era "La España de charanga y pandereta", à qual ele ameaçava com as novas gerações:

> Una España implacable y redentora,
> España que alborea
> con un hacha en la mano vengadora,
> España de la rabia y de la idea.[16]

De protesto e reação, a protesto e reação, as duas inconciliáveis Espanhas entravam em curso de colisão, nada menos que numa das mais violentas guerras civis da história mundial. Enquanto não explodia o mais violento do conflito, preparado por crescente esquentamento dos ânimos, Ramón y Cajal procurava ainda apelar a uma geral autocrítica de bom senso.

Ele alinhava uma série de teorias da crise espanhola, poderia tê-las generalizado ibericamente nestes casos: teorias físicas, desdobradas em hipótese climática ("la desgracia de morar en clima semiafricano", sic!) e hipótese oligohídrica (cruel meteorologia das secas), ao lado de teorias político-morais, econômico-políticas ("provincialismo" e "caciquismo" por "pobreza e impotencia económica" gerando "falta de solidariedad social") e hipótese do fanatismo religioso (tese em Portu-

---

16 Antônio Machado, "El mañana efímero", *Poesías completas*, 11. ed., Madri, Espasa-Calpe, 1966, pp. 152-153.

gal vindo de Alexandre Herculano, a propósito da Inquisição, também espanhola, reprimindo ou exilando não só cristãos-novos e moçárabes, também os heterodoxos de todos os tipos); daí a visão ibérica da ciência "como algo frívolo, profano, de dignidad inferior a la teología, a la literatura y a la política", impregnando até certos escritores do próprio Século de Ouro.

Ramón y Cajal dá prudentemente um desconto, ao apontar influências estrangeiras na gestação destas várias *leyendas negras* e conclui apelando em favor da substituição dos caminhos, a começar pelo das universidades: pesquisa e criticismo. "Tal es el plan salvador. No ha habido que inventar la panacea".[17]

Unamuno vai até mais longe do que Joaquín Costa, a propósito da radical renovação da consciência espanhola, propondo esquecer as próprias fontes do tradicionalismo e fechar "a siete llaves la tumba del Cid". Miguel de Unamuno pretende que se matasse Dom Quixote, o ingênuo cavaleiro andante fora de época, e se ressuscitasse o verdadeiro Alonso Quijano, antes de perder seu realismo com ilusões. Literalmente, por chocante que pareça: "Hay que matar a Don Quijote para que ressuscite Alonso Quijano el Bueno, el discreto..."[18] Polemizando com Ángel Ganivet, Unamuno defende a meta da europeização da Espanha e da retomada das penetrações atlântica e mediterrânea, quando enfim Barcelona voltaria a reinar no Mediterrâneo e Bilbao no Atlântico-Norte.[19]

Que ilusão impressionista vulgar, a dos leitores de Unamuno como tradicionalista e casticista por trás de sua revoltada heterodoxia... Quando ele pregava exatamente o oposto, como ressalta ostensivamente de

---

17   Ramón y Cajal, *Los tónicos de la voluntad*, 8. ed., Madri, Espasa-Calpe, 1963, pp. 159ss.

18   Miguel de Unamuno, *En torno al casticismo*, 9. ed., Madri, Espasa-Calpe, 1979, p. 122.

19   Miguel de Unamuno, *El porvenir de España y los españoles*, Madri, Espasa-Calpe, 1973, p. 43.

suas exclamações contra "la vieja casta histórica luchando contra el pueblo nuevo", muito mais que meras declamações literárias, ataques diretos e violentos contra as crostas mortas da velhice histórica do casticismo. Em castelhano duro e puro como aquele basco sabia escrever, somando as duas durezas e purezas, para que não houvesse dúvidas de interpretação, Unamuno acusa o "gusano", verme histórico do tradicionalismo.

Qual outra exegese pode caber aqui?!...

E a saída é uma só (afim de Ramón y Cajal: "Europeizando rapidamente al catedrático, europeizaremos al discípulo y a la nación entera"): "España está por descubrir, y sólo la descubrirán españoles europeizados". Os tradicionalistas, regressistas, autodeclarados "casticistas", abusando da palavra usada no sentido de defesa da identidade em meio à mudança, não passavam de diletantes, apesar de perigosos em seu suicídio. Ignoravam, mesmo residindo na capital, os belos arredores, dos mais belos do mundo.[20] De fato, lá estão finalmente redescobertos, os picos nevados de Navacerrada e recantos verdejantes das margens do Manzanares, não só tórridas paisagens pré-africanas, quase desérticas lunares, da decantada Meseta Central castelhana...

Não existe oposição, por este lado, entre um europeísmo orteguiano e um suposto antieuropeísmo de Unamuno... Miguel de Unamuno foi tão pouco tradicionalista, que dizia ter ido ao extremo de aprender dinamarquês para ler Kierkegaard no original,[21] sem esquecer o basco natal, porém, como muitos dos seus compatriotas, ia adotando o castelhano, idioma mundial de milhões no Ultramar, embora os escritores bascos pudessem ter suas peculiaridades. De qualquer modo, separa-

---

20 Miguel de Unamuno, *El porvenir de España y los españoles*, op. cit., pp. 123, 146 e 141.
21 A confissão está em Miguel de Unamuno, "Ibsen y Kierkegaard", in *Mi religión y otros ensayos breves*, 6. ed., Madri, Espasa-Calpe, 1973, p. 50.
    Habermas, aparentemente tão diferente, ao receber o Prêmio Príncipe de Astúrias, 2004, ressaltou o europeísmo e universalidade hispânicos de Unamuno.

tismo nunca, pois só existiriam separatistas fabricados pelos "ciegos adoradores de la centralización brutal".[22]

Foi este basco sem renegar a Vascônia, este ibericamente hispânico, tanto entendendo e amando também Portugal, quem, mais que qualquer viajante pela Nova Ibéria, definiu o iberismo sob o nome de *hipanidad*,[23] antes que os tradicionalistas dele tentassem se apossar.

Foram complexas, nisto muito além de meramente contraditórias, as posições dos grandes pensadores espanhóis a respeito do destino da Península. A superficialidade dos juízos, pretendendo descobrir oposições radicais neles, ignora o comportamento mais cambiante das cores ibéricas, que em qualquer outra região européia. Produto da extrema diversidade de climas, solos, paisagens físicas e humanas, milenarmente se sobrepondo em camadas nem sempre conciliadas. Daí suas mutações policromáticas sutis.

O europeísmo de Unamuno, por exemplo, teve de esclarecer – diante de contraditas de terceiros para ele próprio não cair na contradição maior da negação da sua identidade ibérica – que se tratava de proposta de influência em mão dupla: europeizar a Espanha, sim, no sentido de "nuestra digestión de aquella parte de espíritu europeo que pueda hacerse espíritu nuestro", porém só na medida em que a Espanha também se imponha à Europa.[24] E Espanha culturalmente diversificada, sem perder contudo o eixo de rotação de um moderno Estado plurinacional. Pois, afirma-o explicitamente Miguel de Unamuno, "Nada más engañoso que la tradición".

---

22 Miguel de Unamuno, *La raza vasca y el Vascuence. En torno a la lengua española*, Madri, Espasa-Calpe, 1968, pp. 69 e 144.

23 Cf. crítica, entre outras, de Julio César Chaves, *Unamuno y América*, 2. ed., Madri, Ediciones Cultura Hispánica, 1970, *passim*.
O artigo-ensaio de Unamuno "Hispanidad" apareceu em Buenos Aires, na revista *Síntesis*, n. 6, de novembro de 1927. Está na coletânea *La raza vasca y el Vascuence. En torno a la lengua española*, op. cit., pp. 264-268.

24 Miguel de Unamuno, "Sobre la europeización – Arbitrariedades", *Algunas consideraciones sobre la literatura hispanoamericana*, 2. ed., Madri, Espasa-Calpe, 1975, p. 131.

Ela pode justificar tudo, inclusive a volta ao paganismo... Por isto, propunha que se perguntasse sempre a um tradicionalista: qual tradição? A liberal? A regressista? A de Filipe II? A de Carlos V? A da Reconquista? A visigótica? A romana? Ou, enfim, a pré-histórica?...

Preferindo concluir numa daquelas apóstrofes dignas de universal recordação perene: desgraçado do povo que deixasse de inventar novas tradições e se imobilizasse nas antigas, petrificadas.[25]

Também Unamuno era dos que sentiam saudades, mas do futuro.

Ángel Ganivet, aparentemente um dos espanhóis mais castiços, confirma de novo a ambigüidade do rótulo de tradicionalista.

Um fácil beletrismo se inclinaria logo a declará-lo tão castiço, que se teria suicidado de tédio, senão de horror, pelo exílio diplomático na remota Riga, após outro tanto em Helsinque, paragens quase marcianas do Báltico. Quando a verdade é muito outra: Ganivet amou profundamente a Finlândia, ele começava a ampliar esta descoberta nos confins da Rússia então tzarista, já principiando a despertar para grandes renovações, no momento em que problemas afetivos puramente pessoais o destruíram.

Ele conhecera, romanticamente num baile de máscaras, uma certa Amélia Roldán. Dela chegou a ter um filho e com ela manter ardente relacionamento, até o dia em que amigos o advertiram de determinadas infidelidades dela. Afastados, Ganivet não conseguia viver sem ela, nem se sentia em condições de enfrentar a opinião social. Respondeu negativamente a um pedido de reconciliação de Amélia, advertindo-a que se mataria, se ela fosse procurá-lo na Letônia. Afogou-se no rio Duína, nas vésperas de sua chegada, ao fazer o percurso diário entre o consulado de Espanha, que ocupava em Riga, e sua residência.[26] Conflito psicológico

---

25 Miguel de Unamuno, "Más sobre la crisis del patriotismo", op. cit., p. 28.
26 Melchor Fernández Almagro, "Prólogo", in Ángel Ganivet, *Obras completas*, tomo I, Madri, M. Aguilar Editor, 1943, pp. XXIV-XXVI. Seu amigo, Navarro Ledesma

paradigmático das relações homem-mulher em sociedades patriarcais autoritárias como a ibérica de então, permitindo tudo sexualmente ao homem e nada à mulher. Ángel Ganivet sucumbiu, em última instância, pela agudeza da contradição íntima entre o que vira e gostara na maior liberdade escandinava, e os rígidos parâmetros hispânicos em que fora inicialmente educado.

Mesmo na sua prosa de elogio andaluz, cedo se notava a abertura ao mundo, dentro da qual Ganivet principiara dizendo que ia falar sobre sua querida Granada a Bela, "para exponer ideas viejas con espíritu nuevo, y acaso nuevas con viejo espíritu". Logo apontando a mais que alemã, tipicamente prussiana Koenigsberg, como modelo que o marcara profundamente como síntese do antigo e do novo, apesar de algumas deteriorações já naquele tempo.

Podia-se ir mais longe em comparação?...

Mesmo seu êxtase diante de Granada nada tinha de castiçamente imobilista. Uma cidade muda constantemente, insistia ele, em meio às reformas artificiais e às naturais das gerações. Terminava revelando temer, desde aquela época, desajustes sociais que acabassem por vitimar sua paz e beleza, multidões pilhando a linda cidade. Desta vez simplesmente por pão, numa espécie de Revolução Francesa, guerra civil por ele prevista, logo a acontecer.[27]

Esta visão social e esta sensibilidade política nunca o abandonaram. É com seus olhos que Ganivet descobre e louva a Finlândia, fazendo questão de frisar que aceitava todas as mudanças políticas, inclusive as de profundas implicações sociais: a Finlândia era tipicamente democrática e socialista, já a seu ver naquele tempo, em comparação a outros povos da época. Note-se que Ángel Ganivet o afirmava em fins do século XIX, quando a

---

só quis publicar uma única cláusula do trágico testamento espiritual de Ganivet, p. XXVII.

27 Ángel Ganivet, "Granada la bella", *Obras completas*, op. cit., tomo I, pp. 3, 12, 5 e 36.

Escandinávia apenas despontava para o bem-estar social e a própria Finlândia se encontrava sob domínio tzarista. Era impossível previsão maior a respeito.

E logo lhe acorriam dúvidas de autocrítica: seria também democrática a Espanha? Em nenhuma hipótese; é que "somos el pueblo más aristocrático de Europa". Falar de democracia, na Espanha, equivaleria a falar de "música celestial" numa "aristocracia política", constituída por empreguismo estatal doméstico "por vínculos familiares": os filhos, genros, sobrinhos, cunhados e até primos no "familismo" também tão latino-ibero-americano... Como se isto não bastasse, reconhece Ganivet a má vontade extrema do espanhol de então, poderia tê-la ibericamente generalizado, para com as inovações práticas, ao contrário da Finlândia que nisto "se aproxima al tipo yanqui", funcionando como um relógio de pontualidade e eficiência até em pequenos pormenores naquela época precursora.[28]

Ao insistir na comparação por assim dizer "celestial", Ganivet chega a proclamar sua própria simpatia pelo socialismo num artigo intitulado "Socialismo y música", no qual intenta análises sociológicas de classe, a propósito do menor desenvolvimento dos movimentos socialistas na Espanha, por conta da menor expansão de sua industrialização.[29] Análises prosseguidas no ensaio paradoxalmente intitulado "España filosófica contemporánea", com penetrantes observações sobre a nascente classe média, com suas características e importância para a organização do país, em meio às tensões das classes acima e abaixo.[30]

Vai ao ponto, numa carta, de defender a "plebe" contra os seculares "impropérios" sobre ela desatados pelas classes superiores, mais uma vez cometendo uma grande injustiça contra o povo.[31]

---

28 Ángel Ganivet, "Cartas finlandesas", *Obras completas*, op. cit., tomo I, pp. 645, 651, 652, 657 e 661.
29 Ángel Ganivet, "Socialismo y música", *Obras completas*, op. cit., tomo I, p. 921.
30 Ángel Ganivet, "España filosófica contemporánea", *Obras completas*, op. cit., tomo II, pp. 594 e 598.
31 Ángel Ganivet, "Epistolario", *Obras completas*, op. cit., tomo II, p. 996.

E Ángel Ganivet não se limitava à contemplação, mesmo social ou até parassocialista. No ensaio "España y Rusia", extraído em parte dos seus relatórios diplomáticos, aponta, pela primeira vez em público no seu país, as possibilidades do comércio com a Finlândia e a Rússia, começando pelos portos do Báltico, atingindo depois os mares Negro e de Azov. E adverte realisticamente contra a concorrência alemã, muito perigosa para a fragilidade espanhola. Conclui indicando o que lhe pareciam caminhos práticos para a penetração através de determinados produtos típicos da Espanha.[32]

Era a compreensão da Finlândia e da Rússia inserida numa ampla e pioneira visão, aproveitando a oportunidade para diversificá-la pelo extremo norte da Europa, tornando-se Ganivet um dos primeiros reveladores dos escritores escandinavos Bjornsterne Bjorson, Georg Brandes, Henryk Ibsen,[33] Knut Hamsun, Arne Gaborg, Joergesen...[34]

Apesar de esta diversificação se ter completado ao fim de sua breve existência de trinta e poucos anos, ela já se anunciava na visão do seu *Idearium español*, quando propunha à Espanha concentrar-se em si mesma, deixando de olhar para a América ou a África, enquanto fonte externa de recuperação nacional. Inclusive a Portugal, deveriam os espanhóis aceitar, para não se dispersarem em ilusões.[35] Quase repetindo Santo Agostinho: *in interiore Hispaniae habitat veritas...*

A polêmica Unamuno/Ganivet, central na Geração de 98 quanto ao futuro da Espanha, gira, assim, mais em torno de ênfases, muito além dos maneirismos neobarrocos de linguagem, tão ao gosto de certa suposta crítica beletrística.

---

32 Ángel Ganivet, "España y Rusia", *Obras completas*, op. cit., tomo I, pp. 901-907.
33 Ángel Ganivet, "Hombres del Norte", *Obras completas*, op. cit., tomo II, pp. 1.043-1.068.
34 Apud Antonio Gallego Morell, *Estudios y textos ganivetianos*, Madri, Consejo Superior de Investigaciones Científicas, 1971, pp. 24ss.
35 Ángel Ganivet, *Idearium español y el porvenir de España*, 2. ed., Buenos Aires/México, Espasa-Calpe, 1943, pp. 94, 97, 101, 118, 124 e 127.

Miguel de Unamuno vinha de publicar, em 1895 na revista *La España Moderna* de fevereiro a junho, os cinco ensaios que iriam compor *En torno al casticismo*. Dois anos depois, Ángel Ganivet lançava o *Idearium español*. No ano seguinte, 1898, o mesmo da tragédia nacional da derrota para os Estados Unidos, ele morria quase simbolicamente na distante Riga.

Aqueles dois livros foram preparados pela polêmica epistolar entre os dois, a partir de artigos de Ganivet no jornal *El Defensor de Granada*, que suscitaram cartas abertas de Unamuno.

As idéias unamunianas são as expostas ao longo das páginas anteriores, sublinhando a necessidade de europeização da Espanha, enquanto Ángel Ganivet ainda se encontrava numa fase de preocupação especial pela América, que ele chamava de espanhola, e pela África, antes de propor a volta da Espanha a si mesma.

Já Unamuno se achava em etapa adiante, denunciando o empreguismo – "empleomanía" – e o "mandarinato" da "burocracia administrativa", indo a ponto de saudar a fecundidade do sindicalismo na Espanha, o qual, à maneira da Inglaterra, seria um dos maiores suportes do progresso. No jornal *La Estafeta*,[36] só em parte fatídico, porque deu também impulso à vigorosa autocrítica nacional espanhola, Unamuno concluía com indignada imprecação, além de mera apóstrofe retórica: "Desgraciado el país sin vigorosa agitación socialista!"[37] Eram ecos do então recente passado pessoal de Unamuno, dos tempos de 1894, em artigos para os semanários *La Lucha de Clases* na Bilbao natal e *El Socialista* dirigido em Madri pelo próprio Pablo Iglesias, fundador do Partido Socialista Obrero Espanhol, entre outros periódicos da esquerda militante.[38]

---

36 Madri, 16 de setembro de 1898.
37 Miguel de Unamuno, *El porvenir de España y los españoles*, op. cit., pp. 12, 13, 38, 49, 50, 77 e 83.
38 Cf., por exemplo, Rafael Pérez de la Dehesa, *Política y sociedad en el primer Unamuno (1894-1904)*, Barcelona, Editorial Ciencia Nueva, 1966, entre outras pesquisas sobre o socialismo do jovem Unamuno.

Só depois, embora pouco depois na sua curta vida, Ángel Ganivet tomou aqueles outros rumos. Precedidos e continuados vigorosamente por Miguel de Unamuno.

É discussão merecedora de relevo por sua condição paradigmática histórica, entre dois pensadores, ainda jovens, porém ambos já capacitados pelas suas iniciações na filologia e no helenismo, preparando seus vôos filosófico-políticos, como o assinalava Ortega y Gasset.[39] Eram espanhóis interessados na verticalização teórica e prática do debate, muito além da "España de charanga e pandereta" que tanto irritava Antônio Machado, também levando Ortega a exclamar: "Toda esta quincalla meridional nos enoja y fastidia".[40]

A Península Ibérica precisava libertar-se de si mesma, ao exorcizar os seus próprios fantasmas, esta a sua miséria e sua grandeza.

Grandeza trágica que levara Marcelino Menéndez y Pelayo a escrever sua história dos heterodoxos espanhóis como profunda invocação de fé, não um esteticismo ou fanatismo qualquer, do tipo dos seus muitos imitadores. Permitindo-lhe terminar com mais que uma peroração, verdadeiro hino saindo do coração, no seu fervor ao Deus de uma grande cultura semeadora de mundos:

> España, evangelizadora de la mitad del orbe; España, martillo de herejes, luz de Trento, espada de Roma, cuna de San Ignacio...; ésa es nuestra grandeza y nuestra unidad; no tenemos outra.

---

[39] José Ortega y Gasset, introdução sob o título "A cartas finlandesas y hombres del Norte de Ángel Ganivet", in *Obras completas*, 2. ed., tomo VI (1941-1946), Madri, *Revista de Occidente*, 1952, p. 372.

Um orteguiano como Julián Marías reconhece o sentido de obra aberta de Unamuno – "Unamuno no está hecho y concluso, ni tampoco su obra" –, no ensaio "La muerte de Unamuno", in *Aquí y ahora*, 3. ed., Madri, Espasa-Calpe, 1959, p. 112.

[40] José Ortega y Gasset, "Teoría de Andalucía y otros ensayos" [1942], *Obras completas*, tomo VI, op. cit., p. 112.

Mas com a prudência de acrescentar: "España era o se creía el pueblo de Dios..."[41] Menéndez y Pelayo estava então na tranqüilidade universitária de Bruxelas, não tinha havido ainda a estremecedora derrota de 1898, ampliando as frestas para novos iluminismos...

De impacto em impacto, a Península Ibérica se contrairia em crispações sangrentas, alternadas em ciclos de anarquias e tiranias, menos violentos em Portugal. Até que o lento transbordar da Europa foi lhes trazendo mais capitais financeiros e intelectuais.

A entrada da Ibéria portuguesa e espanhola na integração econômica, política e cultural da Europa em 1985, significa o ingresso em formas superiores de economia capitalista e de organização de massas, acompanhando a marcha do mundo para as socializações democráticas no bojo do processo. Com novas sínteses de tempo social investido eficientemente, para melhor fruição e lazer coletivos, em vez de mero individualismo anárquico, sem correspondente iniciativa econômica. Tudo dentro do pluralismo e planetarismo característicos das modernas sociedades complexas, no seu equilíbrio interno e externo de forças e contrapesos: partidos políticos, sindicatos, igrejas, organizações não-governamentais, associações patronais e de profissões autônomas ditas liberais, conselhos informais de moradores por bairros e pequenas comunidades, são as democráticas instituições intermediárias destinadas a desempenhar o papel descentralizador do autogoverno e autogestão, chegando também enfim à Península Ibérica.

Os fundos estruturais europeus para o desenvolvimento de Portugal e Espanha deveriam ter sido também muito dedicados à competitiva atualização da sua tecnologia, como já o desejava, com tanta ênfase, Ramón y Cajal. O que só se conseguirá renovando todo o sistema escolar, a advertência vem desde as pioneiras propostas modernizantes de Giner de los

---

41 Marcelino Menéndez y Pelayo, *Historia de los heterodoxos españoles*, Madri, Biblioteca de Autores Cristianos, tomo I, 1956, p. 62.

Ríos.[42] Nas escolas da sua Institución de Libre Enseñanza foram alunos, entre outros, escritores como García Lorca, pintores como Salvador Dalí, cineastas como Luís Buñuel. Em Portugal, na Universidade de Évora, Manuel Ferreira Patrício empreende uma síntese própria de ciência e humanismo no Movimento da Escola Cultural.

Não mais doerá a outro Antônio Machado nem a "España de charanga y pandereta", "malherida España, de Carnaval vestida", nem outro "tiempo de mentira, de infamia". Muito menos o Portugal da "choldra" em *Os Maias* entrevista por Eça de Queirós,[43] ao qual Antero tentara salvar pela agitação social e Oliveira Martins e Fontes Pereira de Melo[44] por reformas antecipadoras do desenvolvimento econômico.

Algumas lideranças ibéricas despontam à altura da sua missão. Também o rei Juan Carlos I demonstrou entender seu papel histórico, ao pronunciar, ante o Parlamento de Madri, em 27 de dezembro de 1978, discurso consagrador de monarca liberal social do seu tempo histórico.[45] São os espanhóis da convergência tentando construir a Espanha no pas-

---

42 Cf. Francisco Giner de los Ríos, *Ensayos*, Madri, Alianza Editorial, 1969.

43 Eça de Queirós respondia aos que o declaravam cosmopolita antilusitano: "Condenar um escritor como caluniador e maldizente, porque ele revela os ridículos do seu país – é declarar maldizente toda a literatura, de todos os tempos, que toda ela tem tido por fim fazer a crítica dos costumes, pelo drama, a poesia, o romance e até o sermão". "Notas contemporâneas", também citadas a propósito por João Gaspar Simões, *Eça de Queirós. O homem e o artista*, Lisboa/Rio de Janeiro, Livros do Brasil/Livros de Portugal, p. 612.

44 Familiares de Oliveira Martins também o estudaram e Maria Filomena Mônica a *Fontes Pereira de Melo*, Lisboa, Assembléia da República/Edições Afrontamento, 1999.

45 "Discurso pronunciado por S. M. el Rey Don Juan Carlos de Borbón, ante las Cortes, el 27 de diciembre de 1978", prólogo à edição oficial da *Constitución española*, Madri, Boletín Oficial del Estado, 1979, p. 15. Juan Carlos I foi muito bem assessorado, como se vê em *Lo que el Rey me ha pedido – Torcuato Fernández-Miranda y la reforma política*, Barcelona, Plaza & Janés, 1995, de autoria de Pilar e Alfonso Fernández-Miranda.

sado e no presente. Outros tantos são os portugueses construtores de seu próprio futuro.[46]

---

46   José María Escudero mostra-o muito bem em *Los españoles de la conciliación*, Madri, Espasa-Calpe, 1987. Testemunhei pessoalmente as discussões desta Assembléia Constituinte redemocratizadora na Espanha, do que dei conta no meu livro *A experiência espanhola*, Brasília, Editora Universidade de Brasília, 1979.
Gregorio Peces-Barba (*La elaboración de la Constitución española de 1978 y sus derechos fundamentales*) é um dos principais elaboradores e comentadores da referida Constituição. O Direito Político – "Derecho Político" –, convergência de Teoria Geral do Estado, Ciência Política e Direito Constitucional, tem fecunda tradição na Espanha.
No Portugal da Constituição de 1976, entre os seus principais hermenêutas estão Marcelo Rebelo de Sousa (*Direito Constitucional*), Gomes Canotilho (*Direito Constitucional*) e Jorge Miranda (*Manual de Direito Constitucional*). Também com apreciável repercussão no Brasil, a Filosofia do Direito de Antônio Braz Teixeira situa-se na encruzilhada da Filosofia Portuguesa de Leonardo Coimbra, Álvaro Ribeiro, José Marinho e a linha de Cabral de Moncada (cf. Ricardo Vélez Rodríguez, "Antônio Braz Teixeira: Perfil bibliográfico", *Revista Brasileira de Filosofia*, Vol. LII, fasc. 210, São Paulo, Instituto Brasileiro de Filosofia, abril, maio e junho 2003). A revista *Teoremas de Filosofia* de Joaquim Domingues, em Braga, acolhe continuadores de vários ramos do movimento da Filosofia Portuguesa. O Instituto de Filosofia Luso-Brasileira, com Miguel Reale presidente de honra, muito tem feito por estas aproximações.

Capítulo 3

Visões lusitanas da Ibéria

"**O**nde há uma vontade, há um caminho", diz antigo provérbio germânico. E foi um alemão increpado de determinismo, que ele sempre negou que fosse cego, Friedrich Engels, quem sorria dos que apresentavam motivos puramente econômicos, no sentido de produção da vida material e intelectual, como absoluta explicação.[1]

Muitos fatores contribuíram para o Condado Portucalense, do borguinhão Henrique, transformar-se em Portugal ao longo de apenas três gerações após a do seu descendente Afonso Henriques, estendendo seu poder do Norte a Lisboa, com os primeiros Sanchos e Afonsos, até atingirem o Algarve. Bastaram-lhes cem anos, quase nada na história dos povos, desde o Fundador, o "valente, medíocre, tenaz, brutal e pérfido" Afonso Henriques, são as acusações dos seus rivais, reproduzidas por Oliveira Martins. Dando "um caráter original à guerra" (novo *genere pugnandi*), "às escondidas" (*furtim*), "como um chefe de bandidos, em assalto a algum vilar" (*quasi per latrocinum*). Assim combatia "este inimigo de Deus", queixava-se um cronista mouro, ainda conforme as pesquisas de Oliveira Martins.[2]

---

[1] Engels em cartas a Joseph Bloch (21-22/09/1890) e Heinz Starkenburg (25/01/1894) explica a complexidade do que entende por "econômico", só atuante em última instância e em interação com o não-econômico. Cf. ainda carta de Engels a Franz Mehring (14/07/1893).

[2] Oliveira Martins, *História de Portugal*, 16. ed., Lisboa, Guimarães Editores, 1972, pp. 84-85.

Mas como existe, dizem-no alguns, o salto dialético da sutil transformação de quantidade em qualidade, noutros ângulos "a perfídia é uma virtude, a crueldade é um título de glória, porque o espírito coletivo substitui o critério moral e abstrato pelo critério histórico, o qual tem como base a consagração dos factos consumados".[3]

Portugueses do nível de Oliveira Martins terminam nisto concordando com espanhóis do porte de Américo Castro, de um século a outro, o primeiro ao mostrar que "a política de hegemonia" ia além de "uma indeterminada ambição coletiva. Era um pensamento decidido e fixo dos monarcas lusitanos, trazia antigas origens vindo dos anseios de reconstituir as tentativas de unificação ibérica pelos impérios visigóticos, diz ainda o primeiro. O segundo reconhece que "Portugal nació y creció por su voluntad de no ser Castilla..." A mesma opinião de Agostinho da Silva.[4]

A localização litorânea ocidental do núcleo de Portugal, separado do núcleo de Castela de início pelo maciço transmontano, depois pelo semideserto da Estremadura espanhola, propiciou evoluções paralelas. A cristalização das consciências se encarregou do mais que resto, o principal. Esticando-se rumo ao sul, a cultura lusitana – que nunca perdera de todo o contato com as raízes autóctones, produto também de antigos isolamentos – separou-se do tronco galaico-português, um dos últimos baluartes antimouros nas montanhas do extremo norte.

O guerreirismo, visto por Claudio Sánchez-Albornoz como o motor da expansão castelhana, existiu igualmente em Portugal, mostram-no as pesquisas de Edgar Prestage.[5] As ordens religiosas militares ali exerceram tam-

---

3 Oliveira Martins, *História de Portugal*, op. cit., p. 66.
4 Américo Castro, *La realidad histórica de España*, 5. ed., México, Editorial Porrua, 1973, p. 375. Agostinho da Silva, *Reflexão*, escrito no Brasil, Belo Horizonte, 1956, aqui cit. na edição de Guimarães Editores, Lisboa, s/d, p. 31.
5 Edgar Prestage, "Chivalry of Portugal", in Edgar Prestage (org), *Chivalry – A series of studies to illustrate its historical significance and civilizing influence*, Londres/Nova York, Kegan Paul, Trech, Trubner/Alfred A. Knopf, 1928; pp. 150-152, 155-156, 159, 162-163.

bém o argumento da cruzada; pretexto, por outro lado, para se irem apossando das terras conquistadas aos muçulmanos. Daí a impregnação do guerreirismo, juntando o agradável da fé popular ao útil da apropriação pelas elites.

Miguel de Unamuno teve a coragem de reconhecer, neste quadro, uma origem do círculo vicioso da Inquisição espanhola, poderia ter dito mesmo ibérica, não só uma instituição clerical, também popular[6] na seqüência do guerreirismo de cruzada. A "infilosofia" – expressão unamuniana – brotará da "irreligião", isto é, da mania de disputa e polêmica, em vez de dialética e diálogo.[7] Falta explicação histórico-sociológica à indignação moral de Alexandre Herculano na *História da origem e estabelecimento da Inquisição em Portugal*, 1854-1859, data do texto que o explica num contexto, o do desencadear das lutas liberais neste país.

Também a Marcel Bataillon, que estudou as transformações conservadoras da Renascença em Portugal,[8] não só nas dependências de Castela em *Érasme et l'Espagne*, falta uma visão histórico-social da questão, assinalada por Antônio Sérgio nas suas grandes linhas. Mostra Antônio Sérgio como "O espírito português do Quinhentismo – foi promessa que não se cumpriu". Contra o desabrochar da modernidade, prolongaram-se ali o dogmatismo e autoritarismo medievais, com a conseqüente "limitação do espírito crítico, ausência do método experimental", pelo uso e abuso do formalismo aristotélico eclesiástico,[9] apesar da criatividade filosófica jesuíta.[10] Enquanto

---

6 Miguel de Unamuno, "Sobre un Libro de Memorias", *Libros y autores españoles contemporáneos*, Madri, Espasa-Calpe, 1972, p. 102.

7 Miguel de Unamuno, "Renovación" e "Ni lógica ni dialéctica, sino polémica", in *El porvenir de España y los españoles*, Madri, Espasa-Calpe, artigos de 1898-1912 reunidos em 1973, à maneira da op. cit. acima, pp. 72 e 143.

8 Marcel Bataillon, *Études sur le Portugal au temps de l'humanisme*, Coimbra, Acta Universitatis Conimbrigensis, 1952, passim.

9 Antônio Sérgio, "O Reino Cadaveroso ou o problema da cultura em Portugal", *Ensaios*, 2. ed., Lisboa, Livraria Sá Costa, tomo II, 1977, pp. 27-29, 41 e 45.

10 Mostrei no meu *O humanismo ibérico* (Lisboa, Imprensa Nacional/Casa da Moeda, 1998) a importância da escolástica progressista.
Sobre os esforços renovadores de Damião de Góis se destacam os estudos *Um humanista português – Damião de Góis* por Aubrey F. G. Bell, Lisboa, Editorial

isto foram decisivas as opções filosóficas e científicas da Europa Além-Pirineus: Descartes, Kepler, Newton e outros na Europa do Norte. Diante da insuficiência do século XVIII português de Antônio Ribeiro Sanches e Luís Antônio Verney, ao contrário do próprio católico Pascal na França, que se permitia separar os juízos íntimos e os externos, *esprit de finesse* e *esprit de géométrie*, evitando "o autoritarismo nos domínios do saber científico".

Antônio Sérgio pretendia retomar a luta pela remodernização de Portugal, a bandeira reformista prática de Mouzinho da Silveira e a doutrinária de Alexandre Herculano.[11] Daí ele remontar, como não podia deixar de fazê-lo, à Revolução Portuguesa de 1383-1385, que começara em Portugal o processo de revolução burguesa, sob o comando não só de nobres como Nun'Álvares, quanto de ricos comerciantes como Álvaro Pais, "contra a aristocracia de Portugal e Castela".

Mostra Antônio Sérgio como surgia "uma aristocracia nova", os "legistas", "representantes letrados da nova classe burguesa, introdutores persistentes do direito imperial romano", superando definitivamente o visigótico, do qual só passariam a restar vestígios, importantes setorialmente. Com o objetivo maior, daí em diante, de "buscar o oiro do Senegal ao longo da costa africana, atingir o cravo e a pimenta lá nos confins de outros mundos". Até "a vitória da concepção burguesa": "a chegada do Gama a Calicute".[12] Daí as concentrações das feitorias e

---

Império, 1942 (tradução de "Damião de Gois. A Portugueses Humanist", *Hispanic Review*, 1941, n. 11); "Le cosmopolitisme de Damião de Góis" nos *Études sur le Portugal au temps de l'humanisme*, op. cit., por Marcel Bataillon; e, principalmente, de Elisabeth F. Hirsch, *Damião de Gois – The life and thought of a portuguese humanist, 1502-1574*, Haia, Martinus Nijhoff, 1967.
Entre outras obras, Góis escreveu *Hispania*, publicada em Louvain, 1542, apresentando com ênfase as riquezas e possibilidades da Península Ibérica aos ricos flamengos e alemães da época.

11 Antônio Sérgio, "O Reino Cadaveroso ou o problema da cultura em Portugal", op. cit., pp. 52 e 55.

12 Antônio Sérgio, "Sobre a Revolução de 1383-85", *Ensaios*, 3. ed., Lisboa, Livraria Sá da Costa, tomo VI, 1980, pp. 138-141, 142, 148 e 158.

capitanias portuguesas nos litorais do Brasil, África, Índia, China e Japão, sem pretensões nem forças para penetrarem fundamente nos imensos interiores destas regiões. No Brasil serão os bandeirantes paulistas, ou paulistanizados, a fazê-lo, ao cruzarem o Meridiano de Tordesilhas desaparecido pela União Ibérica. Com eles, alguns portugueses e espanhóis abrasileirados.

A Revolução de Avis consagrara os sucessores do Mestre desta Ordem, Dom João I, numa linhagem que se extingue nos areais africanos de Alcácer-Quibir com a morte de Dom Sebastião em 1578 e retorno da ampliada herança do Condado Portucalense à fonte castelhana. Neste período de cinco séculos, Portugal projeta-se, atinge o pique e, após menos de um século,[13] cai numa curva abrupta, buscando voltar a ascender após a Restauração de 1640 contra mais poderosos adversários. Várias vezes os portugueses afirmaram sua tipicidade radical: várias vezes ganharam, nos campos de batalha, seu direito a pioneiro Estado-nação na Europa, um dos mais antigos, senão o mais antigo do Ocidente.

E nacionalidade marcada por um democratismo rústico, nas circunstâncias daqueles tempos, embora nítido, como Alexandre Herculano aponta na sua organização municipal medieval. Levando Jaime Cortesão a descrevê-la como, baseada nas "classes servas quando fugidas a uma economia agrícola e doméstica, se entregaram ao tráfico e à indústria naqueles burgos cuja atividade fora vivificada pelo comércio marítimo, e o novo espírito da cristandade".[14] Opção democratizante, no sentido até popularesco,

---

13 Ludwig Dehio assinala a antecipação e o breve apogeu das Descobertas Portuguesas (compara-as a um fugidio meteoro) em *Gleichgewicht oder Hegemonie (Betrachtungen über ein Grundproblem der neueren Staatengeschichte)*, organizado por Klaus Hildebrand, Zurique, Manesse Verlag, 1997, pp. 70 e 71.

14 Jaime Cortesão, "A formação democrática de Portugal", conferência em Paris, 20 de outubro de 1928, aparente inspiradora das teses de *Os factores democráticos na formação de Portugal*, 3. ed., Lisboa, Livros Horizonte, 1978, outra conferência, desta vez mais longa no Porto, em 1955, pp. 218 e 225.

Raymundo Faoro, à sua maneira, também enfatiza o sentido mais mercantil que feudal na formação de Portugal (*Os donos do poder. Formação do patronato político brasileiro* da segunda edição revista e aumentada às edições seguintes).

enquanto o guerreirismo português cedo se projetava no Além-Mar do Marrocos e arquipélagos dos Açores e Madeira. Quanto ao guerreirismo castelhano-aragonês, ele não conseguiu impedir a expansão, mais descontínua, dos impulsos democráticos espanhóis, principalmente pela necessidade das suas periferias geoculturais se afirmarem diante do centralismo às vezes brutal, por necessário que fosse à unificação.

Favorecida pelas montanhas e semideserto a leste e pela ampla abertura oceânica a oeste, convidando opções históricas assumidas com fervor específico, mais que mero vigor, consumou-se a tipicidade portuguesa, remota herdeira da obscura lusitana. Ou celta como queria Jaime Cortesão, vagamente ibera segundo outros. Nem por isto perdendo o tronco comum, ressaltado ao máximo no Gil Vicente autor de autos em português e castelhano, sobretudo pelo poeta maior, Luís de Camões. Impossível fixar a raiz da sua inspiração mais profunda, como se vê nestas paralelas versões de um dos seus principais momentos:

> Alma minha gentil, que te partiste
> Tão cedo desta vida, descontente,
> Repousa lá no céu eternamente
> E viva eu cá na terra sempre triste.
> Se lá no assento etéreo, onde subiste,
> Memória desta vida se consente,
> Não te esqueças daquele amor ardente
> Que já nos olhos meus tão puro viste.

ou

> Alma, y primeiro amor del alma mía,
> Espíritu dichoso, en cuya vida
> La mía estuvo en cuanto Dios quería!
> Sombra gentil, de su prisión salida,
> Que del mundo a la patria volviste!
> Recibe allá este sacrificio triste
> Que te ofrecen los ojos que te vieron,
> Si la memoria dellos no perdiste.

Mas a inevitável dialética da proximidade, repelindo-se e atraindo-se na Península, torna complexa a vizinhança luso-espanhola. Não há como escapar. A Espanha é o único vizinho terrestre de Portugal e este lhe parece, no mapa, um pedaço arrancado, só lhe permitindo o acesso ao Atlântico pelos flancos.

Que fazer, para se ignorar?

Viver de costas, um para o outro, não é a solução.

Todas as vezes em que a Europa irrompe seu limite dos Pirineus, Espanha e Portugal terminam afetados: nas invasões francesas e contra-ataques britânicos, nas guerras mundiais rondando os Pirineus. Ou quando Portugal e Espanha participam da prosperidade e crise européias...

Difícil dialética, esta, a de dois únicos vizinhos tão próximos, distantes a Grã-Bretanha pelo mar, a França por alta cordilheira, portanto sem possibilidades de imediatas combinações alternativas; mais próximo o norte árabe da África, estendendo-se, pelo clima e geologia, além do Estreito de Ceuta-Gibraltar, tantas vezes transposto por mútuas invasões... Daí os cinco períodos ou etapas do distanciamento luso-espanhol, tão bem enumerados por Antônio José Saraiva: "complementaridade, oposição, rivalidade, provincianização, divórcio". Como se não existissem um "Dentro" e um "Fora" da península, especialmente aos olhos dos terceiros interessados em ainda mais dividi-la, para enfraquecê-la, ignorando o ponto de partida relembrado, em definição um tanto polêmica, por Saraiva: "Portugal é tão 'espanhol' como Castela. 'Espanha' é a pátria comum de várias nações, estando Portugal incluído entre ela".[15] Argumento recusado por Agostinho da Silva, discutido ainda por tantos.

Separada, a Espanha é "Hispania menor" como dizia Miguel de Unamuno. Só "Hispania mayor" com Portugal.[16]

A multiplicação dos meios de comunicação e transporte, derrubando fronteiras mesmo longínquas, volta a ecoar as esperanças de Oliveira Martins desde o século passado: "Podemos considerar terminada a dissolução da Espanha antiga? Podemos dizer criada a novíssima Espanha?" "O

---

15 Antônio José Saraiva, *A cultura em Portugal – Teoria e história*, livro I, "Introdução geral à cultura portuguesa, Lisboa, Livraria Bertrand, 1982, pp. 142 e 155.

16 Miguel de Unamuno, "Más sobre la Crisis del Patriotismo", *Algunas Consideraciones sobre la literatura hispanoamericana*, 2. ed., Madri, Espasa-Calpe, 1957, p. 19.

que principalmente se conseguiu foi dissolver; mas como na sucessão concatenada dos seres há saltos, a dissolução implica a reorganização".[17]

O instinto adivinhadeiro de um poeta foi quem melhor entendeu e explicou a trama:

> Terra nua e tamanha
> Que nela coube o Velho-Mundo e o Novo...
> Que nela cabem Portugal e a Espanha
> E a loucura com asas do seu povo.

Prossegue Miguel Torga:

> Povo sem outro nome à flor do seu destino;
> Povo substantivo masculino,
> Seara humana à mesma intensa luz;
> Povo vasco, andaluz,
> Galego, asturiano,
> Catalão, português...

Pois:

> Ibéria, dizes tu?!... Disseste Ibéria?!
> Acorda, Sancho, é ela a nossa dama![18]

Emoções tão sentidas como estas, só as da prosa também poética de Oliveira Martins, inspirada pelo próprio cerne da Espanha, em Castela-Velha Castela-Leão, por ele percorrida desde as vetustas, sempre lembradas Zamora, Valladolid, Salamanca e Burgos, às quase esquecidas Medina del Campo e Toro de León outrora também com seus apogeus.

A "metade norte da Castela-Velha é um curso prático de história da arquitetura", mais que isto, de vida hispânica-ibérica. Reino do plateresco, com sua pretensão de "platería", estilo mais de ornamentação que arquitetônico, à maneira do seu irmão manuelino. Com sua fronteira na

---

17 Oliveira Martins, *História da civilização ibérica*, 8. ed., Lisboa, Parceria A. M. Pereira, 1946, p. 324.

18 De Miguel Torga, respectivamente "Ibéria", "A Vida" e "Pesadelo de D. Quixote", in *Poemas ibéricos*, Coimbra, 1965, pp. 7, 14 e 73.
Ele dedica versos paniibéricos desde as raízes de Camões e Cervantes até Alexandre Herculano e Miguel de Unamuno, passando por uma vasta galeria peninsular.

Burgos do "gótico florido", ao norte, e na Aranjuez rococó ao sul. Em plena "desolação das altas serras vestidas de nuvens, despidas de vida..." Tudo fiel às raízes, logo o percebera a argúcia do historiador social Oliveira Martins: a Espanha,

> talvez o último recanto da Europa onde a vida antiga, por fora e por dentro, se conserva intacta [...] em Espanha dá-se este facto único entre europeus: é que os espanhóis vestem-se à moda, mas sem mudarem de índole, de caráter, nem de esperanças.

Hispânia, Ibéria, marcas inconfundíveis mesmo na vida confiante em novas faces da realidade...

Ao longo do caminho-peregrinação, os contrastes da Salamanca despontando, na entrada, com suas torres e cúpulas de "Roma la chica", pequena Roma castelhana, se a palavra não lhe faz injustiça. Também com colinas, chamadas "montes" pelos salmantinos, rodeando suas igrejas e colégios: "Salamanca é a cidade da cruz e da pena". E, ali perto, *sic transit gloria mundi*, jaz Medina del Campo, outrora com alguns dos primeiros e maiores bancos do Ocidente, onde nasceu a expressão "bancarrota", pela quebra pública da banca de negócios fraudulentos ou infelizes. A longa decadência de 300 anos começava a ser superada no momento em que Oliveira Martins por ali passou, quando surgia no local o nó ferroviário daquela região.[19] O capitalismo não nasceu apenas na Europa Central por mãos só judaicas ou calvinistas, insiste muito bem Fernand Braudel.[20] A Ibéria teve o seu momento, perdido mas retomável.

Às margens do Douro leonês, a caminho de Portugal, na rota depois de Antônio Machado em Soria procurando refazer oniricamente o elo de novo rompido na Batalha de Toro, ressurgem as marcas da audaciosa

---

19 Oliveira Martins, *Cartas peninsulares*, edição póstuma organizada pelo seu irmão Guilherme de Oliveira Martins, Lisboa, Livraria de Antônio Maria Pereira – Editor, 1895, pp. 126, 127, 136, 137, 139-141, 224 e 225.

20 Fernand Braudel, *Civilisation matérielle, économie et capitalisme, XVe-XVIIIe siècles – Les jeux de l'échange*, Paris, Armand Colin, 1979, p. 135 e passim.

investida desta vez do Portugal de Afonso V contra a Castela de Isabel a Católica. O rei lusitano já chegara até a cunhar moeda como soberano das duas coroas, quando invocava os direitos da sua Rainha consorte, Juana la Beltraneja...

Muito tempo se esvaía em vão entre a Ibéria Oriental e a Ocidental; oportunidades daí em diante mais que perdidas, esquecidas, naquela seqüência de mútuos estranhamentos descrita por Antônio José Saraiva, quase interrompida por alguns esforços. Um deles e de novo grande, entre os de Oliveira Martins e Miguel Torga, o de Teixeira de Pascoaes, também poeta maior em verso e prosa.

Ao fim da Primeira Guerra Mundial, com Portugal sangrando junto aos aliados nos campos do norte da França, Eugenio d'Ors convida-o a pronunciar conferências em Barcelona. Parte o escritor no verão escaldante de junho. Desaparecem as águas suaves do Tâmega, cenário de tantos diálogos de Teixeira de Pascoaes com Unamuno. Surge o Douro vindo do Além-Portugal, lá "aberto em fraga calcinada", "rio amarelento, sem transparência, parece envolver-se numa pele que o torna hostil ao sorvo evaporante do sol". Era o encontro com o "povo irmão e distante", apesar do passado histórico e da proximidade geográfica.

Aparece, enfim, após dia e noite de trem, a Catalunha suave no Mediterrâneo como Lisboa no Atlântico, com Barcelona "bela cidade européia" dominada pelo Tibidabo vigilante, "deslumbramento verde" em torno do "arraial imenso de edifícios branquejando-se", "um grandioso esboço em ferro, fumo e pedra". Onde se ergue a voz do vidente: "Amai Portugal como os catalães amam a Catalunha. Amai Portugal e tudo vos será dado em demasia". Quase dizendo, como Unamuno, que a aproximação ibérica teria de partir dos portugueses, quando amainassem os mais preconceitos de cada um...

Teixeira de Pascoaes não fora a Barcelona para meras comemorações formalistas, vazias; viera para falar como um irmão do 1898 espanhol, doendo-lhe também sua pátria: "A História de Portugal é uma tragédia infindável [...] a tragédia dos povos inconformáveis e idealistas..." Logo com eco no entusiasmo dos catalães, ao ouvirem do poeta o longo desfiar do passado lusitano desde as raízes comuns ibéricas ao fastígio das Descobertas e da Restauração, rumo às crises se agravando no isolamento, até os crescentes protestos de Antero de Quental, Guerra Junqueiro outra das maiores admirações de Unamuno, João de Deus e os então jovens Raul Brandão e Antônio Nobre seus descendentes.

"Nas alturas azuis da Ibéria, na Ibéria do infinito", Teixeira de Pascoaes vislumbrava os dois símbolos maiores das duas partes irmãs da península: o quixotismo espanhol e o saudosismo português, "a cinza do mais fantástico incêndio que passou pela Terra", "cristalização luminosa da névoa dionisiana".[21] Tema-base da saudade percorrendo os mais complexos meandros da cultura portuguesa, numa subterrânea dialética: da nostalgia da maior flexibilidade dos tempos anteriores à institucionalização da ortodoxa violência guerreirista antimoura, mais a nostalgia desta própria fase, também dourada pela nova mitificação do passado.

Vicente Aleixandre, poeta espanhol também dos grandes, pranteou intensamente a morte de Teixeira de Pascoaes, sombra que "estaba a mi lado y me tocaba viva", vizinhança na irmã língua portuguesa.[22]

Contudo, o amor intelectual platônico luso pela Espanha não é de origem popular. Foram as elites principalmente dos séculos XVI e XVII que o elaboraram, pelos intelectuais cortesãos das princesas e rainhas espanholas de Portugal e pela especial proteção dos reis lusitanos aos escritores espanhóis que também vinham de lá. Ou que preferiam imprimir em Lisboa, embora em castelhano, suas obras, na época da união filipina, como Lope de Vega com as *Rimas*, em 1605, mesmo ano da primeira

---

21 Teixeira de Pascoaes ,"Os Poetas Lusíadas", conferências realizadas no Institut de Estudis Cataláns, em Barcelona, junho de 1918. Porto, Tipogr. Costa Carregal, 1919, pp. I-VIII, XI, 4, 273, 275 e 310.
Ele considera Camilo Castelo Branco mais que português, lisboeta ou especificamente minhoto, "um místico ibérico" nas suas angústias atéias, mais que meramente impulsos de anticlerical (*O penitente*, Lisboa, Livraria Latina Editora, 1942, p. 294 e passim).

22 Vicente Aleixandre publicou poético necrológio de Teixeira de Pascoaes na revista *Vértice*, Coimbra, março 1953, republicado na Espanha.

edição do *Dom Quixote* em Portugal... Frei Luís de Granada ia ao ponto de ali publicar quase todos seus livros. Assim o Século de Ouro confraternizava ibericamente. Nas ciências e demais artes, músicos portugueses se fixavam na Espanha, astrônomos e médicos espanhóis entre os de Portugal. Além dos estudantes lusitanos, tão numerosos em universidades de França, quanto nas de Espanha. O grande pintor Velázquez era direto descendente de português.

Tantos foram os escritores de Portugal a redigir em castelhano, que Pero de Magalhães Gandavo se sentia no dever de lançar um *Diálogo em defensão da língua*, enumerando gêneros preferenciais para um e outro idioma. Enquanto, outro português, Henrique Garcez, no poema sobre Lepanto, *Felicísima Victoria*, dedicado a Filipe II, se desculpava diante dos seus conterrâneos: "La lengua y frasis castellano, escogi, aunque murmurado y arguido de algunos de mi patria".

Em recíproca influência, o *Amadís de Gaula*, admirado pelo avesso na ironia de Cervantes contra os romances de cavalaria, era em grande parte de possível inspiração lusitana, como as investigações histórico-filológicas vêm pesquisando, menos ou mais que o *Palmeirim de Inglaterra* e o próprio *Tirant lo Blanch* no catalão pelo valenciano Johannot Martorell, que indiretamente o reconheceu, ao dedicar sua segunda edição a Dom Fernando de Portugal...[23] Cervantes louva a *Diana* do português Jorge de Montemayor e o *Tirant lo Blanch*, exceções no gênero.

---

23 Sousa Viterbo mostra-o muito bem com *A litteratura hespanhola em Portugal, – Publicação posthuma*, tomo XII, parte II, n. 5 da Nova Série "Historia e Memorias da Academia das Sciencias de Lisboa", Lisboa, Imprensa Nacional, 1915, pp. 152, 153, 159, 160, 171, 173, 175 e 288-301.
Henry Thomas lembra a constatação de Robert Southey sobre a autoria do *Amadís de Gaula*, em grande ou maior parte pelo portuense Vasco Loubeira, bem como do *Palmeirim de Inglaterra* e *Tirant lo Blanch* por outros portugueses – *Las novelas de caballerías españolas y portuguesas. Despertar de la novela caballeresca en la Península Ibérica y Expansión* e *Influencia en el extranjero*, tradução do inglês por Esteban Pujals, Madri, Consejo Superior de Investigaciones Científicas, 1952, pp. 9 e 43. O fato de estar, logo no início do *Tirant*, uma descrição do Guy de Warwick, não significa que não seja lusitano (op. cit., pp. 29-30).

A Grande Ibéria

Mas nem todos compartilharam plenamente da espanhofilia. Aquilino Ribeiro expressa muito bem este ponto de vista, ao dizer, como muitos dos seus compatriotas, que o Tejo, "rio das duas nações" tanto quanto o Douro e o Minho, poderia ter acrescentado, é um nome "gutural e incisivo", Tajo, em boca espanhola. "Doce e morna palavra", Tejo, em português. E quixotismo e saudosismo se oporiam, não se completam...
À grosseria de Keyserling, Aquilino Ribeiro responde se dizendo, com sua grei, "hispanos europeizados, ou evolutivos". Donde, o inimigo do meu inimigo é meu amigo: a França, a Grã-Bretanha, imaginárias guerras em duas frentes e bloqueios marítimos... "D. Quixote, um homem eminentemente perigoso... Nada de tirar palhinha nem fraguar com ele..." Ao ver de Aquilino Ribeiro, a Restauração consumara irreversivelmente uma "bipartição" mais que política, também cultural além de lingüística, com o crescente distanciamento do português e idiomas vários da Espanha. O sonho da união ibérica seria castelhano. "Livrem-nos os fados de tal conjuntura". A cissiparidade cindira as células nacionais.[24]

Viterbo aponta a origem das dúvidas do brasileiro Francisco Adolfo de Varnhagen (*Litteratura dos livros de cavallaria*, Viena, 1872), no seu desconhecimento da segunda edição de Martorell (op. cit., p. 160).
É importante registrar a influência destes autores portugueses no próprio Cervantes, como se vê claramente no capítulo VI do Quixote arrolando sua biblioteca. Onde figura, com destaque, "el famoso Feliciano de Silva" autor de parte do *Amadís*, o volume do *Palmeirim* por Francisco de Moraes Cabral e *La Diana* de Jorge de Montemayor. Josué Montello indicou-me esta bibliografia.
Cervantes soube ser grato, louvando, logo no "Prólogo" do Quixote, o Tejo "besando los muros de la famosa ciudad de Lisboa, y es opinión que tiene las arenas de oro". Lope de Vega celebrou em *El Brasil restituído*, a vitória luso-brasileiro-espanhola contra os holandeses na Bahia.

24 Aquilino Ribeiro, *No cavalo de pau com Sancho Pança – Ensaio*, Lisboa, Livraria Bertrand, 1960, pp. 329, 332 e 323.
Mesmo assim, Aquilino Ribeiro é um dos tradutores ao português do *D. Quixote de la Mancha*, Lisboa, Livraria Bertrand, 1959. Ele ali se interroga e responde:
"— Porque me dei a traduzir D. Quixote?
— Apenas por isto, o desenfado, a paixão que sempre tive pelo Quixote, me abalancei a cometer a tradução. Não o faria para com Shakespeare ou Goethe" (p. 11).

Fidelino de Figueiredo se sentiu estimulado a arrolar uma série de depoimentos de escritores espanhóis sobre Portugal, como um convite ao mais amplo diálogo, desistindo por achá-lo prematuro. "Que fale, pois a realidade, com a sua eloqüência morosa, sem intermediários".[25] O que não deixa de significar subestimação das idéias por um intelectual, apesar do reconhecimento da força mais ampla da vida pelos factos históricos.

É que continua valendo a pena recordar pelo menos os três maiores apelos intelectuais iberófilos também do lado espanhol. Os de Miguel de Unamuno, Ángel Ganivet e Claudio Sánchez-Albornoz, sem querer excluir ninguém. Outros completem a visão ainda aberta.

O mais constante no seu entusiasmo por Portugal foi evidentemente Unamuno. O mais constante e o mais completo no seu tempo, embora todos válidos na medida da representatividade da opinião das suas épocas.

Miguel de Unamuno, o mais iberófilo dos espanhóis do seu tempo, tentou entender toda a Península e sua recriativa projeção ultramarina, com especial sensibilidade diante de Portugal, Galiza-Galícia, naturalmente sua Vascônia natal e a Salamanca do fim dos seus dias. Reconheceu inclusive a intríseca intimidade maior entre galegos e lusitanos, comum tronco nunca de todo quebrado. Sempre sem paternalismo espanholizante, acusado até de lusofilia, avesso ao tradicionalismo impossível num basco integracionista como ele, apesar de fiel às raízes, disto tudo muito cônscio racionalmente, além da sua sensibilidade sempre à flor da pele, vibrátil, até sofrido. Trágico ao reagir contra a surdez do mundo.

Daí o absurdo dos lugares-comuns sobre um Unamuno ora ensimesmado, ora agitado, suposto protótipo do tradicionalismo por ele tantas vezes repelido.

Antes de mais nada, Unamuno não teve uma visão intelectualista da Península Ibérica dos seus descendentes. Ele sentiu intensamente a "triste monotonía" da praia do Espinho, ampla praia de areias finas e dunas

---

25 Fidelino de Figueiredo, *As duas Espanhas*, Lisboa, Edições Europa, edição revista e ilustrada, s/d, p. 260.

coroadas por pinheiros até quase as ondas. Campo e mar verdes, juntos sob o céu azul, a mais fiel imagem do "Portugal campesino y marinero", que arou os mais distantes mares com os lenhos dos seus bosques. Aventuras oceânicas nascendo das lusas pescarias atlânticas, ensinando a marear inclusive aos genoveses, futuros descobridores de mundos. O próprio Colombo muito aprendeu em ilhas portuguesas. Pescadores e lavradores, depois navegadores e colonizadores, ombro a ombro arando desde o mar às terras mais distantes.

Portugalidade também das cidades entrevistas por Unamuno: Braga, a antiqüíssima Brácara Augusta dos romanos, como Conímbriga depois Coimbra, até a fortaleza espiritual de Alcobaça e a fortaleza armada da Guarda, antes pelo "saudoso e belo" vale da Arrábida, como o chamou Herculano, rumo ao Tejo, Minho, Douro, rios de início espanhóis, enfim lusitanos, sempre hispânicos, vistos pelo iberófilo maior, Miguel de Unamuno. Águas descendo, em degraus de fontes, Bom Jesus de Braga abaixo...

Estranho Portugal, aquele de princípios do século XX, preocupado com a bancarrota e a intervenção estrangeira, "un pueblo triste", suicida em Antero, Camilo, Mouzinho de Albuquerque, Soares dos Reis... Um tanto Herculano pelo isolamento de protesto. Almas de um purgatório em vida, com um culto à morte diverso do espanhol: elegíaco e tristonho, em vez de trágico. Imagens, mais que impressões, fixadas em Unamuno por visões pessoais e leituras diretas de Alexandre Herculano, Oliveira Martins, João de Deus cuja importância seminal proclamou, seus amigos pessoais Guerra Junqueiro e Teixeira de Pascoaes, principalmente Antero de Quental por ele declarado o maior pensador ibérico mesmo em versos. Não faltam Eça de Queirós e Antônio Nobre despontando no horizonte nesta galeria então muito atual.[26]

Não era mero assunto de livro de viagem.

---

26 Miguel de Unamuno, *Por tierras de Portugal y de España*, 6. ed., Madri, Espasa-Calpe, 1964, pp. 49-51, 20, 21, 56-78, 86-92 e passim.

Unamuno voltou diversas vezes a Portugal. E nunca deixou de acompanhar, por leituras e correspondência, os seus escritores.

Em 1914, após a visita de 1908 que gerou *Por tierras de Portugal y de España*, meditava sobre Coimbra em Figueira da Foz, revista em companhia de Eugênio de Castro. Lia as *Peregrinações* do Quixote português em carne e osso, Fernão Mendes Pinto, no "miel de la modorra" lusitana, muita sabedoria ou sageza segundo outro Fernão, o Lopes, que existe na doce monotonia do ócio bem aproveitado...

Perto, a Galiza ou Galícia com seu coração em Santiago de Compostela, Campo de Estrelas, a "Jacobsland" dos mapas medievais alemães, por onde se chegava seguindo a Via Láctea. Indicando também o périplo de Rosalía de Castro, de Padrón, Iria Flávia romana, beira da ría céltica, ao túmulo em Santo Domingo. Estreitas ruas santiaguenses, "pétreas plazas", "severo y sobrio" pórtico da Glória na "gran catedral románica" dominando a cidade mítica: "El sepulcro de Santiago es un sepulcro de España toda". Imaginado pelo iconoclasta Unamuno como talvez o túmulo do heresiarca Prisciliano, um dos primeiros heterodoxos espanhóis segundo Menéndez y Pelayo, decapitado na distante Germânia, de volta para aqui, onde teria terminado diluído oficialmente no batismo de velhas superstições...[27]

Nada disto poderia impedir a extensão do agudo criticismo de Miguel de Unamuno a Portugal. Teófilo Braga, "insoportable erudito" apesar de "consecuente republicano" e "integérrima conducta", logo lhe pareceu exercendo inaceitável ditadura ideológica, como a de qualquer outro.[28]

---

27 Miguel de Unamuno, *Andanzas y visiones españolas*, 8. ed., Madri, Espasa-Calpe, 1964, pp. 58-66 e 130-137.

28 Miguel de Unamuno, *La raza vasca y el vascuence. En torno a la lengua española*, Madrid, Espasa-Calpe, 1974, p. 140.
Julio Garcia Morejón (*Unamuno y Portugal*, Madri, Editorial Gredos, 1971) registra a "lusofilia unamuniana" e mostra como ele achava que "si algo en el sentido iberista pudiera llegar un día a realizarse, la iniciativa nunca podría ser de españoles, sino de portugueses". Mas o Portugal de Unamuno seria o pré-industrial, o dos "simples" do seu admirado Guerra Junqueiro, isto é, o Portugal "sencillo y

Mas nem Unamuno, nem ninguém da sua geração, ou das anteriores e da seguinte, ninguém conseguia apontar viáveis caminhos integradores iberistas à Espanha e Portugal.

Também foi o caso da breve, mas intensa atenção de Ángel Ganivet. Ferido sempre pela divisão leste-oeste da Península, cortando montanhas e rios pelo meio, interrogava-se sobre o capricho da história que não separara na Ibéria, em vez disto, um Norte "semi-europeu" diante de um Sul "semi-africano"...

Ganivet preferia resignar-se à separação, embora continuasse desejando a unificação por livre vontade dos eventuais confederáveis. O que comprova como ele desconhecia, ao contrário de Unamuno, a força viva do idioma português, segundo demonstrou tão bem, a propósito, Aquilino Ribeiro. Lamentavelmente apenas de passagem, Ganivet aflora o motivo profundo do distanciamento: "la antipatía histórica entre Castilla y Portugal, nacida acaso de la semejanza", muito íntima dos dois caracteres nacionais. A única saída consistiria em diminuir as resistências, buscando de início "la unidad intelectual y sentimental ibérica".[29]

Mas se forem dessemelhanças, as razões verticais da separação?... Mais longo, nem por isto desesperançoso, será o caminho do reencontro, numa era mundial de grandes integrações continentais, quando os localismos diminuem de incompatibilidade.

Claudio Sánchez-Albornoz, intelectual, ministro de Estado na perigosamente heróica experiência republicana espanhola, também embaixador do seu país em Lisboa, chegou, tanto com teoria, quanto prática, à constatação: "Vivamos libres y como hombres, no como miembros de un rebaño". Embora zelando sempre para que não se rompa o fio sutil e

---

campesino". Curiosamente, Miguel de Unamuno temia que o próprio federalismo conduzisse a uma centralização prejudicial aos autonomismos. Na prática, pensou lançar, com o poeta catalão Joan Maragall, a revista *Ibérica*. Iniciativa frustrada (pp. 41, 353, 360 e 361).

29 Ángel Ganivet, *Idearium español y el porvenir de España*, 2. ed., Buenos Aires/México, Espasa-Calpe, 1943, pp. 94-97.

inconsútil unindo, quase invisível, a Ibéria Oriental e a Ocidental na "Hispania mayor.[30]

Melhor resposta não há, aos temores de união prematura, segundo os quais "da Espanha, nem bom vento nem bom casamento"...

Donde vêm tantos receios, do lado luso, à reunificação, partindo do pressuposto realista da necessidade espanhola, atual, de resolver sua questão multinacional castelhana-basca-catalã-galega, portanto cedo para a inclusão de Portugal?

Mesmo com todos os descontos da prudência ou sageza, temos de reconhecer que se trata de uma arraigada desconfiança campônia, causada por um tipo de condicionamento superável algum dia. Antônio José Saraiva classificou de "aldeanismo" este fenômeno, presença popular na literatura e até na corte, como se vê no exemplo máximo de Gil Vicente. Daí a tendência ao entesouramento: "O 'capitalista' português tem-se especializado na especulação, no jogo da bolsa e na usura, como tem sido notado desde Herculano". Tese antevista por Antônio Sérgio, na seqüência do aprofundamento da crise lusitana desde o frustrado Renascimento, ao fechar-se sobre si mesma, nisto em companhia da Espanha.

Este aldeanismo fundamentaria indiretamente o sentimento popular de "mátria", mais que "pátria", como o padre Antônio Vieira classificou Portugal. Na pequena população quase todos se conhecem, menos ou mais são parentes entre si, o minifúndio se subdivide por heranças sem muitas disputas, cria-se uma relativa tranqüilidade nas relações de classe. Isto explicaria talvez "a brandura de nossos costumes", apesar de outros povos também gostarem de assim se lisonjear, como os franceses quando falam na sua "douceur des moeurs". Montesquieu é um deles...

A própria "infilosofia", que Unamuno viu ainda mais forte em Portugal que na Espanha, pode originar-se do enraizamento campônio, "um apego ao imediato e ao concreto", deixando "o culto da dor", "o gosto de ser triste" de que já falava Camões, circunscrever-se à poesia. Vindo

---

30   Claudio Sánchez-Albornoz, *Mi testamento histórico-político*, Barcelona, Editorial Planeta, 1975, pp. 190, 192, 194 e 195.

aos dias atuais, como se vê ecoando até numa das mais sofisticadas novelistas portuguesas contemporâneas, Agustina Bessa-Luís, quando aponta nos "novos valores, a cultura, a filosofia", "uma certa desorientação de consciência que, se é às vezes favorável às artes, é sempre fatal aos costumes", pelo menos nos personagens que retrata.[31] Visão acima do isolacionismo e imobilismo salazaristas, o qual só conseguia ver as finanças em prejuízo da economia, sem qualquer visão da marcha da descolonização africana e integração européia. Salazar sempre continuou um aldeão, Marcelo Caetano um provinciano, por mais cátedras locais que tivessem e erudição que apresentassem.

Este processo de ensimesmamento e estranhamento percorre, já o vimos, longo e tortuoso itinerário, desde o Renascimento, a paralela Revolução Comercial não se consumando em Portugal numa revolução capitalista e de ciência experimental à maneira da Holanda e Inglaterra. Enquanto Lisboa se beneficiava da concentração dos parcos recursos através da centralização dos impostos, a burguesia do norte de Portugal não conseguia transformar o Porto numa Barcelona. Sua região de influência geoeconômica não tinha idênticas riquezas e os britânicos dominaram a maior delas, a exportação do vinho. Preço descompensador, por trás de aparências inofensivas, ao impor o monopólio dos tecidos ingleses, ao mesmo tempo que se apossava até de suposta compensação pelo Tratado de Methuen, 1703. Apesar das advertências de Dom Luís da Cunha, quando embaixador em Londres, e da posterior ação do marquês de Pombal tentando abrir ainda um espaço para as manufaturas portuguesas.

O impacto maior veio a ocorrer em 1890, o *ultimatum* britânico resultando no corte de Angola e Moçambique pelo meio, em proveito da Rodésia dos planos imperiais, mais que colonialistas, do vitoriano Sir Cecil Rhodes. Apesar de tudo, Lisboa nunca esperara que chegasse a tal ponto a cobrança pela britânica "proteção" contra a Espanha, na realidade uma exploração sistemática das frustrações internas e desconfianças mútuas ibéricas.

---

31 Agustina Bessa-Luís, *A sibila* (romance), edição brasileira, Rio de Janeiro, Nova Fronteira, 1982, p. 28.

Em 1898 se consuma a partilha no quadro de um acordo às custas das possessões lusitanas. O primeiro-ministro Lord Salisbury pronuncia um discurso escarnecedor, proclamando o fim das pequenas potências. É a época do *Finis Patriae* e da *Canção do Ódio* de autoria do Guerra Junqueiro já consagrado, quando Teixeira de Pascoaes, nascido em 1877, se iniciava com os versos de estudante: "Epitáfio que se lê no túmulo onde jaz a Inglaterra" e "À Irlanda" onde aponta as afinidades entre a situação portuguesa e a irlandesa, ambas espoliadas então por Londres.[32]

A humilhação também ecoou na Espanha. Nem tradicionalistas iberistas, como Ramiro de Maeztu, se alegraram, envolvidos como estavam na guerra contra outros anglo-saxões, os dos Estados Unidos em início de ascensão internacional. Por isto, dizia Maeztu, o discurso de Salisbury lhe causou "una impresión profundísima". E, olhando as crianças do seu país, recusava-se a admitir que as futuras gerações aceitassem a decadência definitiva...[33]

Voltaria a toda a Península Ibérica outra onda maior de passadismo, já tão enraizado como Unamuno anotara na "saudade" em português; "morriña", galega; "señardá", asturiana ou bable; "enyoransa", catalã; mesmo nas "soledades" andaluzas, não propriamente castelhanas...[34]

Portugal foi avassalado de novo pelo saudosismo com raízes imemoriais, redescoberto pelo romantismo desde João de Deus:

> Tu és o Cálix
> E eu o orvalho:
> Se não me vales,
> Eu nada valho.[35]

---

32 Alfredo Margarido, *Teixeira de Pascoaes*, Lisboa, Editorial Arcádia, 1961, pp. 311-313.

33 Ramiro de Maeztu, *Textos de 1898 reunidos en España y Europa*, Buenos Aires/México, Espasa-Calpe, 1947, pp. 35-38.

34 Miguel de Unamuno, *El porvenir de España y los españoles*, op. cit., p. 163.

35 *"Saudade", Campo de flores – Poesias lyricas completas*, 6. ed., coordenadas por Teófilo Braga, Paris/Lisboa, Livraria Aillaud e Bertrand, s/d, p. 36.

Teixeira de Pascoaes tenta mesmo aplicar o saudosismo em termos de ideologia política, associando-o a um messianismo popular esperando do povo a redenção que falhara das elites[36]. A renovação racionalista, do tipo promovido por Antônio Sérgio, aferrou-se em combatê-lo.[37] Havia motivos para isto. Teixeira de Pascoaes, em longas caminhadas às margens do Tâmega, vistas como síntese nortista do Portugal muito mais complexo, concluía quase num torpor: "O homem é como um cego que só vê sonhando. Sonha que vê... Nada mais".[38]

Até da longínqua Macau vem o brado de Camilo Pessanha:

> Eu vi a luz em um país perdido.
> A minha alma é lânguida e inerme.
> Oh! Quem pudesse deslizar sem ruído!
> No chão sumir-se, como faz um verme...[39]

Ecoados com excessivo pessimismo por Antônio Nobre, em seu o *Só*, vindo de Paris: "Que desgraça nascer em Portugal!"[40] Prosseguido por Cesário Verde, fiel a João de Deus – "lírico imortal", "meigo visionário" – débito romântico em meio a impulsos realistas desembocando também no pessimismo explicável pela época:

> Como em paúl em que nem cresça a junca,
> sei de almas estagnadas! Nós, absortos,
> temos ainda o culto pelos Mortos,
> esses ausentes que não voltam nunca.[41]

---

36 Alfredo Margarido, op. cit., analisa-o extensamente, passim.

37 É o que mostra Jacinto do Prado Coelho, in *A poesia de Teixeira de Pascoaes*, Coimbra, Atlântida, 1945, pp. 198 è 199.

38 *Obras completas* de Teixeira de Pascoaes, "Introdução" e crítica por Jacinto do Prado Coelho, Amadora, Livraria Bertrand, tomo VIII (II da Prosa), p. 145.

39 "Inscrição", *Clepsidra de Camilo Pessanha – Textos escolhidos*, organizados por Teresa Coelho Lopes, Lisboa, Seara Nova, 1979, p. 57.

40 Cf. Guilherme de Castilho, *Vida e obra de Antônio Nobre*, Amadora, Livraria Bertrand, 1979, com reedições sucessivas e ampliadas.

41 "Nós", *O livro de Cesário Verde – Seguido de algumas poesias dispersas*, 15. ed., Lisboa, Editorial Minerva, s/d, p. 138.

José Régio, no movimento "Presença" às portas do modernismo, ainda clama, mais que meramente declama:

> Em mim que é verdade tudo
> quanto Mendes Pinto diga,
> ou já nem diga, já mudo
> ante um funeral de entrudo,
> Camões morto de fadiga...[42]

Vai ao ponto de apresentar o malogrado Dom Sebastião de Alcácer-Quibir como um insano, arrastando consigo toda a nação, no monólogo final: "A verdade é essa: que interessa a vida, que importa viver ou morrer, quando se trata de uma glória imorredoura? Que importa perder, quando se ganha mais?"

Diante das últimas palavras de dois fidalgos, imediatamente antes do terceiro ato:

> Afinal..., por que não prendermos este louco?
> ....
> Prendê-lo (...), ao nosso rei?![43]

Nada, portanto, de surpreender, a paradigmática *Mensagem* de 1934, publicada em vida por Fernando Pessoa:

> Quem te sagrou criou-te português,
> do mar em nós e em ti nos deu sinal.
> Cumpriu-se o Mar, e o Império se desfez.
> Senhor, falta cumprir Portugal!
> ....
> Quem vem viver a verdade
> Que morreu Dom Sebastião?[44]

Almada Negreiros, amigo de Gómez de la Serna e outros, quando na Espanha, mesmo contra a União Ibérica, afirmava uma "única civilização", "a Civilização Ibérica": "Portugal no mapa da Europa", 1935.

---

42 José Régio, *Fado*, 4. ed., Lisboa, Portugália Editora, 1969, p. 14.

43 José Régio, *El-Rei Sebastião – Poema espetacular em três actos*, Coimbra: Atlântida, 1949, pp. 182, 183 e 189.

44 Fernando Pessoa, "Mensagem", tomo V das *Obras completas*, 13. ed., Lisboa, Edições Ática, 1979, pp. 57, 82 e 83.

E não se imagine que estes ecos se limitam à literatura erudita. Lembra-o oportunamente Antônio José Saraiva, que "o fado é a expressão mais popular deste gosto de ser triste: é um lamento entrecortado de soluços".[45] Gosto mais afim às irmãs ibéricas da saudade, arroladas por Unamuno, que do Brasil, como se vê na indiferença parnasiana de Gonçalves Crespo, miscigenado brasileiro aculturado em Portugal e promovido socialmente pelo casamento com a grande dama Maria Amália Vaz de Carvalho. Ele ainda se lembra da sesta, da roça, em plenas margens universitárias do Mondego, celebrando ibericamente o Quixote, com versos sobre a grande fonte romântica de João de Deus, porém dedicados a Antero de Quental, sem, contudo, uma única palavra à saudade sequer da sua terra natal, muito menos do passado lusitano...[46] Do outro lado do Atlântico, saudades também há, mais do futuro...

Foi ainda Oliveira Martins quem melhor apostrofou sobre a perdida oportunidade de renovação sob o marquês de Pombal, "o estadista que concebeu a verdadeira restauração de Portugal". Pouco depois, "A perda do Brasil, reduzindo o Reino à miséria, veio mostrar a fragilidade do nosso edifício político. Os ingleses tiveram de nos tutelar para manter, como lhes convinha, a dinastia de Bragança; e passada, vencida a crise, apareceu com o liberalismo a impotência manifesta de restaurar a vida histórica de uma nação imperial ou colonial".[47]

As reformas feitas por Pombal – com a dureza e mesmo fereza típicas do chamado despotismo esclarecido do século XVIII também de Frederico e Catarina ditos os Grandes – foram em parte humanizadas pelo pensamento empírico e ação tolerante de frei Manuel do Cenáculo, concentra-

---

45 Antônio José Saraiva, *A cultura em Portugal – Teoria e história*, op. cit., p. 90.

46 Cf., por exemplo, os poemas "A sesta", "Na roça", "À beira do Mondego", "A morte de D. Quixote" e "João de Deus" in Gonçalves Crespo, *Obras completas*, Rio de Janeiro, Edições Livros de Portugal, 1942, pp. 76, 77 e passim.

47 Nessa temática, tão característica de Oliveira Martins, cf. seu equilibrado e objetivo juízo em "O marquês de Pombal" na antologia *Jornal* nas *Obras completas*, Lisboa, Guimarães Editores, 1960, pp. 155-165. Ali ele o insere na época e compara-a com as posteriores, nada melhores, econômica e socialmente, na história de Portugal.

do em Évora.[48] Diferentes as circunstâncias de frei Benito Feijóo, por alguns exageradamente denominado "Voltaire espanhol",[49] mais moderado do que este e com menor risco que Cenáculo, pois garantido por Carlos III,[50] rei, menos ameaçado pela aristocracia que Pombal, marquês, enfim deposto. Cenáculo, Feijóo e alguns outros são o Iluminismo com coração também ibérico.

Espanha e Portugal acompanharão a Europa no caminho para etapas superiores de organização tecnológica, econômica, social, política e cultural, à medida que haja a interpenetração retardatária, mas ainda em tempo, desejada e temida. Inevitável de qualquer modo. Espanha e Portugal entram, sob o impacto tecnológico, numa nova sociedade de massas, multiétnica e pluricultural, em outra e maior globalização, a primeira moderna e pós-moderna nos dois lados da Península Ibérica, rumo ao seu próprio mercado comum e integração política, no contexto europeu e mundial em seu desenvolvimento e suas crises.[51]

---

48   É fundamental o estudo de Francisco da Gama Caeiro, *Frei Manuel do Cenáculo*, Lisboa, Instituto de Alta Cultura, Faculdade de Letras de Lisboa, s/d .

49   Marcelino Menéndez y Pelayo demonstra o exagero em denominar Feijóo "Voltaire espanhol". Na realidade, Feijóo manteve-se na ortodoxia, ao ir, no máximo, até onde fora Luís Vives. *Historia de los heterodoxos españoles*, Vol. 6, Buenos Aires, Emecé Editores, 1945, p. 91.

50   Stanley J. Stein e Barbara H. Stein pesquisaram os dilemas e resultados das políticas econômicas do reinado de Carlos III em *Silver, trade, and war – Spain and America in the making of early modern Europe*, Johns Hopkins University Press, 1999; e em *Apogee of empire – Spain and new Spain in the age of Charles III*, Johns Hopkins University Press, 2003.

51   Boaventura de Sousa Santos, da Universidade de Coimbra (*Democratizar a democracia* e *Entre Próspero e Caliban*) e Viriato Soromenho-Marques na Universidade de Lisboa (*Regressar à Terra – Consciência ecológica e política de ambiente*), entre outros, estudam e engajam-se na defesa global da ecologia e dos direitos humanos. O Príncipe de Astúrias e vários prêmios espanhóis, neste sentido e no cultural, vêm sendo entregues não só a hispano-falantes, também aos lusófonos.

Capítulo 4

Iberidades e iberismos na monarquia

As palavras também têm sua força. "Ibéria", "iberidade", "iberismo", "Hispânia", "hispanidade", "hispanismo", estão entre elas, todas com biografias de culturais a políticas, não existe cultura inocente, nem ato político gratuito.

"Ibéria" parece ser a mais antiga, provém da denominação grega para os povos das margens e foz do Ebro, *Iber* em latim, povos talvez não-indo-europeus vindo das brumas dos séculos, depois ditos celtiberos, não se sabe se por fusão de celtas adventícios com antigos iberos, ou celtas com adquiridos costumes dos iberos, pela guerra ou pela paz, ou por ambas.

Já "Hispânia" é de origem posterior, nome de uma das províncias do império romano, ao lado da Bética, atual Andaluzia, e Lusitânia, todas com fronteiras flutuantes ao longo do tempo, jamais compondo uma unidade centralizada.

Em seguida, vêm as sucessivas invasões germânicas – suevas e visigóticas – e árabes, batendo como martelo contra bigorna, no fundo de saco da Europa que é a Península Ibérica, nas metáforas de Claudio Sánchez-Albornoz[1] aplicadas ao extremo oeste europeu. Assim se forjaram as no-

---

1   Claudio Sánchez-Albornoz, *La Edad Media española y la empresa de América*, Madri, Instituto de Cooperación Iberoamericana, 1983, pp. 57, 98 e 109. Sánchez-Albornoz confessa ter decidido pesquisar e escrever seu livro *España, un enigma histórico* ao ler o de Américo Castro *España en su Historia* (p. 57). Na sua interpretação guerreirista, Sánchez-Albornoz discorda da pacífica de Castro: "Se a Espanha tivesse sido fruto da simbiose de cristãos, mouros e judeus como um ensaísta metido a historiador (*sic*...) – um ensaísta de origem hebraica – afirmou de modo gratuito, nunca a Espanha teria descoberto, conquistado e colonizado a América" (p. 12).

vas identidades neolatinas típicas da região, ao lado dos bascos com suas peculiaridades remotas.

As mútuas afinidades combinam-se em meio às recíprocas discordâncias, apresenta-se muito difícil separá-las na Península Ibérica e nos Bálcãs, os dois opostos limites da Europa: na Ibérica há a vantagem de mais antigas tentativas de aproximação, na Balcânica a desvantagem de permanentes, conflituosas separações, só com tentativas recentes de união, logo após a Primeira Guerra Mundial, de reunir blocos de eslavos da Tchecoslováquia à Iugoslávia. Uniões precárias, dissolvendo-se em 1938 e 1941, depois em 1992, nos preparativos e conclusão da Segunda Guerra Mundial e Guerra Fria Estados Unidos - União Soviética.

Os separatismos na Espanha tendem a trazer prejuízos a ela e ao vizinho Portugal; a aproximação entre Portugal e Espanha tende a trazer benefícios a ambos. Algo muito diferente, construtivo, são as autonomias neofederais dentro da Espanha e a colaboração cultural, tecnológica, econômica, política, militar e outras, entre Espanha e Portugal no quadro da União Européia. A abolição das barreiras fronteiriças aproxima também aqui os povos, neste caso os ibéricos, tão parecidos e tão diferentes entre si.

A União Ibérica realizou-se por circunstâncias dinásticas ao longo de 60 anos, de 1580 a 1640, devidas ao falecimento de Dom Sebastião na Batalha de Alcácer-Quibir sem deixar herdeiros em Portugal e conseqüente ascensão do seu primo Filipe II de Espanha ao trono lusitano. Aquele período, mesmo assim, deixou marcas simbólicas muito significativas. A primeira edição das *Rimas* de Lope de Vega foi feita em Lisboa; também a do *Dom Quixote* e com um "Privilégio" de proibição, por dez anos, de outras edições sem autorização de Cervantes (em tão pouco freqüente direito autoral!), por ordem do próprio Filipe II, datando-a de "mis reinos de Portugal".

Isto não seria suficiente para os portugueses esquecerem os prejuízos da União Ibérica, ao contrário do Brasil, que obteve dos Filipes II, III e IV de Espanha (I, II e III em Portugal), entre várias vantagens, o reconhecimento do início da quadruplicação do território brasileiro sendo realizada pelos bandeirantes paulistas,[2] muito além das limitações do Tratado de Tordesilhas.[3] Cada qual tem a sua memória histórica.

No Museu do Prado em Madri há, entre outros grandes painéis históricos, o de Juan Bautista Mayno sobre a reconquista de Salvador da Bahia pelas tropas da União Ibérica, contra os holandeses no século XVII; então o feito foi também celebrado por Lope de Vega em sua peça de teatro *El Brasil restituído*. Em 1670, será a vez de Juan Antonio Correa com sua peça de teatro *Pérdida y restauración de la Baía de Todos Santos*. Até à literatura castelhana de cordel popular da época chegam os ecos da façanha.[4]

As culturas separam-se muito lentamente e nunca perdem de todo o contato com as origens.

---

2   Roseli Santaella Stella, *O domínio espanhol no Brasil durante a monarquia dos Filipes (1580-1640)*, 500º aniversário do Descobrimento do Brasil. São Paulo, Centro Universitário Ibero-Americano – Unibero, 2000, *passim*, dissertação de doutoramento na Universidade de São Paulo. Cf. nota seguinte.

3   João Alfredo Libânio Guedes mostra muito bem – na "Introdução" e no capítulo "Política de expansão territorial" do seu livro *A União Ibérica*, em companhia de Joaquim Ribeiro, *Administração do Brasil holandês*, no conjunto Vol. 3 da *História administrativa do Brasil* (Brasília, Editora Universidade de Brasília/Fundação Centro de Formação do Servidor Público, 1983, coleção revista e anotada por Vicente Tapajós) – as diretrizes fundamentais do que Afonso Taunay (*História geral das bandeiras paulistas* em 12 volumes já de 1924 em diante) e Cassiano Ricardo, *Marcha para o Oeste* (em dois, 1940) também estudaram. Joaquim Veríssimo Serrão apresentou em especial o ataque holandês ao Brasil da União Ibérica e a repulsa por ela e, depois, por brasileiros e portugueses (*Do Brasil filipino ao Brasil de 1640*, Vol. 336 da "Coleção Brasiliana", São Paulo, Companhia Editora Nacional, 1968).

4   De Lope de Vega, *El Brasil restituído*, há poucas reedições. De Juan Antonio Correa, *Pérdida y restauración de la Baía de Todos Santos* todavia menos, entre elas a facsimilar pela Pool Editora, Recife, 1983; sobre a celebração do feito pela literatura castelhana da época, cf. Rubem Amaral Jr. e Evaldo Cabral de Mello, "Um folheto espanhol do século XVII sobre a armada do conde da Torre", *Revista do Instituto Arqueológico, Histórico e Geográfico Pernambucano*, Vol. III, Recife, 1979. A respeito do *El Brasil restituído* de Lope de Vega, cf. J. Carlos Lisboa, *Uma peça desconhecida sobre os holandeses na Bahia*, Rio de Janeiro, Ministério da Educação e Cultura/Instituto Nacional do Livro, 1961, tese apresentada ao IV Colóquio Internacional de Estudos Luso-Brasileiros, patrocinado pela Universidade Federal da Bahia em 1959.

Na literatura, Camões versejou redondilhas em castelhano:

> Justa fue mi perdición;
> De mis males soy contento;
> Ya no espero galardón,
> Pues vuestro merecimiento
> Satisfizo a mi pasión.

E nos *Lusíadas* celebra

> a nobre Espanha,
> Como cabeça ali de Europa toda,
> Em cujo senhorio e glória estranha
> Muitas voltas tem dado a fatal roda;
> Mas nunca poderá, com força ou manha,
> A Fortuna inquieta por-lhe nód(o)a
> Que lha não tire o esforço e osadia
> Dos belicosos peitos que em si cria.

A Península Ibérica tem povos vários, entre eles, também com destaque,

> o grande e raro
> Castelhano, a quem fez o seu planeta
> Restituidor de Espanha e senhor dela...

Camões inclui os portugueses entre os "ínclitos hispanos". Cervantes, no *Dom Quixote*, diz ter sido "un rey de las Españas" quem deu o nome ao Tejo. A Arquidiocese de Braga é Primaz de todas as Espanhas, como afirma uma grande placa na entrada de sua Sé.

O irreverente Gil Vicente tornava-se um tanto áulico ao celebrar com hipérboles as princesas portuguesas, elos com a Espanha, como aqui se vê:

> Por Deus! Bem andou Castela,
> Pois tem rainha tão bela.
> Muito bem andou Castela,
> e todos os castelhanos,
> Pois têm rainha tão bela.
> Muito bem andou Castela,
> e todos os castelhanos,
> pois têm rainha tão bela,
> Senhora dos romanos.
> Por Deus! Bem andou Castela

> Com toda sua Espanha,
> Pois tem rainha tão bela,
> Imperatriz d'Alemanha.

E no próprio idioma castelhano acrescentava:

> Águila que dió tal vuelo,
> También volará al cielo.
> ....
> Voló el Águila Real
> Al trono imperial,
> Porque le era natural
> Sólo de un vuelo
> Subirse al más alto cielo.

Gil Vicente referia-se à filha de Manuel I, casada com Carlos V, Rei de Espanha, Imperador da Alemanha.

O cancioneiro popular castelhano não ficava atrás nos mútuos elogios:

> El rey don Juan Manuel – que era en Ceuta y Tanger
> Después que venció a los moros – volviérase a Portugal.

Os casamentos dinásticos entre Castela-Leão/Espanha e Portugal, vez por outra geravam conseqüências políticas além da desejada cordialidade doméstica. Ao término da Idade Média, Isabel de Castela, ao reivindicar este trono por hereditariedade paterna – era filha de princesa portuguesa –, teve de vencer na Batalha de Toro (1476) as pretensões de Afonso V de Portugal, ademais filho de princesa aragonesa, casado com filha de rei castelhano, recebendo dos adeptos de Isabel a acusação que aquela rainha de Portugal não tinha direitos porque bastarda de um tal Beltrán de la Cueva, daí seu cognome de "la Beltraneja". Em resposta, seus adeptos portugueses chamavam-na "a Excelente Senhora".

O matrimônio de Isabel de Castela com Fernando de Aragão, em 1469, abrira, enfim, caminho para a união destas duas coroas, unificando a Espanha, mas não a Península Ibérica.

A evocação do império cristão visigótico, derrubado pelas invasões mouras, dava suporte ideológico à Nova Cruzada da Reconquista, mesmo depois de irem se cristalizando o Estado castelhano-leonês/aragonês-espanhol e o português unitário desde o início. Para se unirem, ainda mais, contra o inimigo comum, passaram logo a adotar a chamada política de casamentos peninsulares.

O fundador Afonso Henriques, filho de princesa leonesa Teresa, destina uma filha sua para matrimônio em Aragão, que não chega a consumar-se. Ele acontecerá com o casamento do seu filho e herdeiro, Sancho I, com Dulce de Aragão, em tempos anteriores à sua fusão com Castela, portanto ainda um contrapeso a León. Já o neto do fundador, Afonso II, casa com princesa castelhana, Urraca, filha de Afonso VII, rei de Castela. Guerra fratricida de Sancho II, contra o irmão e sucessor Afonso III, leva Sancho II, vencido, a acabar sepultado na catedral de Toledo na Espanha.

A primeira dinastia perseverou nesta política de casamentos ibéricos: mais uma aragonesa, Isabel, Santa, com Dom Dinis, e outra castelhana, Beatriz, com Afonso IV.[5]

A segunda dinastia insistiu naquela política matrimonial: Dom Duarte casou com outra princesa de Aragão, Leonor, e o seu filho, Afonso, em segundas núpcias com Juana, filha de Henrique IV de Castela, "la Beltraneja"; portanto o trono devia caber a Isabel, filha legítima do anterior rei de Castela, João II, irmã de Henrique IV, num emaranhado dinástico, causador de entendimentos e desentendimentos.

Afonso V retrucou, declarando "Excelente Senhora" sua esposa "la Beltraneja", reafirmou seus direitos e dela à coroa castelhana e foi contido na batalha de Toro (1476) pelos partidários de Isabel, por sua vez filha de homônima princesa portuguesa. O filho do primeiro matrimônio de Afonso V – João II de Portugal – não deixou herdeiros de primeiro grau e o trono foi às mãos do primo e cunhado, Manuel I, com três núpcias com princesas castelhanas, as duas primeiras filhas de Fernando de Aragão e Isabel de Castela unificadores da Espanha por direitos matrimoniais em 1469. A terceira e última era irmã de Carlos V, pai de Filipe II da Espanha unificada.

---

5 Pedro Soares Martinez, *História diplomática de Portugal*, 2. ed., Lisboa, Editorial Verbo, 1992, pp. 29-31.

Nada mais ibérico que as duas dinastias reinantes em Portugal e Espanha, com freqüência até primos irmãos entre si, filhos de princesas portuguesas na Espanha e de princesas espanholas em Portugal. As relações entre Portugal e Aragão foram, na maioria dos casos, melhores que entre Portugal e Castela, sinal da latente rivalidade com o vizinho mais próximo e esperança de que ele, Aragão, se unisse a Portugal, em vez de Castela, precedendo a unificação ibérica pela periferia, em vez do centro tão temido pelos não-castelhanos portugueses, galegos, catalães e bascos.

Carlos V, rei de Espanha e imperador da Alemanha – Carlos V nesta e I naquela – tinha naturalmente outras opções, ele próprio nascera em Flandres e tivera a formação intelectual dos seus antepassados da Borgonha, mas cedo reconheceu ser mais difuso o Sacro Império Germânico, com maior número de etnias e culturas que a própria Espanha. Para melhor garantia de sua principal base espanhola, preferiu assegurar a retaguarda ao casar com uma princesa portuguesa, filha de Dom Manuel, ademais deste recebendo enorme dote, proveniente da extraordinária riqueza das especiarias do Oriente recém-explorado pelos portugueses, além da descoberta do Brasil. Carlos V pensava grande, muito grande, perto esteve de um império mundial, a partir de uma monarquia do Ocidente.[6]

Nem sempre os matrimônios são felizes, principalmente os dinásticos por razão de Estado. O de Carlos V e Isabel, filha de Manuel I de Portugal, é uma destas exceções, tão feliz que Carlos V confiou à esposa nada menos de cinco vezes a regência, enquanto ia às guerras. O que não fez a rainha e imperatriz Isabel sair de Espanha e sim dali governar, percorrendo diversas vezes várias cidades espanholas com toda sua corte, onde manteve o cerimonial luso, inclusive o modo de servir à mesa.[7]

---

[6] Peter Rassow (1933) e Karl Brandi (1939), em clássicas biografias, apontaram a "imperialidade" universalista de Carlos V, porém foi Ramón Menéndez Pidal (1941) quem, com específica concisão, concentrou-se no tema *Idea imperial de Carlos V*, reeditado pela Espasa-Calpe de México/Buenos Aires, na acessível "Coleción Austral", em 1945.

[7] Isabel M. R. Mendes Drumond Braga, *Um espaço, duas monarquias*, Lisboa, Centro de Estudos Estratégicos da Universidade de Lisboa/Hugin Editores, 2001, pp. 33, 55

Primeiro nasceu-lhes uma filha, futura Margarida de Parma por casamento italiano e mãe de Alessandro Farnese, que muito se destacará na política do Renascimento. Filipe II, o primeiro filho, ia permanecer muito ligado a esta irmã – teve outras –, mesmo à distância, por correspondência, onde bem se expressa a psicologia íntima de ambos.[8] Confiança mútua tão grande que o fez confiar, quando necessário, a regência a ela, o que demonstra que não só Elizabeth I reinara na Inglaterra anglicana e protestante, também na Espanha católica houve uma rainha como Isabel de Castela e regentes femininos com plenos poderes.

O emaranhado de direitos dinásticos, por tantos casamentos sucessivos das Casas de Portugal e Espanha, terminou levando à tão buscada União Ibérica, mesmo por caminhos e conseqüências não de todo desejados.

Morre em combate na última cruzada, agora contra os mouros dentro do próprio Marrocos, Dom Sebastião sem herdeiros (era solteiro), aos 25 anos, na Batalha de Alcácer-Quibir (1578), nas areias do deserto. Um cardeal e um eclesiástico, também sem prole, reivindicam a sucessão no trono, em vão, derrotados por Filipe II, neto de Manuel I por Isabel de Portugal, portanto filho de Carlos V.

Se a monarquia do Ocidente não era mais viável – com a divisão do Sacro Império Germânico entre católicos e luteranos, doado por Carlos V a um irmão, enquanto a Holanda calvinista rebelava-se com êxito contra Filipe II – o império mundial havia se tornado mais possível pela União Ibérica, com o Brasil, África e Índia lusófonas através de Portugal e quase todas as Américas sob a Espanha, mais que compensando a perda do Sacro Império. O de Filipe II ia até à China em Macau, Japão em Nagasaki e Oceania com Timor e as Filipinas, com este nome evidentemente em homenagem a ele.

---

e 56, originariamente tese de doutoramento defendida na Faculdade de Ciências Sociais e Humanas da Universidade Nova de Lisboa.

[8] Henry Kamen é o primeiro historiador (aliás inglês) a apresentar declaradamente o lado humano de Filipe II na biografia *Philip of Spain*, traduzido ao português no Brasil como *Filipe da Espanha*, Rio de Janeiro, Editora Record, 2003.

A primeira viagem de circunavegação do globo (1519-1522) – patrocinada por Carlos V, sob chefia inicial do português Fernão de Magalhães, no fim sob a do espanhol Juan Sebastián Elcano – foi a primeira da história da humanidade, não por coincidência outro pioneirismo tão ibérico, coroamento dos esforços oceânicos de Portugal e Espanha, muito além de todos até então.

Reunido o parlamento português – as cortes em Tomar – não tinha o que discutir, quanto à legitimidade hereditária de Filipe: havia a ausência de filhos do falecido Dom Sebastião e dos pretendentes, e os freqüentes casamentos familiares transformaram as dinastias de Espanha e Portugal na prática numa só família.

José Hermano Saraiva descreve com concisão os Acordos de Tomar, demonstrando a receptividade de Filipe II (com sua mãe portuguesa aprendera o idioma materno e passará de 1580 a 1583, em Portugal, alguns dos melhores anos de sua vida, tendo até pensado em transferir a capital da União Ibérica para Lisboa),[9] portanto aqueles Acordos tinham muita largueza: instalava-se uma monarquia dual, luso-espanhola (como depois os Habsburgos de Viena fariam com a Áustria-Hungria, a lição virá dos Habsburgos ibéricos), ficando assim respeitados os direitos da monarquia portuguesa (juridicamente Portugal nunca foi anexado à Espanha pelos Filipes,[10] o mesmo se diga do Brasil sob administração indireta espanhola, seus vice-reis luso-brasileiros nomeados paralelamente aos da administração da América Hispânica);[11] a administração civil em geral e eclesiástica, também no Portugal continental, só podia ser delegada a portugueses; estes, porém, podiam ser nomeados para exercer funções públicas na Espanha; o comércio do Brasil podia ser feito por portugueses e espanhóis, mas o da África e Índia só por portugueses; a língua oficial nas colônias lusas prosseguia a portuguesa; as moedas delas e a de Portu-

---

9   José Hermano Saraiva, *História concisa de Portugal*, 9. ed., Lisboa, Publicações Europa-América, 1984, pp. 355 e 352.
10 Idem, pp. 200 e 201.
11 João Alfredo Libânio Guedes, *A União Ibérica*, op. cit., pp. 52ss.

gal continuavam próprias; os direitos de foro em Portugal permaneciam em mãos lusitanas, nem o rei podia assumi-los, mesmo em regime de União; esta funcionava plenamente do ponto de vista militar, com exército e marinha da Espanha prontos a defender toda a União Ibérica, ao lado dos de Portugal.

As concessões chegavam aos mínimos detalhes – a rainha da União Ibérica "obrigava-se a empregar ao seu serviço damas nobres portuguesas" – e, ao máximo, na existência de um Conselho de Portugal formado só por portugueses, assessorando o rei mesmo quando não estivesse em território de Portugal. Filipe II cumpriu, os desentendimentos foram com os sucessores.[12] Portugal não era colônia, mas um reino dual.

A União Ibérica filipina é cindida de fora para dentro: no tempo de Filipe III declinava a produção de prata da América Hispânica, guerras consumiam os recursos e eram expulsos da Espanha os remanescentes moçárabes, artesãos e pequenos agricultores que muita falta fizeram. Sob Filipe IV a situação agrava-se: aumentam os impostos, irrompe rebelião na Catalunha na mesma época da insurreição portuguesa, a França de Richelieu ameaça, impossíveis tantas simultâneas frentes de combate; o governo de Madri optou por enfrentar mais aquela rebelião que esta, com o resultado da derrota catalã, mas vitória independentista portuguesa.[13] O duque de Bragança Dom João, descendente da rica dinastia, algo relutantemente assume o comando, triunfante apesar da resistência pró-espanhola de grande parte da comprometida aristocracia lusitana.[14]

---

12 José Hermano Saraiva, *História concisa de Portugal*, op. cit., pp. 200 e 201.

13 Idem, pp. 203-207.
Cf. ainda *Desistimiento español de la empresa imperial reconstituído sobre "Avisos" de pellicer por Manuel Camacho y de Ciria*, comentado por el duque de Maura, Madri, Espasa-Calpe, 1958, pp. 29-60.
J. H. Elliott estuda muito bem a confrontação em *Richelieu and Olivares*, Cambridge, Cambridge University Press, 1984, principalmente no Capítulo 6.

14 Pilar Vásquez Cuesta, *La lengua y la cultura portuguesa en el siglo del Quijote*. Madri, Espasa-Calpe, 1986, principalmente nos dois primeiros capítulos da primeira parte.

O período filipino também teve seu lado luminoso, com Cervantes publicando a primeira edição do *Quixote* em Lisboa, Lope de Vega outro tanto suas *Rimas* – ambos expressamente lusófilos –, Dom Francisco Manuel de Melo escrevendo e servindo tanto ao último Filipe da União Ibérica quanto ao primeiro João da Restauração portuguesa, e figuras menores como muitos áulicos do tipo de um certo Antônio de Sousa, "mozo hidalgo y caballero del hábito de Christo", autor do encomiástico *Flores de España excelencias de Portugal, en que brevemente se trata lo mejor de sus historias, y de todas las del mundo desde su principio hasta nuestros tiempos, y se descubren muchas cosas nuevas de provecho, y curiosidad*, publicado *en Lisboa, con todas las licencias necesarias, impresa por Jorge Rodríguez*. Ano 1631.

A luta pelo domínio dos mares entre a Holanda e a União Ibérica repercute na réplica do português filipino, doutor por Coimbra, professor em Valladolid, frei Serafim de Freitas, *Do justo império asiático dos portugueses*, 1625, ao *Do mar livre*, 1609, de Hugo Grócio, que não treplicou: liberdade dos mares imposta pela maior força naval holandesa, diante das reivindicações de antecipação marítima luso-espanhola incapaz de impor-se.

Toda uma acurada historiografia inglesa passou a redescobrir e revalorizar nada menos que os Filipes de Espanha, em especial Filipe II, o maior adversário de Elizabeth I e que tentou invadir a própria Inglaterra com a Invencível Armada luso-espanhola, além de patrocinar ali católicos contra anglicanos e protestantes numa quase guerra civil britânica... Assim, por exemplo, Henry Kamen mostra como Filipe II fazia do catolicismo tanto uso político, quanto seus inimigos com os protestantismos luterano e calvinista, ou o anglicanismo, ninguém querendo deixar de usar a respectiva arma ideológica. Filipe II sabia muito bem das respectivas dificuldades, inclusive dele mesmo, em manter a censura com tantas impressoras também em Espanha e Portugal, tendo de coexistir com a organização burocrática do Estado espanhol tão desenvolvida por Filipe II.[15]

---

15 Henry Kamen, *Filipe de Espanha*, op. cit., pp. 338 e 263.

O próprio Filipe II era dedicado leitor, não só bibliófilo, leitor até de Erasmo e outros autores, oficialmente proibidos, presentes em sua ampla biblioteca pessoal. Ademais de gravuras do desenhista e pintor protestante alemão Dürer.

Apesar de não ter vocação intelectual – os príncipes precisam ser mais homens de ação –, Filipe II, nos gostos do seu tempo, ia da magia e teologia à arquitetura, música e arte da guerra. Daí ele passava naturalmente a Maquiavel e, por incrível que pareça, conhecia e possuía os textos do revolucionário dominicano florentino Savonarola, não só os de Santo Tomás de Aquino também sobre política. Quanto aos idiomas estrangeiros, ficou no latim, muito pouco no grego, podendo compreender francês, inglês e italiano, mas sem os falar. Ao português, conseguia ele entender, idioma da mãe e das damas de companhia.[16]

A capital das Espanhas – assim o reino declarava-se, bem como pela Igreja Católica, está na placa na porta de entrada da catedral primaz de Braga –, deixou de instalar-se em Lisboa, apesar das simpatias pessoais de Filipe II pela idéia, pelo fato do local, onde se situa Madri, estar eqüidistante de Portugal e Catalunha, no esforço, depois comprovado vão, de controlar toda a Península Ibérica. Mesmo assim, os portugueses continuaram insistindo na transferência da capital, como se vê logo no primeiro dos *Discursos vários políticos* (1624), de Manuel Severim de Faria, cônego e chantre da catedral de Évora:

> Discurso Primeiro. Do muito que importará para a conservação, e aumento da Monarquia de Espanha, assistir sua Majestade com sua Corte em Lisboa.

Os argumentos são objetivos e razoáveis.

Manuel Severim de Faria na realidade insistia em pontos de vista vindos dos *Diálogos do sítio de Lisboa* (1608) de Luís Mendes de Vasconcelos. Aquele proclamava, logo no início dos *Discursos vários políticos*, a gran-

---

16 Henry Kamen, *Filipe de Espanha*, op. cit., pp. 19, 24, 23, 31, 95, 320 e 321. Filipe II também conhecia o idioma catalão (p. 321), embora entendesse línguas estrangeiras, falava bem apenas o espanhol castelhano (p. 320).

deza da União Ibérica, monarquia universal, "a maior de quantas até agora se viram em todas as idades passadas" e "o natural amor que os portugueses têm a seu Rei", naquele momento Filipe IV, último dos Habsburgos espanhóis a governarem Portugal, neto de Filipe II...

Em síntese, Manuel Severim de Faria desenvolvia a demonstração das vantagens locacionais da Lisboa no meio do Portugal atlântico, aberta aos oceanos, diante da interiorizada Madri no centro da Península Ibérica. Ademais do porto lisboeta ser melhor em si, diante da Sevilha rio Guadalquevir acima e portos galegos em estreitas rias. Estranhamente sem se referir à língua portuguesa, o autor inclui os hábitos de acesso ao Novo Mundo, Brasil e Índia, entre as vantagens da capital em Lisboa.[17]

Apesar de a capital não se haver transferido, Portugal teve grande destaque cultural no tempo da União Ibérica, naturalmente em companhia da Espanha, no que se veio a denominar Segunda Escolástica, até mesmo Escolástica Progressista,[18] a linha de filósofos coetâneos nas universidades de Salamanca, Coimbra e Évora, com sua renovadora visão inclusive política interna e internacional.

Foram os dominicanos espanhóis Francisco de Vitoria (1492-1546) e Domingo de Soto (1495-1560) iniciadores do sistemático Direito Internacional Público, propondo uma comunidade mundial de Estados, a começar pelo então da Espanha de Carlos V da Europa às Américas. Do ambiente intelectual da Universidade de Salamanca provém o também dominicano Bartolomé de las Casas (1474-1566), autor de *De rege* defensor do poder vindo de Deus, porém através do povo, tese remontando a outro dominicano mais antigo, Santo Tomás de Aquino. Depois, e por isso mesmo, é que De las Casas se tornará bispo de Chiapas, no México, e

---

17 Manuel Severim de Faria, *Discursos vários políticos*, 4. ed., Lisboa, Imprensa Nacional/Casa da Moeda, nas Comemorações dos Descobrimentos Portugueses, 1999, pp. 5-7, 13, 22, 25 e 26.

18 Cf., entre outros, Vamireh Chacon. *O humanismo ibérico – A escolástica progressista e a questão da modernidade*, Lisboa, Imprensa Nacional/Casa da Moeda, 1998.

defensor dos indígenas, contra as violências por ele denunciadas com tanta repercussão. Chiapas voltará, em fins do século XX e princípios do XXI, a centro de protesto e mobilização dos oprimidos da região.

Francisco Suárez (1548-1617) incorpora-se à linha dos fundadores do Direito Internacional Público e da renovação da Filosofia Política, ao defender o direito do povo à revolução contra a tirania, no que será seguido por outro jesuíta, Juan de Mariana (1536-1623), indo até à defesa do tiranicídio. Suárez será professor na Espanha e na Universidade de Coimbra e o mais sistemático pensador do seu tempo. O contratualismo de Locke, Hobbes e Rousseau não será tão radical.

Mais um espanhol e jesuíta, Luís de Molina (1535-1600), virá a ensinar em Coimbra – e em Évora, onde a Companhia de Jesus tinha universidade, depois, com 200 anos de funcionamento, fechada pelo marquês de Pombal –, retornando no fim da vida à Espanha. Molina distingue-se por sua interpretação do livre-arbítrio, diante do dominicano Domingo Bañez (1528-1604), e como articulado pioneiro da economia social de mercado, ao lado de alguns poucos outros.

Talvez o maior de todos seja o jesuíta português Pedro da Fonseca (1528-1599), concentrado na Universidade de Évora, autor de grande obra filosófica, apesar de inconclusa por suas outras ocupações a serviço da sua ordem religiosa. Especialmente Fonseca integra o grupo dos chamados conimbricenses e eborenses da Segunda Escolástica, cuja influência metodológica rigorosa virá até Schopenhauer, conforme ele próprio reconhecia.[19]

Observando-se as datas de nascimento e falecimento de cada um, logo se notará terem todos trabalhado e produzido durante o tempo da União Ibérica, principalmente durante a vida de Filipe II. O que demonstra a relatividade dos difamatórios ataques contra ele, tachado de totalitário, pior que autoritário, fanático e obscurantista, senão mandante do homicí-

---

19 Cf. Friedrich Überweg, *Grundriss der Geschichte der Philosophie*, Berlim, Mittler, 1923, Vol. 5, p. 321.

dio do próprio filho, Dom Carlos, no que até Schiller acreditou e, a propósito, escreveu teatral libelo.

Na realidade, a *leyenda negra* extensiva de Filipe II à suposta cumplicidade cultural histórica de todos os povos ibéricos, desde 1914 foi demonstrada por Julián Juderías y Loyot como originada em difamatório político panfleto de Guilherme de Orange nas guerras de Holanda e Espanha, no século XVI ao XVII, repercutindo noutros panfletários antiibéricos, além de apenas anticatólicos, portanto pejorativos políticos.[20]

Toda uma nova historiografia inglesa – Henry Kamen, Geoffrey Parker, Peter Pierson, professores das universidades de Oxford, Cambridge, Londres e, nos Estados Unidos, Harvard e Princeton entre outras – toda ela vem recuperando, revalorizando, resgatando o político e até o pessoal de Filipe II. Historiadores ingleses, anglicanos e protestantes.

Kamen é quem tenta penetrar mais no íntimo de Filipe II.

Mostra-o, por meio de relatórios e cartas pessoais, responsável respeitador das autonomias locais vindo da Idade Média, católico praticante, porém independente diante do clero e do próprio papa, sem qualquer fanatismo religioso (Filipe II costumava dizer: "um povo não pode ser forçado a ser perfeito"); descreve-o muito bem Kamen:

> Surpreendente também para um homem freqüentemente acusado de ser obcecado pela religião, as cartas eram totalmente livres de religiosidade [inclusive as cartas às filhas]. Filipe II mencionava as funções da Igreja naturalmente, mas o tom era totalmente secular, sem efusões de sentimento piedoso. Livres tanto de didatismo quanto de beatice, as cartas têm um frescor e uma espontaneidade únicos em cartas reais.

Filipe II também não buscava dar ao seu poder um caráter ilimitado, pois com restrições herdadas e ampliadas por ele mesmo, sem qualquer tentativa de mistificar esse poder.

---

20 Julián Juderías y Loyot, *La Leyenda Negra – Estudios acerca del concepto de España en el extranjero*, 2. ed. de *La Leyenda Negra y la verdad histórica* [1914], Salamanca, Junta de Castilla y León (Consejería de Educación y Cultura)/Europa Artes Gráficas, 1997, pp. 228ss.

Ocasionalmente, em momentos de crise, ele se permitia apelar para o direito de vida e morte "absoluto" e tradicional que um senhor podia exercer sobre seus súditos. No entanto, ele fazia uso dessa abordagem somente quando não havia qualquer alternativa óbvia.

As pesquisas historiográficas de Henry Kamen, a respeito, chegam a conclusões surpreendentes para os detratores de Filipe II:

> O poder "ilimitado" do rei era, na prática, limitado pelas áreas extensas da Espanha onde a autoridade dos grandes senhores e prelados era, em assuntos cotidianos tais como tributação e justiça, maior que a dele. Eram poucas as leis que ele podia aprovar sem consultar os que seriam afetados por elas. Para os recursos, ele ainda dependia fortemente de outros. Mesmo em questões relacionadas com suas próprias ordens, sua autoridade era questionada.

Daí seu empenho e dedicação nas decisões e acompanhamento das suas concretizações pela pesada burocracia, à qual procurava modernizar nos sentidos inovadores reconhecidos nada menos que por Fernand Braudel, já antes de Henry Kamen.[21]

Filipe II movia-se ao nível da razão de Estado tão bem estudada por Friedrich Meinecke: racionalidade objetiva de meios e fins, custos e benefícios, remontando sua formulação a Maquiavel,[22] presente em sua biblio-

---

21 Henry Kamen, *Filipe de Espanha*, op. cit., pp. 29 e 335. Kamen sintetiza o paradoxo: "o poder do rei, em suma, era 'absoluto' mas substancialmente restrito" (p. 336). Fernand Braudel longamente se estende sobre o realismo político e a modernidade burocrática de Filipe II em *La Méditerranée et le monde méditerranéen à l'époque de Philippe II* e no ensaio "Philippe II", ao lado de "Charles V", nos *Écrits sur l'histoire*.

22 Meinecke, já no título *A idéia da razão de Estado na história moderna (Die Idee der Staatsräson in der neueren Geschichte)*, não exclui a razão de Estado desde tempos mais antigos. Daí iniciar a genealogia moderna deste conceito em Maquiavel. Para Meinecke, a crítica da razão de Estado inclui a crítica dos interesses, poder e força do Estado, como arte da política, sem moral individual, nem ética social. A este livro publicado em 1924, plena época de crise da República de Weimar, não faltaram críticos tentando, em vão, diminuir a extensão e a profundidade universais de seus conceitos, dilema de ética da convicção e ética da responsabilidade em Max Weber: razão de Estado é a lógica do poder de Estado, socialmente válida quando em defesa das maiorias.

teca privada; Maquiavel que em *O príncipe* aponta Fernando de Aragão como moderno precursor, objetivo e implacável, daqueles métodos.[23] Filipe II procurava implementar e ampliar, na prática européia e transcontinental, a generalização administrativa da razão de Estado, vinda antes dele. Filipe II tanto não era um fanático religioso, ou do catolicismo como ideologia além do que convinha à razão de Estado, que, mostra-o Kamen,

> em nenhum momento de sua vida, ele expressou apoio ao princípio de que hereges não tinham direito a governar. Nesse sentido, ele nunca foi antiprotestante. Além de Elizabeth da Inglaterra, cujo regime apoiou explicitamente durante uns 20 anos, ele manteve boas relações com os reis luteranos da Escandinávia e vários príncipes luteranos na Alemanha.

Preso, no seu tempo, ao princípio da hereditariedade dinástica, herdou do pai o Sacro Império Germânico, e aceitou sua sucessão ali por um tio. Optou pela Espanha porque a herança, também polêmica, da Holanda só lhe dava prejuízos militares e financeiros, e desgaste político em guerras religiosas. Herdou naturalmente Portugal, tanto quanto Carlos V havia herdado a Borgonha e, assim, a inimizade dos também reivindicadores reis de França. Como sintetizam Braudel e Kamen, "ele ficou preso em um destino do qual ele mesmo tinha pouco controle". Assim recebeu o vasto

---

23 O que Maquiavel entende por moderno (no brutal Renascimento do seu tempo, não só com artes e sim, entre elas, com sangrenta arte política), é a relação entre causa e efeito, meios e fins, custos e benefícios: quaisquer que sejam os meios, contanto que os benefícios compensem ("o que interessa é o resultado"); este é o seu conceito de eficiência e racionalidade, exemplificadas pelo estudo direto, pessoal, da sua contemporaneidade, se projetando no tempo e no espaço da Itália renascentista a todos os povos e todas as épocas. Maquiavel em *O príncipe* aponta em Fernando de Aragão, ou Fernando rei de Espanha, seu modelo máximo, nunca Fernando o Católico, pois, a religião, para Maquiavel não passa de um instrumento político, usado com falta de escrúpulos exemplar por Fernando de Aragão, donde se vê a precursora interpretação e uso das idéias e sentimentos enquanto ideologias. O rei de Portugal mais próximo do modelo renascentista de Maquiavel foi João II, o Príncipe Perfeito, que reinou de 1481 a 1496 e teve Rui de Pina como primeiro cronista. Sebastião César de Meneses, inquisidor-mor de Portugal, escreveu em 1649 a *Suma política* sobre a razão de Estado.

império transoceânico ao qual também nunca reivindicara e a que lhe cabia administrar, sem projetos expansionistas, esvaindo-se seus recursos em sua defesa, até ordenar o término de sua expansão.

Ao que lhe era tão difícil, procurou prover com discrição e moderação, também raro na época foi seu permanente respeito às suas rainhas fora e dentro de casa, ao enviuvar várias vezes. Sem infância, por prematuro falecimento da mãe e freqüente ausência do pai, era disciplinado e humano, com escapadas amorosas nas quais nunca se fixou em amantes.

Do pouco tempo em que conviveu com a mãe – falecida quando ele tinha 12 anos de idade, portanto o marcando na infância e começo de adolescência –, do convívio com a mãe e sucessivas viuvezes, guardou uma dependência afetiva à qual procurava compensar com as filhas, cuja liberdade de opiniões e opções sempre respeitou, algo mais que raro na época. Todos os documentos e testemunhos o descrevem paciente, solícito, receptivo, jamais prisioneiro do palácio-mosteiro do Escorial, ao contrário dos que ignoravam – e teimam em ignorar – suas incursões não só amorosas, também para caçar ou simplesmente passear no campo em companhia de poucos confidentes, ele sabia do perigo e foi difamado sem comprovação por mais de um deles, sem se vingar pessoalmente. A tão atacada morte do filho, Dom Carlos, um notório desequilibrado mental, só lhe causou sofrimentos e dissabores, num emaranhado de intrigas nunca de todo resolvidas.

As análises políticas e psicológicas por um quase contemporâneo, o jesuíta Baltasar Gracián (1601-1658) – uma delas, *O político* a propósito de Fernando de Aragão, e as demais, *Oráculo manual* e *Arte de prudência* – muito melhor podem se aplicar ao próprio Filipe II: "imperturbabilidade, qualidade da maior grandeza de espírito", "cercar-se de cabeças auxiliares", "planejar de hoje para amanhã e por muitos dias mais", mas "não se apresentar sob expectativas exageradas", pois deve "ser pessoa bem informada" (os príncipes, já então, costumavam ter serviços de informação; os seus, Filipe II tornou muito melhores...); para "achar o ponto fraco de cada um", "manter as intenções em código secreto", "temperar a imaginação", "ter fama de obsequioso" porém "saber esquivar-se", "ser brioso com prudência", "nunca perder a compostura", tudo em "mira o desfecho", "sem ilusões".

Pois, com bastante autocrítica, "não se entregar a caprichos vulgares", "ser decidido", "saber dar a volta por cima", todavia "não ser intratável", "saber adaptar-se a todos", "ser grandioso no comportamento", "não ser maçante", "não se mostrar auto-satisfeito", "ganhar simpatia", inclusive "ganhar a fama de ser cortês"; enfim, "bobo não é quem faz uma bobagem e sim quem não sabe encobri-la"...

Máximas das quais não se sabe exatamente ter sido Filipe II modelo para Baltasar Gracián, nem seu avô Fernando de Aragão, que tanto entusiasmou Maquiavel e o próprio Gracián, um em *O príncipe* e o outro em *O político*, mas ninguém conseguiu elevar em tão alto grau e êxito o desempenho, quanto este neto: não por acaso Filipe II dedicava especial atenção ao avô, Fernando de Aragão.[24] Era o estilo renascentista daquele, diante do culteranismo deste, mais revelando ou mais ocultando, Gracián talvez pensando antes em Carlos V, pai de Filipe II, por abdicar no auge da glória: "ter a simpatia do povo", "deixar o jogo enquanto estiver ganhando", "não esperar até ser um sol em declínio", "deixar saudades"...[25]

Pedro de Rivadeneira – ou Ribadeneira – (1526-1611) direto discípulo de Santo Inácio de Loyola na então recém-fundada Companhia de Jesus, antes de Gracián e logo depois de Maquiavel, escrevera um Anti-Maquiavel, dedicado ao herdeiro príncipe de Astúrias, em seguida Filipe III, portanto filho de Filipe II, contra "la ligereza y perfidia" do florentino,

---

24   Não por acaso Filipe II dizia de Fernando de Aragão: "A ese lo debemos todo", todavia sem diminuir Isabel de Castela, grande noutros aspectos. Cf. Ernesto Balaguer, *Fernando el católico – Un monarca decisivo en las encrucijadas de su época*, Barcelona, Peninsula Ediciones, 1999, p. 14.

25   Baltasar Gracián vai além de mera dedicatória, denomina seu livro *El político Don Fernando el católico*, para não deixar margem a dúvidas sobre o que se refere, através de quem. Para merecer tamanho destaque, Fernando de Aragão é comparado aos anteriores grandes reis desde a Antigüidade e aos posteriores, inclusive Carlos V e Filipe II, terminando por demonstrar-se a superioridade daquele. Quanto aos conselhos práticos, estão no *Oráculo manual y arte de prudencia*.

em seu lugar propondo "verdadera, cierta y segura razón de Estado", oposta à "falsa, incierta y engañosa": "Que las virtudes del príncipe cristiano deben ser verdaderas, y no fingidas, como enseña Maquiavelo". O que não exclui e sim exige, conforme as circunstâncias, prudência até na dissimulação, necessária enquanto pudor pessoal e discreto afastar-se das faltas alheias. O importante aqui é o endosso, pelo menos metodológico, da razão de Estado, enquanto meio, embora não fim em si mesmo, aí está a distinção fundamental de Ribadeneira a Gracián, na teoria, na prática em Filipe II.[26]

Para o que não estavam preparados Filipe II e conselheiros era o levante dos comuneiros; os príncipes tinham o hábito de brigar entre si, com ou contra os ideólogos, não contra insurreições populares, outro início dos novos tempos, também nisto Filipe II os pressentiu e ressentiu, em meio à violência de parte a parte desencadeada. Também teve dificuldades Filipe II com a Inquisição, como instrumento de repressão ideológica, a fim de evitar que chegassem à Península Ibérica as guerras civis religiosas européias, daí ter de usar controladamente os inquisidores, em suas mãos causando muito menos mortes que a Antiinquisição nas da anticatólica Elizabeth I, em termos de relação entre contestatários e populações na Espanha e Inglaterra.

Mesmo em todo o anti-semitismo da época, Filipe II preservou, em torno de si, banqueiros cristãos-novos portugueses, apesar de todos os reiterados protestos e denúncias.[27]

---

[26] O título completo do livro de Pedro de Rivadeneira – ou Ribadeneira – é *Tratado de la religión y virtudes que debe tener el príncipe cristiano para gobernar y conservar sus Estados, contra lo que Nicolás Maquiavelo y los políticos deste tiempo enseñan*. Contra "la ligereza y perfidia de Maquiavelo" e também contra a excessiva moderação, porque laica e laicista, de Jean Bodin, entre outros, Rivadeneira afirma claramente aconselhar tudo em nome não do moralismo e da religiosidade, e sim da "verdadera razón de Estado", oposta à "falsa, incierta y engañosa" do claramente ímpio Maquiavel, ou a do não menos perigoso, porque secularizado, Bodin.

[27] Além dos judeus lusitanos, entre os banqueiros de Filipe II, comerciantes portugueses eram preferidos pelo conde-duque de Olivares em competição com os genove-

Quanto a Portugal, Filipe II – tendo pouco convivido com muitos portugueses, as damas de companhia da sua mãe rainha dispersas após o falecimento dela quando ele tinha apenas 12 anos de idade e só residiria pouco mais de dois anos em Lisboa no início da União Ibérica – contudo guardou "uma inclinação, que nunca perdeu, pelas coisas portuguesas", até recomendando aos seus próximos: "Vocês devem tentar entender o (idioma) português". Sabendo, pelos seus informantes, do mal-estar popular lusitano diante de um rei espanhol, mesmo de mãe portuguesa, sempre auscultou seu Conselho de Portugal e fez todo o possível em não sublinhar sua espanholidade, antes preferindo enfatizar a iberidade e a universalidade,[28] ainda se estava num tempo em que o grego da palavra *katholikós* fazia muito sentido.

A União Ibérica e a permanência de Filipe II em Lisboa (1580-1583) transferiram a preferência espanhola do Mediterrâneo ao Atlântico.[29] Quanto ao Brasil, inseriu-o, com destaque, na sua estratégia naval mundial,[30]

---

ses, no vão esforço de Olivares compor-se com Portugal nas vésperas do seu levante independentista de 1640. Fernand Braudel, *La Méditerranée et le monde méditerranéen à l'époque de Philippe II*, 4. ed., tomo 1, Paris, Librairie Armand Colin, 1979, p. 468 e *passim*. Sobre Filipe II e a Inquisição, cf. desapaixonadamente o historiador inglês Henry Kamen, *Filipe de Espanha*, op. cit., pp. 341 e 342. Sobre o levante dos comuneiros, p. 321.

28   Henry Kamen, *Filipe de Espanha*, op. cit., pp. 19, 208 e 321.

29   Fernand Braudel, *La Méditerranée et le monde méditerranéen à l'époque de Philippe II*, op. cit., p. 467 e *passim*.

30   Pazzis Pi Corrales, *Felipe II y la lucha por el dominio del Mar*, Madri, Editoral San Martín, 1989 e principalmente Carlos Saiz Cidoncha, *Historia de la piratería en América española* (Madri, Editorial San Martín, 1985) sobre a repulsa armada da União Ibérica contra as incursões dos corsários ingleses e até de uma invasão, a holandesa, contra a Bahia e Pernambuco, p. 142 e *passim*. Cf. ainda Cervera Pery, *La estrategia naval del imperio*, Madri, Editorial San Martín, 1982, pp. 145 e 151, sobre a unificação ibérica e incorporação do Brasil, mais que compensadoras das perdas espanholas na Holanda e recuos no Mediterrâneo, pois a vitória em Lepanto foi defensiva do Mediterrâneo Ocidental, mesmo assim com Argel e Tunis a mudarem sempre de mão, e não uma vitória ofensiva contra o Mediterrâneo Oriental. A Espanha agia no Ocidental em companhia de Gênova, no Oriental predominava Veneza em conflitos ou conluios com os turcos do Império Otomano. Braudel

ordenou a fundação da cidade capital da capitania da Paraíba no saliente atlântico brasileiro mais próximo da África, apoiado pelo vizinho Recife, e correspondeu-se com Anchieta, então provincial da Companhia de Jesus no Brasil, a respeito da necessidade de mais fortificações no litoral contra os corsários ingleses.[31]

Filipe II acertou muito e errou outro tanto, merecendo mais uma das fundamentais máximas posteriores de Baltasar Gracián, nele muito possivelmente também nisto se inspirando: "Ser do seu século. As pessoas extraordinárias dependem dos tempos em que viveram", "cada coisa tem a sua vez". Duzentos anos após, será Hegel quem buscará desenvolver, noutros termos, mas em idêntica seqüência, que a verdade é filha do tempo.

De si próprio Filipe II dirá, em síntese e conclusão íntimas, diante de admiradores e detratores da sua época e seguintes: "não sei se eles acham que eu sou feito de ferro ou de pedra. A verdade é que precisam entender que sou mortal como todos os demais";[32] humano e do seu tempo, nada mais e nada menos que isso, e não o que disserem mais contra que em sua defesa.

A restauração da independência de Estado de Portugal, 1640, fez-se basicamente por rebelião popular, os interesses das elites locais estavam em grande parte ligados aos das espanholas.[33] O conde-duque de Olivares, então dirigindo a Espanha em nome do seu rei, tardou em admitir a

---

       mostra-o muito bem em seu *La Méditerranée et le monde méditerranéen à l'époque de Philippe II*, op. cit.

31 Anchieta, terceiro provincial da Companhia de Jesus no Brasil, escreve em 7 de agosto de 1583 diretamente a Filipe II, urgindo a fortificação do porto do Espírito Santo e defesa de "todas as capitanias, não só para conservação deste Estado do Brasil, mas também para a navegação do estreito, Rio da Prata e Peru", para que "haja quem ajude a defender a terra" (*Cartas. Correspondência ativa e passiva, Obras completas*, 2. ed., Vol 6, pesquisadas e com introdução e notas de Hélio Abranches Viotti, São Paulo, Edições Loyola, 1984, pp. 168, 222, 316, 337 e 417.

32 Epígrafe em Henry Kamen, *Filipe de Espanha*, op. cit., p. 5.

33 Cf. nota 14.

possibilidade de adesão dos nobres portugueses à insurreição do povo, prenunciada por um levante em Évora, pouco a pouco se alastrando.[34] Tão parecidos e tão diferentes, entre si, os povos e culturas ibéricos agregando-se, desagregando-se e recompondo-se ciclicamente, menos ou mais ao modo das sociedades em geral...

Na geração portuguesa seguinte à Restauração de 1640, permanece o apreço à história e à cultura hispânicas, como se vê nas reflexões apresentadas em *Nova floresta*, do padre Manuel Bernardes, em capítulos dedicados a máximas de Dom Afonso de Aragão e de Dom Afonso de Castela, ainda mais às de Santa Teresa de Ávila.[35]

A seguinte dinastia – os Braganças – afastou-se da política de casamentos com dinastia de Espanha. Só João VI casará com princesa espanhola, Carlota Joaquina. Haverá repercussões na América Hispânica, quando ela reivindicar os direitos de sucessão do seu irmão Fernando VII na América Hispânica, tanto quanto João VI o fazia no Brasil. Até lá, Portugal e Espanha se voltarão as costas; data daí esta fase – do início da dinastia de Bragança (1640) a 1785 (quando João VI casou com Carlota Joaquina) – quando, durante um século e meio, os caminhos de Espanha e Portugal apenas se cruzarão, mais se ignorando que colaborando, em meio a grandes desconfianças mútuas. As recíprocas recor-

---

[34] Outro historiador inglês empático aos ibéricos, J. H. Elliott, biografou o conde-duque de Olivares e documentou a surpresa dele sobre a rebelião dos portugueses, "famosos por ser leales, aunque tal vez algo descontentos", e sua opinião sobre o duque de Bragança, logo João IV, famoso então pelo seu oportunismo e considerado "tonto y borracho". *El conde-duque de Olivares – El político en una época de decadencia*, 6. ed., Barcelona, Editorial Crítica, 1991, p. 580. Do original inglês *The count-duke of Olivares. The statesman in an age of decline*, New Haven, Yale University Press, 1986. Ainda Elliott pesquisou as manobras de Richelieu não só ativamente na rebelião catalã, também confundindo Olivares com intrigas em Lisboa (cf. *Richelieu et Olivares*, Paris, Presses Universitaires de France, 1991, p. 173, do original inglês *Richelieu and Olivares*, Cambridge University Press, 1984). Os estudos de Elliott são muito mais objetivos que o impressionismo psicológico de Gregorio Marañón em *El conde-duque de Olivares o la pasión de mandar*.

[35] Cf. a seleção *Nova floresta*, com "Prefácio" de João Ubaldo Ribeiro, Rio de Janeiro, Editora Nova Fronteira, 1993, pp. 87, 129 e 135.

dações – mais de desajustes que de ajustes – contribuíam para este estado de espírito e seu comportamento.

Assim foi, por exemplo e então ao máximo, na guerra de sucessão dinástica da Espanha de inícios do século XVIII, por conseqüência do falecimento do último Habsburgo hispânico, Carlos II, sem herdeiros diretos, mas indicando em testamento Filipe de Anjou como seu sucessor, um parente distante, porém neto de Luís XIV de França. Voltava à tona o latente temor francês de cerco por germânicos a leste e espanhóis ao sul, configurado por Habsburgos nos dois tronos desde Carlos V que tantas dores de cabeça dera aos monarcas de Paris.

Sucederam-se, ao longo da Guerra da Sucessão da Espanha, as habituais danças e contradanças diplomáticas e militares de praxe nas circunstâncias. Dom Luís da Cunha, embaixador plenipotenciário português, saiu-se muito bem neste intrincado jogo, ao fazer sobreviver, em meio às dificuldades, a aliança inglesa, remontando ao Tratado de Windsor de 1372 e logo seguinte casamento do primeiro rei da dinastia de Avis, João I, com a princesa inglesa Filipa de Lencastre.[36]

O último monarca da dinastia afonsina borgonhesa, Fernando, não deixara filhos varões e sim uma única filha, casada nada menos que com o rei de Castela, o que deflagra rebelião popular de protesto e de aclamação de João I de Avis, em 1385. Já era o povo português indo ao extremo revolucionário, para afirmar sua identidade como Estado de baixo para cima, Estado assim não só criado de cima para baixo. A rebelião portuguesa também popular de 1640 – para recuperar a inde-

---

[36] A tese de mestrado *D. Luís da Cunha e a idéia de diplomacia em Portugal*, de autoria de Isabel Cluny, defendida na Universidade Nova de Lisboa, ali publicada pela editora Livros Horizonte, em 1999, demonstra a limitada inclinação portuguesa na direção da Inglaterra, portanto pelo menos indiretamente contra a Espanha, na guerra de sucessão do seu trono. A habilidade de estadista de Dom Luís da Cunha permitiu-lhe, mesmo assim, o difícil equilíbrio.
Peter E. Russell remontou às origens da aliança medieval luso-inglesa em *The English intervention in Spain and Portugal*, Oxford, Oxford University Press, 1955.

pendência de Estado perante a Espanha, mais uma vez com substituição de dinastia, a de Avis pela de Bragança de João IV – confirma a vontade nacional de 1385, perante a ocupação espanhola-castelhana, ou sua ameaça.

Nos Tratados de Utrecht (1713-1715), ao término da Guerra da Sucessão da Espanha, para garantir os Bourbons na sucessão no trono espanhol, a Espanha vê-se compelida a renunciar às suas pretensões de hegemonia continental na Europa Ocidental e Central.

Ao longo do século XVIII, até os paralelos despotismos, mais ou menos esclarecidos do marquês de Pombal em Portugal e de Carlos III na Espanha, preferem coexistir com um mínimo de contatos, em vez de colaborar em grandes projetos comuns, exceto na América do Sul, para a qual Madri e Lisboa celebram tratados de paz e limites fronteiriços entre o Brasil e os hispano-americanos,[37] inclusive com a participação de um diplomata brasileiro, Alexandre de Gusmão,[38] irmão de Bartolomeu de Gusmão, inventor do aerostato com ar aquecido. Ambos nascidos em Santos, principal porto da capitania de São Paulo.

Mesmo no tempo dos simultâneos Carlos III e marquês de Pombal, com tantas afinidades em sua modernização conservadora, atualizações sem tocar no sistema propriamente dito de força das classes dominantes,

---

[37] Kenneth Maxwell, *Pombal: Paradox of the enlinghtenment*, Cambridge, Cambridge University Press, 1995 (aqui citado na tradução portuguesa *O marquês de Pombal*, Lisboa, Editorial Presença, 2001). Enquanto na Europa havia conspícuo distanciamento mútuo, "por causa da América do Sul, houve durante todo o século XVIII acções militares esporádicas entre Portugal e Espanha", principalmente por conta da Colônia do Sacramento, depois Uruguai, estrategicamente defronte de Buenos Aires (pp. 68 e 154-156).

[38] Jaime Cortesão, *Alexandre de Gusmão e o Tratado de Madrid*, Rio de Janeiro, Instituto Rio Branco/Ministério das Relações Exteriores do Brasil, 1952. Dom Luís da Cunha contribuiu a persuadir a Espanha, como embaixador em Madri, a cumprir o Tratado de Utrecht. A inclinação pró-inglesa de Dom Luís da Cunha era muito realista e o que mais interessava a Portugal, então, era conter os espanhóis diante das fronteiras do Brasil e do Portugal continental. Muito importante numa fase de "ausência de capacidade defensiva do Estado português".
Cf. Kenneth Maxwell, *O marquês de Pombal*, op. cit., pp. 67-69 e 155.

nem assim eles se comunicaram muito. Tinham motivos: a Espanha estava em curso de colisão, mais uma vez, contra a Inglaterra, inclusive a propósito de Gibraltar, ademais do emaranhado de conseqüências da guerra de sucessão da Espanha, tudo junto um vespeiro do qual Pombal queria ficar distante, exceto na periferia colonial – América do Sul –, onde a ambos convinha a paz.

Ali os espanhóis anteviram o futuro, a independência próxima, ao começarem a sua descentralização. Foi desmembrado sucessivamente o Vice-reinado do Peru (único, até então, na região, coexistindo com um outro no México para a América Central), em Vice-reinado de Nova Granada, abrangendo Colômbia, Venezuela e o futuro Panamá, e Vice-reinado do Prata com capital em Buenos Aires, pelos espanhóis colonizado por dentro, por Córdoba e Assunção, na rota da exportação da prata de Potosi ao Atlântico, daí o nome do rio.

Tinham havido longas e cruentas guerras entre descendentes de espanhóis, chamados *criollos*, e descendentes de portugueses, ditos bandeirantes, ao longo da fronteira sul do Brasil, enquanto os Filipes tentavam compensar a contenção pela liberação do oeste da América do Sul à livre penetração brasileira rumo ao Oceano Pacífico, só detida a caminho dos Andes em Santa Cruz de la Sierra.

Durante a União Ibérica, o governador do Sul do Brasil, Salvador Correia de Sá – ambíguo quando da separação de Portugal diante da Espanha, ademais de inspirar e dirigir o ataque contra Angola, para ter o controle das duas margens do Atlântico, conforme a lição holandesa de Nassau – fez grandes esforços no sentido de integrar economicamente o Vice-reinado da Prata e o Brasil, conjuntamente com o governador espanhol Luís de Céspedes.[39]

---

39 C. R. Boxer, *Salvador de Sá and the struggle for Brazil and Angola (1602-1686)*, Londres, University of London/The Athlene Press, 1952, traduzido ao português no Brasil, *Salvador de Sá e a luta pelo Brasil e Angola (1602-1686)*, São Paulo, Companhia Editora Nacional/Universidade de São Paulo, 1973.

Dissolvida a União Ibérica, tornavam a ficar de costas Espanha e Portugal, América Hispânica e Brasil.

O conde de Aranda, um dos principais ministros de Carlos III, apresentou-lhe em 1783 um documento, com a proposta de transformação daqueles vice-reinados em três reinos, sob coroas dos Bourbons espanhóis – México, Peru e Costa Firme, isto é, o Prata – confederados com a Espanha. Paixões políticas dos adversários de Aranda e das suas idéias, contemporâneos e posteriores, negam a autenticidade do documento, mas Godoy, que virá a ter sua fase de poder na Espanha, em carta datada de 6 de outubro de 1802, a Carlos IV já sob ameaça de invasão napoleônica, insiste na idéia.[40]

Do lado português, conhecendo ou não a tendência espanhola, o marquês de Pombal tinha análogas perspectivas mais ou menos na mesma época, prosseguidas por Dom Rodrigo de Sousa Coutinho, conde de Linhares,[41] confirmados pelo êxodo da Família Real portuguesa assim devidamente preparada quando teve de retirar-se de Lisboa, em companhia de todo o governo de Portugal. Enquanto Fernando VII permanecia prisioneiro nas mãos dos franceses, por delongas e interrupções no seu projeto.

---

40 Antonio Domínguez Ortiz, *Carlos III y la España de la ilustración*, Madri, Alianza Editorial, 1989, pp. 213-214.

41 Maria de Lourdes Viana Lyra aprofundou a pesquisa sobre o projeto de Dom Rodrigo de Sousa Coutinho e demonstrou como o inicial, o do "poderoso império luso-brasílico", foi substituído pelo "poderoso império brasílico" de Pedro I do Brasil (IV de Portugal), por inspiração principalmente de José Bonifácio de Andrada e Silva sob o impacto da insistência das Cortes de 1820, apesar de ser revolução liberal, em recusar-se a manter a igualdade entre Portugal e Brasil (*A utopia do poderoso Império. Portugal e Brasil: Bastidores da política. 1798-1822*, Rio de Janeiro, Livraria Sette Letras, 1994). A idéia de transferência da capital de Lisboa ao Brasil remonta a Dom Pedro de Cunha, quando da tentativa de resistência ao início da União Ibérica de Filipe II, conforme relata seu bisneto Dom Luís da Cunha na sua *Carta de instruções a Marco Antônio de Azevedo Coutinho*, reproduzida com introdução, estudo e edição crítica por Abílio Diniz Silva nas *Instruções políticas de Dom Luís da Cunha*, Lisboa, Comissão Nacional para as Comemorações dos Descobrimentos Portugueses, 2001, pp. 363-365. Dom Luís da Cunha insiste no projeto de transferência da capital naquela carta de 1736 no conjunto do projeto estruturante do império luso-brasileiro (pp. 137, 164-166 e passim).

O tipo estrangeirado de modernização, imposta de fora para dentro e pela força para colocar no trono em Madri um irmão de Napoleão, levou à insurreição o povo espanhol, como se vê nas páginas literárias, porém acuradas, de Pérez Galdós em várias das suas novelas da série "Episodios nacionales". Em Portugal nas de *El-rei Junot*, de Raul Brandão. Com o resultado da guerrilha espanhola e do recrutamento, por Wellington, de soldados portugueses para juntos, com os britânicos, combaterem com êxito o invasor napoleônico.

Fernando VII estava prisioneiro dos franceses, mas na família real portuguesa estava também no Rio de Janeiro, livre, Carlota Joaquina, sua irmã, casada com o príncipe regente, no lugar da mãe Maria I, a Louca, depois João VI. Carlota Joaquina resolveu reivindicar seus direitos fraternos à América Hispânica do Sul. Chegou a conspirar por cartas nada menos que com o general Belgrano, precursor de San Martín, nas campanhas de independência platina. Surgiu até um movimento carlotista em Buenos Aires, estendendo-se ao Paraguai.[42] Desestimulado pelo embaixa-

---

42 Bartolomé Mitre, *Historia de Belgrano y de la independencia argentina*, Buenos Aires, Ediciones Anaconda, 1950, pp. 113-115; Roberto Etchepareborda (*Que fue el carlotismo*, Buenos Aires, Editorial Plus Ultra, 1971, p. 53) sobre o veto do embaixador britânico instalado no Rio de Janeiro, aos planos de viagem de Carlota Joaquina a Buenos Aires. Sara Marques Pereira pormenoriza as negociações de Carlota Joaquina, *D. Carlota Joaquina e os "espelhos de Clio". Actuação política e figurações historiográficas*, Lisboa, Livros Horizonte, 1999, pp. 83-119. Sobre as intrigas dos adeptos de Carlota Joaquina em Assunção, cf. o historiador paraguaio Efraím Cardozo, *El Paraguay independiente*, Assunção, Editorial El Lector, 1996, pp. 21 e 22. As intrigas chegaram ao Alto Peru, depois Bolívia, que oscilava entre os vice-reinados de Lima e Buenos Aires, através do dúbio emissário José Manuel de Goyeneche, mais José Presas, vindos da Espanha (cf. o historiador boliviano Gabriel René Moreno, *Últimos dias coloniales en Alto Perú*, La Paz, Librería Editorial "Juventud", 1997, pp. 511 e 419 e os capítulos XVII, XVIII e XIX). O historiador franco-argentino Paul Groussac desqualifica as ações e a pessoa de Carlota Joaquina em sua biografia de um dos últimos vice-reis do Prata, *Santiago de Liniers*, 1907, aqui citado na terceira edição, 1999, editorial Ciudad Argentina, Fundación Centro de Estudios Políticos e Administrativos de Buenos Aires. Oliveira Lima foi o primeiro a documentar as tentativas de Carlota Joaquina na América Hispânica (dele, cf. *Dom João VI no Brasil. 1808-1821*, primeira edição em 1908, aqui citado na segunda edição, de 1945, com "Prefácio" de Octávio Tarquínio de

dor da Grã-Bretanha, então no Rio de Janeiro, à qual interessava um Brasil grande, estável, como mercado para os produtos britânicos – diante da instabilidade e fragmentação das recém-criadas repúblicas hispano-americanas –, porém não o Brasil numa União Ibérica sul-americana, assim demasiado forte, potencialmente contra a hegemonia de Londres na região. Muito depois, os Estados Unidos se oporão ao Mercosul, na medida em que fosse um mercado comum da América do Sul contra a Aliança de Livre Comércio das Américas – Alca.

Mas as respectivas diplomacias não descansavam. Carlota Joaquina tentou casar suas filhas com o rei de Espanha e o pretendente ao trono, manobras impedidas apenas por imprevistos. Já em 1785, Floridablanca, principal ministro de Carlos III, a ele escrevia:

> Enquanto Portugal não se incorpore nos domínios de Espanha por direito de sucessão, convém que por política se procure uni-los por vínculos de amizade e parentesco.

Diante da transferência da capital do Reino Unido de Portugal, Brasil e Algarve, com todas as suas colônias, de Lisboa para o Rio de Janeiro, nobres descontentes, como o conde, depois marquês e duque de Palmela, Pedro de Sousa Holstein, confidenciava a Wellington e este imediatamente retransmitia, em carta de 19 de dezembro de 1817, a Castlereagh – ministro dos Negócios Estrangeiros da Grã-Bretanha, antes ministro da Guerra que o nomeara para o comando militar das campanhas peninsulares – que "se apresentaria a trabalhar para unir Portugal à Espanha, caso o rei [João VI] não volte [do Rio de Janeiro]".[43]

A tendência era publicamente expressa no jornal londrino *O Campeão Português*, do editor José Liberato Freire Carvalho, maçom autodeclara-

---

Sousa, Rio de Janeiro, Livraria José Olympio Editora, Vol. 1, pp. 294-351). Também no Brasil, cf. Francisca L. Nogueira de Azevedo, *Carlota Joaquina na corte do Brasil*, Rio de Janeiro, Civilização Brasileira, 2003. Belgrano é discreto em sua *Autobiografia*. A de José Presas é a de um ressentido.

[43] Apud P. Penner da Cunha, *Sob Fogo (Portugal e Espanha entre 1800 e 1820)*, Lisboa, Livros Horizonte, 1988, pp. 231 e 235-236.

do, que "é melhor ser sócio de uma grande e livre nação vizinha [obviamente a Espanha] do que colônia do Brasil". Na mesma época do programa da maçônica Sociedad de los Regeneradores del Género Humano, fundada em Cádiz, será ensaiada uma Constituição liberal para a Espanha sem Portugal.

Beresford, general de Wellington e por sua delegação comandante militar em Portugal, havia confirmado a seu chefe, em carta de 25 de dezembro de 1816, com muita objetividade britânica: "e já que se diz que a conspiração fracassou, é de se crer positivamente que existiu". E o principal: o príncipe Dom Miguel é apontado como um dos principais responsáveis pela liderança do movimento.[44]

É que tanto Dom Miguel, absolutista, de direito divino, quanto Dom Pedro liberal constitucional, tinham de escolher, entre o apoio britânico ou espanhol, para cada um chegar ao trono.

Dom Miguel quis optar pela Espanha, que continuava a reivindicar Gibraltar e, portanto, se chocava com a tradicional aliança inglesa de Portugal. Daí o embaixador britânico em Lisboa, sir Frederick Lamb, escrever a Londres a explícita recomendação, só viável em correspondência interna, impossível de divulgação pública, tal sua crueza: Dom Miguel havia alienado (em inglês, *alienation*) o apoio britânico; daí a necessidade de "voltar nossas vistas para Dom Pedro e mesmo convidá-lo para derrubar (*overthrow*) uma autoridade que está libertando este país (Portugal) da antiga dependência em que ele se encontrava com relação ao nosso (*which releases the country from its ancient dependence upon us*)".[45]

No trono, Dom Miguel verá como era difícil administrar o iberismo diante das resistências internas e externas, manter sua independência e as tentativas de casamento com a princesa de Astúrias, futura Isabel II, no

---

44   Apud P. Penner da Cunha, op. cit., pp. 234 e 236.
45   Apud Oliveira Lima, *Dom Pedro e Dom Miguel – A querela da sucessão*, São Paulo, Companhia Melhoramentos, 1925, p. 262.

que teria sido enfim a dinástica União Ibérica.[46] Enquanto os adeptos de Dom Pedro reconheciam que, "sem a proteção inglesa, nunca se teriam aventurado a tamanha distância": do Brasil aos Açores e ao Portugal continental, impossível sem o apoio da esquadra e do dinheiro britânicos para transporte e equipamento dos soldados. Canning, substituindo Castlereagh à frente do governo de Londres, declarava enfaticamente que se tratava de (mais uma) desforra britânica contra a Espanha. Enquanto o embaixador Lamb, mais prático, concluía pela necessidade de um porto para a esquadra britânica em Lisboa, "entre Dunquerque e Gibraltar", isto é, contra a França e a Espanha...[47]

A anglofilia, mesmo moderada e autocrítica, de Pedro IV de Portugal e I no Brasil, foi prosseguida por seus sucessores, até mesmo com um rei consorte Saxe-Coburgo-Gotha da mesma dinastia do príncipe Alberto, marido da rainha Vitória. Mesmo assim, do lado português, quase houve a última tentativa dinástica de reunião dos tronos de Portugal e Espanha em 1868. Tentativa impedida pelo tumulto daqueles tempos.

O general Juan Prim – também um dos principais personagens das novelas de Pérez Galdós – muito contribuíra para depor, em 1868, a rainha Isabel II da Espanha. Desencadeara-se uma série de intrigas dinásticas para substituí-la. O português duque de Saldanha, com apreciável currículo de serviços prestados à causa liberal no seu país, imaginou uma união entre este e a Espanha, através da candidatura de Fernando II, segundo marido da rainha Maria II de Portugal.

Fernando II era um Saxe-Coburgo-Gotha, que conseguira em Lisboa o que seu primo Alberto não alcançara em Londres pelo casamento com a rainha Vitória: reconhecimento, enquanto Alberto não passara de príncipe consorte. Mas as pretensões políticas de Fernando II paravam por aí,

---

[46] Oliveira Lima, *Dom Miguel no trono (1828-1833)*, obra póstuma prefaciada por Fidelino de Figueiredo, Coimbra, Imprensa da Universidade, 1933, pp. 1, 26, 28, 59-63 e 208-222.

[47] Apud Oliveira Lima, *Dom Pedro e Dom Miguel – A querela da sucessão*, op. cit., pp. 263 e 266-267.

do que ele mais gostava eram as letras e as artes, era músico e foi grande mecenas. Mesmo assim Saldanha insistia em unificar a Península Ibérica sob rei lusitano: estendeu a aventura a Dom Luís, filho de Fernando II, o qual também recusou com a resposta: "nasci português, quero morrer português", ou, nas palavras do próprio Fernando II, havia feito exigências de autonomia de Portugal inaceitadas pelo centralismo de Prim.

Também se pensou em casar outro filho de Fernando II, Pedro V, com princesa espanhola, mas o plano também não foi adiante, nem era popular, apesar de alguns panfletários favoráveis.[48]

Em seguida, ainda no tumulto dos acontecimentos, o grande tribuno andaluz Emilio Castelar, em plena campanha para primeiro presidente da primeira república espanhola, aproveitou o ensejo para propor a federação ibérica, pouco lhe importando as especiais dificuldades de unir república espanhola e monarquia portuguesa.

Nas suas próprias palavras, merecedoras de reprodução na íntegra para se evitar qualquer interpretação dúbia:

> Assim como temos uma mesma terra e um mesmo céu, nem rancores nem vinganças poderão impedir que amanhã tenhamos numa federação libérrima uma mesma pátria.[49] [...] Aqui ninguém pensa em atacar a autonomia do glorioso povo português. Mas, como isto é certo, também são certas as palavras que vou dirigir a este nobilíssimo povo português desde as alturas desta tribuna [a da então Assembléia Constituinte republicana espanhola]: As recordações das guerras feudais desapareceram no brilho do nosso século [...],

o XIX dos cientificistas levando às últimas conseqüências o otimismo racionalista iluminista, não prevendo as tragédias das cada vez piores guerras civis e internacionais daquele e dos séculos seguintes.

Arrebatado pela própria generosa oratória, Castelar concluía:

---

48 Oliveira Lima trata a questão em *Portugal contemporâneo*, Vol. 2, Lisboa, Publicações Europa-América, s/d, pp. 270-274, e Pedro Soares Martinez nos pormenores legais em *História diplomática de Portugal*, op. cit., pp. 452-453 e 464.

49 Emilio Castelar, "Rectificación al Señor Presidente del Consejo de Ministros", in *Discursos parlamentarios*, Madri, Editores Ángel de San Martín-Sáenz de Jubera, s/d, pp. 252-253.

Esta unidade de nosso espírito e esta identidade de nosso ser deve ensinar-nos que, respeitando nossa mútua independência e nossa respectiva soberania, fundemos por meio da Federação os Estados Unidos da Ibéria livre.[50]

Cánovas, conservador e monárquico adversário do Castelar liberal e republicano, Antonio Cánovas del Castillo, principal restaurador civil da monarquia espanhola, admirava-se com o carinho e dedicação de escritores portugueses pela língua castelhana, desde Gil Vicente e Camões a Jorge de Montemayor, Dom Francisco Manuel de Melo e outros, mas reconhecia que, politicamente, não se tinha, em nome da razão de Estado, retirado em tempo o poder econômico dos Braganças, que lhes dera margem a aspirar o poder político de reis em Portugal.

Por preferíveis que fossem, aos olhos de Cánovas, grandes Estados a pequenos, Portugal havia reconseguido a independência numa Espanha então em declínio, como ele a investiga nos seus *Estudios del reinado de Felipe IV* (1888): conclusão de todo um trabalho de pesquisa histórica, paralelo à sua atividade política, que vem da juventude com sua *Historia de la decadencia de España desde el advenimiento de Felipe III al trono hasta la muerte de Carlos II* (1854) e o *Bosquejo histórico de la Casa de Austria en España* (1869). Cánovas temia o futuro de Estado plurinacional como a Áustria-Hungria do seu tempo, nisto o futuro veio a dar-lhe razão. Já bastavam os particularismos basco e catalão dentro da Espanha, que Portugal seguisse caminho próprio. A Espanha que adotasse, moderadamente, um protecionismo econômico como o recomendado por Friedrich List à Alemanha e um liberalismo político monárquico constitucional.[51]

---

50 Emilio Castelar, "Discurso pronunciado el día 24 de mayo de 1870 sobre la crisis en Portugal", in *Discursos parlamentarios*, op. cit., pp. 251-252.

51 Antonio Cánovas del Castillo, *Discurso sobre la nación. Ateneo de Madrid, 6 de Noviembre de 1882*, reedição no primeiro centenário de falecimento, Madri, Editorial Biblioteca Nueva, 1997, pp. 70-71, 102-103, 126 e 135-136. "Introdução" de Andrés de Blás, "Cánovas del Castillo y el lugar de la nación", conferência no Seminário de História Contemporânea do Instituto Ortega y Gasset em Madri.

Pérez Galdós, apesar de republicano, termina sua série "Episodios nacionales" com o livro *Cánovas*, após *España trágica* e *España sin rey*. Mas quem mais vai repercutir em Portugal, enquanto iberista espanhol, é o republicano federalista catalão Francisco Pi y Margall. Autonomista não separatista, Pi y Margall era o tradutor, no exílio em Paris, de nada menos de seis livros de Proudhon, desde *A filosofia do progresso*, em 1868, a *O princípio federativo*, em 1872. Chegou a defender a independência de Cuba e opôs-se à guerra de 1898, à qual a Espanha veio a perder para os Estados Unidos. A liderança política e a influência intelectual de Pi y Margall foram subindo, na medida em que Castelar refluía para uma "república de la orden", "con mucha infantería, mucha caballería y sobretodo mucha Guardia Civil", acabando por retornar a monarquia, em meio à desordem retratada por Pérez Galdós em *España sin rey* e *España trágica*.

São muito expressivos o prólogo e notas de Pi y Margall a *O princípio federativo* de Proudhon. Para ele as centralizadas unificações de Estado levavam ao autoritarismo das classes dominantes como Proudhon temia e advertia. Os foros autonômicos de Aragão e da Catalunha foram sendo derrogados por Castela. A constitucionalização da monarquia espanhola, no século XIX, não detivera o processo. O fenômeno centralista repetia-se nas repúblicas unitárias como a França desde a Revolução Francesa, nisto negando os seus ideais libertários. A luta do País Basco, Pi y Margall o chama Províncias Vascongadas, pela manutenção das liberdades locais, seria sinal animador, mesmo quando orientado por movimentos tão conservadores extremistas do tipo do carlismo. Na prática o cantonalismo da Primeira República quase fragmentou a Espanha.

Os povos são, ao ver de Pi y Margall, federalistas. A união de Portugal e Espanha tornara-se muito difícil pelo centralismo de ambos, cada qual por sua conta. Pi y Margall, tanto quanto Proudhon, não distingue federação e confederação, para ele ambos são descentralização.[52]

---

52 Francisco Pi y Margall, "Prólogo del traductor" a *El principio federativo* de Pierre-Joseph Proudhon, edição comemorativa do centenário de publicação desta tradução, Madri, Aguilar, 1971, pp. 10-12 e 89.

Marx, em polêmica célebre, apontara os erros de base social levando Proudhon a desenfoques: Proudhon defendia o socialismo dos pequenos proprietários rurais e artesãos urbano, Proudhon era um pequeno burguês, desconhecedor da complexidade do sistema capitalista como um todo.[53] Realmente, a partir da própria vida pessoal, Proudhon era filho de artesão e passou a vida, antes de entrar na política, a trabalhar em pequenas empresas como tipógrafo e contador.[54] Pi y Margall também vinha da baixa classe média, tinha pretensões políticas análogas às de Proudhon, daí para ele convergir doutrinariamente.

O iberismo liberal de Emilio Castelar e o iberismo socialista proudhoniano de Pi y Margall logo repercutiram em Portugal. Antero de Quental, mais socialista proudhoniano que liberal, escreveu o longo ensaio "Portugal perante a revolução de Espanha. Considerações sobre o futuro da política portuguesa no ponto de vista de democracia ibérica".

Ali Antero proclamava também com paixão:

> A revolução de Espanha, conseqüente, é uma coisa viva, cheia de luz, de espírito, de palavra fecundíssima. [...] O ideal da Espanha em revolução confunde-se com o ideal de Portugal que precisa ser revolucionado. [...] A república sai assim naturalmente da democracia; e, da república, a federação. [...] Para toda a península não há hoje senão uma única política possível: a da federação republicana-democrática.[55]

Antero de Quental veio a arrepender-se da sua precipitação, como se vê na sua carta de síntese autobiográfica ao seu amigo alemão Wilhelm Storck:

---

53 É conhecida a polêmica resposta de Marx *A miséria da filosofia* à *A filosofia da miséria* de Proudhon. Marx ataca Proudhon por desconhecer a dialética hegeliana; não só Proudhon, os socialistas franceses proudhonianos costumavam desconhecer Hegel. O socialismo marxista impõe-se na França a partir do pensamento e da ação de Jules Guesde.

54 Juan J. Trías Vejarano, "Introducción" à edição de *El principio federativo*, op. cit., p. XVI.

55 Antero de Quental, "Portugal perante a revolução de Espanha. Considerações sobre o futuro da política portuguesa no ponto de vista da democracia ibérica", cf. suas *Prosas políticas* publicadas e apresentadas por Joel Serrão, Lisboa, Imprensa Nacional/Casa da Moeda, 1982, pp. 212-213, 229 e 237.

> No fim desse ano de 1868 publiquei o folheto *Portugal perante a revolução de Espanha*. Advogava aí a União Ibérica por meio da República Federal, então representada em Espanha por Castelar, Pi y Margall e a maioria das Cortes Constituintes. Era uma grande ilusão, da qual porém só desisti (como de muitas cousas desse tempo) à força de golpes brutais e repetidos da experiência. Tanto custa a corrigir um certo falso idealismo nas cousas da sociedade.[56]

Nem assim o iberismo iria desaparecer rápido de Portugal.

Joaquim Pedro de Oliveira Martins permanece figura rara em qualquer povo e qualquer época, intelectual ao mesmo tempo homem de ação: historiador de longas pesquisas, jornalista, escritor de estilo, diretor executivo de empresas da Espanha e de Portugal, político, deputado, ministro das Finanças, carreira prodigiosa, falecido com apenas 49 anos, por morte natural, na mesma idade do seu amigo Antero de Quental, suicida. Oliveira Martins não tinha diploma universitário, era de saber feito de experiências e leituras intensas.

Convém um alongamento no estudo das idéias e posições de Oliveira Martins quanto ao iberismo. Para Oliveira Martins – a partir do grande e profundo substrato comum destes povos na sua *História da civilização ibérica*, inseparáveis pela localização geográfica e culturalmente pelas afinidades desde o mesmo berço – para Oliveira Martins, mais valeria insistir nas permanentes convergências que nas eventuais divergências.

Oliveira Martins decide-se a engajar-se na militância iberista, embora à sua maneira objetiva, à qual não faltou autocrítica. Seu iberismo não teve itinerário linear e sim oscilou, transformou-se, passou por fases, merece estudos específicos que não cabem aqui. Seu iberismo básico está na *História da civilização ibérica*, antes e depois assumiu expressões aparentemente contraditórias, que se complementam um tanto dialeticamente.

Oliveira Martins traçou algo como o início da historiografia do iberismo pelo lado português em seu livro *Portugal contemporâneo*. Ali ele parte da reincidência multissecular também lusa nos projetos iberistas:

---

56   Apud Antero de Quental, op. cit., p. 468.

À maneira, porém, que com o tempo se obliterava a lembrança das crises sucessivas, renascia, com as complicações dinásticas, o pensamento natural da união,

desde Afonso V e o fracasso na Batalha de Toro em impor a Beltraneja e a ele próprio como reis de Castela.[57]

Oliveira Martins nunca se entregou a tais devaneios. Seu iberismo – se assim o pudermos denominar – apresentava-se prático e cambiante, como se vê tipicamente na sua nota final ao seu *Febo Moniz*, homenagem a um dos líderes resistentes contra a incorporação de Portugal à União Ibérica logo no começo, tempos de Filipe II. O que parecia de futuro – união dos povos da Ibéria, federação da Europa e, enfim, universal – seria objetivo muito distante, "num período mais ou menos remoto".[58]

Nas vésperas da rebelião espanhola de 1868, que tanto ia entusiasmar Antero de Quental, Oliveira Martins previa com ceticismo os próximos acontecimentos:

> A nação vizinha é hoje uma monarquia militar. Amanhã, deposta a rainha, o que seria? [...] O povo olha com indiferença sucederem-se O'Donnell a Narváez, ou Prim a Espartero, e o Exército, como sempre, partidário do que lhe paga e o promove, depõe hoje o que elevara ontem. [...] Mas a Espanha há de tornar-se, de um rebanho, um povo.

Só então a discussão mereceria ser retomada, ampliada, aprofundada.[59]

Em 1875, Oliveira Martins ainda tinha algumas esperanças. Na apresentação de importante periódico lisboeta, tentava demonstrar que

> só uma *Revista Ocidental*, dizemos, poderá representar perante a Europa o gênio dos povos que habitam a Península Ibérica, e dos que, filhos dela, foram acampar na América Meridional.

---

57   Joaquim Pedro de Oliveira Martins, *Portugal contemporâneo*, Vol. II, Lisboa, Publicações Europa-América, s/d, p. 270.
58   Joaquim Pedro de Oliveira Martins, *Febo Moniz*, Lisboa, Guimarães & Cia. Editores, 1952, pp. 269-270 e 272.
59   Joaquim Pedro de Oliveira Martins, "Os povos peninsulares e a civilização moderna", in *Páginas desconhecidas*, introdução, coordenação e notas de Lopes d'Oliveira, Lisboa, Seara Nova, 1948, pp. 66 e 83-84.

O que parece otimismo, à primeira vista, na realidade expressa ainda mais dúvidas.

Ele atribui ao "espírito aristocrático dos portugueses", "a causa de um facto que ainda hoje pesa como chumbo sobre o Brasil: a escravatura", em 1875, portanto antes da Abolição. Daí Oliveira Martins ser pessimista quanto à existência de "caráter nacional" no Brasil, embora lhe elogie a tendência à miscigenação, herdada dos portugueses, e sua estrutura de Estado. Mesmo assim Oliveira Martins confia, ao que chama de "raça hispano-portuguesa", "o papel grandioso de explorar um mundo: ao lado fica-lhe outro, a construção do gênio saxônio".[60]

Pergunta-se:

"Acaso temos que velar-nos as faces de vergonha, ou que exultar de orgulho?"

Responde:

"Nem uma nem outra coisa: os sentimentos produzidos pelos atos livres do homem não têm aplicação para os fenômenos coletivos, que estão imediatamente sob o domínio da necessidade que os determina."[61]

De qualquer modo, acaba por fazer críticas ao utilitarismo anglo-saxônico muito próximas das do romântico moralismo do *Ariel* de 1900 do uruguaio José Enrique Rodó, que queria opor um suposto idealismo ibero-americano a um alegado materialismo anglo-americano.

Oliveira Martins prosseguiu insistindo naquelas afirmações de *Febo Moniz*. No fim da vida repetia que,

> Auscultar minuciosamente todos os sintomas do fenômeno [o iberismo], diagnosticá-lo com tato e ciência, desenvolver no momento dado a energia necessária, quer para a repulsa, quer para a efetuação da obra, esse é o condão do estadista.[62]

---

[60] Joaquim Pedro de Oliveira Martins, "Os povos peninsulares e a civilização moderna", op. cit., p. 86.

[61] Idem, p. 86.

[62] Joaquim Pedro de Oliveira Martins, "Situação geral da Europa nesta hora", in *Jornal*, artigos no *Jornal do Commercio* reunidos em volume, sem numeração, como os outros, das *Obras Completas*, Lisboa, Guimarães Editores, 1960, p. 42.

Note-se a reserva de prudência: "uma fórmula bastante larga para nela poder entrar Portugal, sem se dizer que o tornam província da Espanha".[63] Com grande realismo político, concluía em 1888 temer que a Espanha, entre as "grandes potências", se situasse num quadro no qual Portugal equivaleria a uma menor Holanda.[64]

E vai mais longe: "à medida que a idéia se define, acentua-se a energia da ação: amizade primeiro, pressão depois, violência final".[65]

Por mais boa vontade iberista que Oliveira Martins tivesse, poderia haver maior realismo? No artigo servindo de "Prefácio" ao seu incompleto *O príncipe perfeito* – elogia D. João II, "essa realização profética de *O Príncipe* de Maquiavel, esse construtor desapiedado da grandeza lusitana",[66] "com o cutelo e com o punhal"[67] – o término daquele artigo surge mais uma vez muito claro: "o interesse recíproco da Espanha e de Portugal está em que nenhum de nós pense, nem de longe, em aventuras perigosas para o futuro de ambos".[68]

Pois, "o federalismo dos republicanos espanhóis", que entusiasmara Antero de Quental logo arrependido, sua repetição no "ensaio feito em 1883 com a anarquia cantonalista, presidida por um dos chefes atuais do partido, Pi y Margall, não oferece muitas garantias".[69]

---

63 Joaquim Pedro de Oliveira Martins, "Portugal e o federalismo dos republicanos espanhóis", in *Jornal*, op. cit., p. 238.

64 Joaquim Pedro de Oliveira Martins, "Espanha e Portugal", in *Jornal*, op. cit., p. 168.

65 Joaquim Pedro de Oliveira Martins, "Portugal e Espanha", in *Jornal*, op. cit., p. 229.

66 Joaquim Pedro de Oliveira Martins, "Razão de Estado", in *Jornal*, op. cit., p. 65.

67 Joaquim Pedro de Oliveira Martins, *Os filhos de Dom João I*, Lisboa, Guimarães Editores, 1958, p. 137.

68 Cf. o artigo "Iberismo" também de Joaquim Pedro de Oliveira Martins, publicado em *O País*, reproduzido no "Prefácio" de seu inconcluso *O príncipe perfeito* e incluído na antologia de *Dispersos – Artigos políticos, econômicos, filosóficos, históricos e críticos*, tomo II, por Antônio Sérgio, que os selecionou, prefaciou e anotou, Lisboa, Oficinas Gráficas da Biblioteca Nacional, 1924, p. 216.

69 Joaquim Pedro de Oliveira Martins, "Portugal e o federalismo dos republicanos espanhóis", in *Jornal*, op. cit., p. 237.
    O historiador alemão Walther L. Bernecker, em sua concisa *História espanhola*

Também do lado espanhol havia nisto contraposições do tipo entre o poeta Espronceda e o novelista Pérez Galdós.

Espronceda, numa de suas metáforas, declarava a divisão da Península Ibérica algo como um braço sem mão. Espronceda era liberal democrata radical, para ele a culpa recairia em Filipe II, de modo a Portugal preferir a Inglaterra à Espanha. Espronceda, muito no seu estilo, termina com uma exortação à Espanha, para que ela respeite o brio lusitano numa unificação pacífica, porém épica...[70]

Pérez Galdós, fiel ao realismo da sua prosa, estende-o à representação ficcionista no personagem, um tanto autobiográfico, com o nome mais que expressivo de Santiago Ibero, no romance *Prim* da série "Episódios Nacionais", personagem mais perplexo que afirmativo em meio aos tumultos da época.

Nascido nas Canárias, Pérez Galdós podia praticar um espanholismo acima dos provincianismos da sua pátria. Daí a repulsa do escritor, engajado republicano, ao melancólico desfecho dos "Episódios Nacionais" em *A Primeira República, Espanha sem rei* e *Espanha trágica*, série começada pelas guerras peninsulares antinapoleônicas e a já frustrada, porém corajosa e condigna insurreição pioneira na Constituição de Cádiz, em 1812.

Pérez Galdós é dos espanhóis apaixonados por Portugal. Visita-o em 1885, na companhia do amigo também escritor José María Pereda. Deslumbra-se diante das "grandes belezas" de Lisboa e considera o Porto "cidade agradabilíssima", "onde mais e melhor se fala o espanhol". No Porto, conheceu pessoalmente Oliveira Martins, que lhe dá de presente um exemplar da "sua magnífica obra" *História da civilização ibérica*.

(*Spanische Geschichte*, Munique, Verlag C. H. Beck, 1999), descreve aquelas instabilidades sociais e políticas.

70   José de Espronceda, *Poesía y prosa*, Vol. 417 da "Colección Austral", Madri, Espasa-Calpe, 1999, p. 205. Entre os seus exílios, Espronceda esteve em Portugal e concluía ser a missão do seu iberismo "considerar, pues, cuál sea el mejor medio de unir estos dos hijos de una misma madre y formar un sólo pueblo fuerte y poderoso" (p. 206).

Pérez Galdós era grande viajante, peregrino ilhéu canarino a passear acima e abaixo da Europa.[71]

À medida que a monarquia em Portugal declinava até fenecer e ver-se deposta, por golpe militar em 1910, serão os republicanos daquele país a terem sucessivas recaídas em iberismos de vários tipos. Para tranqüilizar, senão manter animados os iberistas portugueses, seus homólogos espanhóis moderadores da linha de Pi y Margall da Catalunha falavam na Espanha das nacionalidades ibéricas, ao mesmo tempo que consideram regionalistas os dois Estados, no dizer da escritora Emília Pardo Bazán, ela própria galega, "como duas famílias que, morando na mesma casa, ao encontrar-se na rua nem sequer se cumprimentam".[72]

O analista político catalão Júlio Navarro y Monzó lamenta a separação, em especial o fracasso da tentativa de fazer de Fernando II de Portugal rei de Espanha, a partir da idéia inicial desta candidatura a seu ver vindo da Prússia que, em seguida, procurou colocar outro príncipe alemão em trono peninsular, desta vez na Espanha, diante da reação de Napoleão III levando à guerra por este perdida diante de Bismarck. Pois o que os catalães – mais "os valencianos, aragoneses, navarros, bascos, asturianos e galegos" – então queriam, era apoio português em prol das nacionalidades, sem chegarem ao nacionalismo, ao deterem-se enquanto regionalismos.[73]

Oliveira Martins aponta a repercussão, em Portugal, do livro *A Ibéria – Memória em que se provam as vantagens políticas, econômicas e sociais da união das duas monarquias peninsulares em uma só nação*, a partir da aumentada segunda edição, de 1853, impressa em português em Lisboa. O autor anônimo, "um filo-português", era o espanhol

---

71   Benito Pérez Galdós, *Recuerdos y memorias*, Madri, Tebas, 1975, pp. 205-206.

72   Júlio Navarro y Monzó, *Catalunha e as nacionalidades ibéricas*, Lisboa, Livraria Central, 1908, p. XIX. A condessa Emília Pardo Bazán defendia aquela união ibérica no seu livro *Por la Europa católica*, ali citado na p. XVII.

73   Júlio Navarro y Monzó, *Catalunha e as nacionalidades ibéricas*, op. cit., pp. 513-514 e 516.

Don Sinibaldo de Más, e o da tradução e do prólogo, "um jornalista português", o então jovem Latino Coelho.[74]

Este livro tinha objetivos práticos, resume-os Oliveira Martins:

> Era a tentativa de demonstração rigorosa e exata de quanto havia a ganhar, apagando as linhas fronteiriças, unificando a economia, subordinando a rede das ferrovias à geografia comercial da Península [Ibérica], em vez de a torturar por motivos políticos.

A solução seria um casamento dinástico, naquela fase, o de Pedro V com uma princesa espanhola.[75] Inúmeras vozes lusitanas se pronunciaram.

Oliveira Martins alinha Casal Ribeiro, em artigo de maio de 1853, na *Revista Lusitana*, e Teófilo Braga, *Solução possível da política portuguesa*,[76] porém a lista é muito mais longa, como a enumera Inocêncio da Silva no seu *Dicionário bibliográfico português*.

Inocêncio mostra como Don Sinibaldo, na quinta edição daquele livro na Espanha (1868), explicava tratar-se do resultado de uma idéia surgida em Macau quando ele, Don Sinibaldo, era enviado extraordinário e ministro plenipotenciário de Sua Majestade de Espanha naquela cidade, para tratar do missionarismo cristão na China. Então houve profícua experiência de colaboração com as autoridades portuguesas locais, o que inspirou Don Sinibaldo a ampliar o projeto em termos de mais colaboração econômica e política iberista, além de ibérica.

---

74 O livro *A Ibéria* (Lisboa, Tip. Universal, 1853) é a mais extensa e pormenorizada defesa espanhola do iberismo, com concordância de um português. D. Sinibaldo de Más afirma-se contra o centralismo (p. 47) e Latino Coelho, autor do "Posfácio" ("Segundo artigo em resposta às cartas do Sr. Casal Ribeiro acerca da memória *Ibéria*"), depois de pretender refutá-las, relembra aos miguelistas, também envolvidos na polêmica, o iberismo de Dom Miguel, que chegou a planejar casamento com a princesa de Astúrias, em seguida Isabel II. O intento visava a repetição equivalente, para Portugal e Espanha, do casamento de Fernando de Aragão com Isabel de Castela, este gerando a unificação espanhola, aquele a unificação ibérica (pp. 167 e 168). Cf. nota 46 sobre o livro *Dom Miguel no trono* de autoria de Oliveira Lima.

75 Joaquim Pedro de Oliveira Martins, *Portugal contemporâneo*, Vol. II, op. cit., p. 272.

76 Idem, pp. 273-274.

O autor, espanhol, recomendava Santarém como capital da Ibéria unificada, "porque a sua situação a punha a coberto de qualquer ataque de uma esquadra inglesa", seria capital ainda às margens do Tejo português, porém melhor protegida a montante do rio e mais próxima da Espanha.[77]

A repercussão do livro foi intensa, surgiu em Madri uma Liga Hispano-Lusitana com estatutos publicados em 1855, com objetivos de fomentar a união postal, telegráfica e das escolas de Espanha e Portugal, e para tornar recíproco o direito de propriedade literária e artística, bem como, é claro, o maior tema da época, desde Fontes Pereira de Melo, a integração dos sistemas ferroviários. Note-se que só a partir da entrada de Portugal e Espanha na Comunidade Econômica Européia, depois União Européia, tornaram-se possíveis aquelas e outras integrações, até então obstadas pelas multisseculares desconfianças, senão hostilidades mútuas.

A discussão prosseguiu, com muita tinta e papel em livros e artigos em jornais e revistas, a ponto de, em 1861, nada menos que Alexandre Herculano, acompanhado por políticos de destaque como Anselmo José Braancamp, José Estevão e os condes de Almada e Redondo, com o próprio Inocêncio da Silva entre eles e vários mais, redigirem e assinarem o *Manifesto da Comissão 1º Dezembro de 1640*, óbvio título antiiberista.

O debate prolongou-se à década de 1860, com Pinheiro Chagas escrevendo carta, ao lado do general Prim, acrescentadas em apêndice por Albano Coutinho ao seu livro *Iberismo ou o país e a situação diante dos últimos acontecimentos de Espanha* (1868). Ainda em 1878, Ramalho Ortigão publicava o "Folhetim nº 2" das *Cartas portuguesas* no jornal *Gazeta de Notícias* do Rio de Janeiro, de 2 de janeiro daquele ano.[78]

---

[77] Inocêncio F. da Silva, *Dicionário bibliográfico português*, tomo X (3º do Suplemento), Lisboa, Imprensa Nacional/Casa da Moeda, edição fac-similada, 1973, pp. 35-36.

[78] Inocêncio F. da Silva, *Dicionário bibliográfico português*, op. cit., pp. 37-39 e 43.

Os movimentos iberistas sofreram grande abalo com o surto nacionalista português, em protesto contra o ameaçador *ultimatum* de Londres a Lisboa, em 1890,[79] no sentido de Portugal renunciar a reivindicações territoriais entre Angola e Moçambique, pois a Grã-Bretanha exigia a área para completar a ligação terrestre entre Alexandria no Egito à Cidade do Cabo, na África do Sul, conforme o projeto de Cecil Rhodes usando, pela primeira vez explicitamente, a própria expressão "imperialismo". A derrota militar da Espanha – diante dos Estados Unidos, em 1898, com a perda de Cuba, Porto Rico e Filipinas, últimas jóias do império colonial de Madri – aquela derrota militar acabou por demonstrar a fragilidade de uma união luso-espanhola diante também de outra ascendente estrela internacional anglo-saxônica, os Estados Unidos da América.

Mesmo assim, os setores maçônicos hegemônicos no republicanismo português, e em suas áreas de influência, continuaram insistindo no iberismo. Magalhães Lima, um dos grão-mestres, recebia do francês Alfred Naquet carta congratulatória por seu livro *A federação ibérica*, em nível ainda mais radical: Naquet, evidentemente antiproudhoniano, queria uma Europa unitária pós-federal, mas as pretendia "unidas todas na confederação dos Estados Unidos da Europa do Ocidente", numa flagrante imprecisão de termos, característica da inicial fase de buscas da unificação da Europa. Magalhães Lima, em carta a Emilio Castelar, fazia questão, contudo, de frisar ser contra uma "união ibérica" e sim a favor da "federação ibérica" e, daí, à "federação latina" muito de agrado de franceses como Naquet, para estes uma etapa rumo à unificação de toda a Europa.[80]

Magalhães Lima, passando da palavra escrita às grandes manifestações populares, foi à Espanha fazer seu discurso neo-iberista federal de um congresso em Badajoz a conferências de Burgos a Valladolid e Barcelona.[81]

---

79   A. H. de Oliveira Marques, *A Primeira República Portuguesa: Para uma visão estrutural*, Lisboa, Livros Horizonte, s/d, p. 127.

80   Magalhães Lima, *Episódios de minha vida – Memórias*, Lisboa, Perspectivas e Realidades, s/d, pp. 52-53 e 75.

81   Magalhães Lima, *Episódios de minha vida – Memórias*, op. cit., pp. 91 e 94-95.

Enquanto isto, deteriorava-se internamente a monarquia portuguesa. O penúltimo rei lusitano, Dom Carlos, tentou recorrer a Oliveira Martins como ministro de Estado,[82] o máximo que o monarca fez em termos de aproximação, mesmo indireta, com a Espanha, no mais mantida à margem, do mesmo modo que Portugal pela Espanha. Nada impediu que as paixões da época, chegando a Unamuno[83] muito provavelmente por influência da sua amizade com Guerra Junqueiro, considerassem próximo um desfecho trágico. Ele veio com o regicídio em 1908. O último rei português, Manuel II, manteve-se antiiberista inclusive contra os monárquicos desejosos da intervenção espanhola – "antes Afonso XIII do que Afonso Costa" –, tão temida por Guerra Junqueiro, Raul Brandão e outros republicanos.[84] No próprio exílio, Manuel II repeliu insinuações iberistas feitas pessoalmente por Afonso XIII.[85]

Influentes republicanos portugueses, do nível de Afonso Costa, afirmaram como um dos fundamentais motivos para a entrada de Portugal na Primeira Guerra mundial,[86] a necessidade da aliança inglesa contra a Espanha e para manter as colônias portuguesas em África. Em 28 de julho de

---

82 Genérica, embora bem escrita, por Jean Pailler a biografia *Dom Carlos – Rei de Portugal*, Lisboa, Bertrand Editora, 2002, menciona brevemente os encontros de Dom Carlos com Oliveira Martins (p. 89). Cf. também, Luís Vieira de Castro, *D. Carlos I*, escrito já em 1934, reeditada em 2003, Lisboa, Arte Mágica Editores. É a primeira defesa biográfica deste malogrado monarca.

83 O contemporâneo Miguel de Unamuno considera este regicídio a execução de uma sentença pronunciada pela execração popular. As paixões da época das visitas de Unamuno a Portugal e a possível influência dos seus diálogos neste sentido, principalmente com o exaltado Guerra Junqueiro, são a origem de tão cruel julgamento (*Por tierras de Portugal y de España*, aqui citado na segunda edição, 1944, Madri, Espasa-Calpe, pp. 30-33).

84 Pedro Soares Martinez, *A República Portuguesa e as relações internacionais (1910-1926)*, Lisboa, Editorial Verbo, 2001, pp. 103-104.

85 Manuel II, *Memórias do sexto marquês do Lavradio*, Lisboa, Ática, 1993, p. 185.

86 Nuno Severiano Teixeira, *O poder e a guerra. 1914-1918 – Objectivos nacionais e estratégias políticas na entrada de Portugal na Grande Guerra*, Lisboa, Editorial Estampa, pp. 374-376 e 380.

1917, sessão secreta da Assembléia da República reconhecia e endossava o argumento.[87]

Passada a longa fase dos projetos matrimoniais dinásticos de Portugal, a recusa antiiberista prosseguiu em Dom Duarte e sucessores.[88] Enquanto isso, Teófilo Braga, o primeiro presidente da república portuguesa, provisório porque dela recém-proclamada, era confessadamente iberista na linha federal de Pi y Margall.[89]

Ao Brasil chegaram os ecos iberistas republicanos maçônicos. Um dos líderes da proclamação da república brasileira, o maçom Aníbal Falcão, afirmava ter encontrado

> A fórmula da civilização brasileira: o prolongamento americano da civilização ibérica, a que, cada vez mais, até a reunificação total, serão assimilados os fetichistas negros e amarelos.

Aníbal Falcão, à maneira e intensidade análogas às dos companheiros portugueses, era positivista e também dizia encontrar em Auguste Comte os argumentos da superioridade da cultura ocidental sobre as africanas e asiáticas e, dentro dela, a superioridade cultural dos ibéricos sobre os holandeses.[90] Aníbal Falcão não entra nisto em pormenores, porém indiretamente refutava os defensores da colonização holandesa diante da por-

---

87 *Actas das Sessões Secretas das Câmaras dos Deputados e do Senado da República sobre a Participação de Portugal na I Grande Guerra*, Lisboa, Edição da Assembléia da República/Edições Afrontamento, 2002, pp. 143-144.

88 Carta de Pedro Teotônio Pereira ao presidente do Conselho de Ministros, Antônio de Oliveira Salazar (com a anotação "secreto" do próprio punho de Salazar), *Correspondência de Pedro Teotônio Pereira*, Lisboa, Comissão do Livro Negro sobre o Regime Fascista, edição da Presidência do Conselho de Ministros, 1989, Vol. III (1942), p. 117. Teotônio, então embaixador de Portugal na Espanha, relata um discreto encontro de estudantes carlistas com Dom Duarte, em visita a Madri, descrevendo brevemente como ele se saiu muito bem na discrição "e praticamente não recebeu mais espanhóis".

89 Teófilo Braga, *História das idéias republicanas em Portugal*, Lisboa, Vega, 1983.

90 Aníbal Falcão, *Fórmula da civilização brasileira*, Rio de Janeiro, Editora Guanabara, s/d, pp. 124 e 127. Para Aníbal Falcão, "sociologicamente, é inadmissível qualquer distinção radical entre Portugal e Espanha" (p. 121).

tuguesa no Brasil, sob os velhos pretextos da *leyenda negra* antiibérica. O positivismo republicano também foi dos fatores estimulantes das tentativas de ampliar a colonização portuguesa em África.

Ao longo de tantas discussões, a iberidade sempre se distinguiu do iberismo: iberidade é uma coisa – o que existe de interesses e lastros culturais comuns entre os povos da Península – e iberismo, união de Estados, algo muito diferente, pois depende dos sentimentos e convicções dos diversos povos. O iberismo – ou iberismos às vezes contraditórios embora sucessivos, o que demonstra repercussões desfavoráveis e favoráveis – o iberismo ou iberismos e seus antis, concentram-se em alguns intelectuais politizados e entre outros tantos políticos intelectualizados. Aos povos interessa terem justiça, paz e liberdade. Quanto aos conflitos dinásticos, étnicos e culturais, as piores brigas são as de família.

Capítulo 5

Iberidades e iberismos na república

Em Portugal, a monarquia começou a acabar em 1908, com o regicídio contra Dom Carlos e seu herdeiro Dom Luís Filipe, cabendo a sucessão ao irmão Dom Manuel II, deposto em 1910. O assassino pendurara-se na traseira do coche real em desfile, qual um morcego, vestido de preto, do chapéu ao terno e à esvoaçante capa, disparou vários tiros à queima-roupa, enquanto a última rainha de Portugal, Dona Amélia, defendia-se com um buquê de flores e conseguia sair ilesa.

Na Espanha, a proclamação da república foi sem derramar sangue, em 1931, mas seguida por guerra civil internacionalizada em cerca de um milhão de mortos, muitos mais feridos, aleijados e exilados.

Ambas as repúblicas, ainda paralelamente, logo mergulharam num imenso caos, em menor escala, porém mais demoradamente, Portugal, de modo a ensejar longevas ditaduras: a do professor Antônio de Oliveira Salazar, ministro das Finanças em 1928, pleno ditador de 1932 a 1968, terminando o regime em 1974 nas mãos do também professor Marcelo Caetano na chamada Revolução de Abril; na Espanha, o general Francisco Franco, líder das facções vitoriosas na Guerra Civil, ditador de 1936 a 1975, quando a monarquia foi restaurada sob Don Juan Carlos I.

Ambos os países entraram em 1985 na então Comunidade Econômica Européia, depois União Européia, daí em diante numa nova fase de investimentos econômicos, construção de infra-estruturas e qualificação tecnológica, recomeçando enfim a superar os históricos obstáculos a outras fases de desenvolvimento e crises.

O penúltimo rei de Portugal, Dom Carlos, manteve prudente distância diante da Espanha; o último, Dom Manuel II, foi adiante: repeliu aproximações, a ponto de recusar, no próprio exílio, as ajudas da vizinha Espanha às tentativas de insurreição monárquica em Portugal.[1] Já as respectivas maçonarias pendularam entre a fraterna convivência ibérica e movimentações iberistas.

A deposição da rainha Isabel II do trono espanhol, em 1868, ensejou toda uma atividade convergente do Grande Oriente Lusitano Unido (resultado da unificação da Confederação Maçônica e do Grande Oriente Português, em 1866, formando o Grande Oriente de Portugal, e deste com o Grande Oriente Lusitano em 1869) e do Grande Oriente de Espanha no tratado de reconhecimento e cooperação mútuos de 1872. O relacionamento terá altos e baixos, avanços e recuos, até rompimentos e recomposições. Houve mesmo um Congresso Maçônico Interpeninsular em 1905.

Os dois Orientes, português e espanhol, tinham se interpenetrado a ponto de serem fundadas vinte e duas lojas de obediência portuguesa na Espanha (das quais sete em Madri, duas nas Canárias e as demais na Andaluzia, surgindo mais uma em Barcelona) e trinta de obediência espanhola em Portugal (quinze em Lisboa, dez no Porto e duas até nos Açores, no interior continental apenas em Cascais, Coimbra e Tomar). A cisão do Grande Oriente Nacional de Espanha fundou outras em Portugal. O desequilíbrio entre o maior número de lojas de obediência espanhola e com maior quantidade de membros em Portugal, despertou protestos e tensões entre os dois Grandes Orientes. Entraram em confrontação proclamações nacionalistas portuguesas e iberistas espanholas. Uma cisão do Grande Oriente de Espanha chegou a declarar-se Grande Oriente Ibérico.[2]

---

1 Pedro Soares Martinez, *A República Portuguesa e as relações internacionais. (1910-1926)*, Lisboa, Editorial Verbo, 2001, p. 103.

2 Ignacio Chato Gonzalo, *Las relaciones masónicas entre España y Portugal (1866-1932). Un estudio de la formación de los nacionalismos español y portugués a través de la masonería,* Mérida, Editora Regional de Extremadura, 1997, pp. 24, 27, 31, 36, 37, 85, 106, 133, 137, 140, 141, 143, 144, 157, 159 163, 176, 177 e 282.

Enquanto isto, poucas lojas portuguesas, mesmo de obediência espanhola, afirmavam-se publicamente iberistas como a Loja Ibéria de Figueira da Foz e Regeneração Latina, em Lisboa, fundadas em 1892,[3] em claros protestos, embora indiretos, contra o *ultimatum* britânico que abalou Portugal, com a imposição a Portugal ceder a área leste-oeste entre Moçambique e Angola, para a expansão inglesa norte-sul da Cidade do Cabo a Alexandria.

Num dos esforços de recomposição da maçonaria portuguesa com a britânica, o grão-mestre português Magalhães Lima tentou em vão visitar, em Londres, em 1909, o duque de Connaught, grão-mestre da maçonaria inglesa, que se limitou a mandar-lhe entregar um cartão de cumprimentos em troca do recebido.[4] Este e outros desentendimentos entre os dois Grandes Orientes devem ter contribuído para a diminuição da influência do moderado rito escocês e o crescimento do jacobino rito francês, nas vésperas da proclamação da república, culminando na movimentação radical da chamada Carbonária, a quem, inclusive, se atribui participação, senão liderança, no regicídio de 1908 e agitações de 1910 com cerca de 40 mil membros indo até ao povo.[5]

No encontro internacional maçônico – Convento de Lausanne em 1875 – foi endossado o nacionalismo dos Estados buscando independência da Áustria-Hungria e Império Otomano, do que muito aproveitaram os portugueses maçônicos antiiberistas, vindo de antigas polêmicas internas, a ponto de o Grande Oriente de Espanha sentir-se obrigado a publicar um artigo no seu *Boletín Oficial* nº 54, já em 1873, intitulado "Receios infundados" – "Recelos infundados" –, conclamando portugueses e espanhóis a abandonarem esta polêmica, só útil aos políticos demagogos, fomentadores de discórdias entre "dois povos irmãos" – "dos pueblos hermanos".[6]

---

3 Ignacio Chato Gonzalo, op. cit., pp. 97, 98, 101 e 102.
4 Pedro Soares Martinez, op. cit., p. 3.
5 Hipólito de la Torre Gómez, *El imperio del Rey – Alfonso XIII, Portugal y los ingleses (1907-1916)*, Mérida, Editora Regional de Extremadura, 2002, p. 37.
6 Ignacio Chato Gonzalo, op. cit., pp. 178 e 137.

É interessante notar a presença do grão-mestre do Grande Oriente de Portugal, Joaquim Peito de Carvalho, no Conselho de Estado do último rei de Portugal, Manuel II, contrastando com as saudações de júbilo pela proclamação da república pelo Grande Oriente Lusitano,[7] divergências entre os dois grupos no quadro das diferentes orientações – moderada e radical – dentro das maçonarias portuguesas de rito moderado escocês e rito francês, jacobino ao extremo na chamada Carbonária. Hipólito de la Torre Gómez calcula em cerca de 40 mil os seus membros,

> filial popular y revolucionaria de la masonería, la *sans-culloterie* de los grandes núcleos urbanos proporcionó un fanatizado y eficacísimo ejército civil a la insurgencia republicana.[8]

Foi uma grande vitória da maçonaria das classes altas conseguir estender sua mobilização aos setores mais politizados da massa, numa escala e com conseqüências acima do alcançado pelos próprios partidos políticos operários da época.

Naquele panorama de agitação no vizinho e sentindo necessidade de compensar a derrota militar de 1898 perante os Estados Unidos, com graves prejuízos econômicos e políticos internos, a política dominante na Espanha e seu próprio rei Afonso XIII decidiram retomar o caminho iberista. Para isto, era necessária a aprovação britânica. Ela veio, prudentemente e com discrição, pois a reação tanto das elites quanto do povo contra o *ultimatum* britânico aos portugueses esfriara temporariamente o interesse de Londres pela tradicional aliança com Portugal.

Afonso XIII resolveu assumir diretamente a condução do processo em contatos, declarações públicas e cartas secretas. Chegou a propor aos britânicos a partilha das colônias portuguesas, algo de muito agrado dos ingleses, sabendo da fragilidade naval de Portugal nas vésperas da Primeira Guerra a ser travada também ali contra os alemães. Da sua parte, Afonso XIII queria principalmente evitar o transbordamento da agitação republi-

---

7   Ignacio Chato Gonzalo, op. cit., pp. 155 e 157.
8   Cf. nota 5.

cana, em meio a outras tantas crepitando também na Espanha. Alfonso XIII não estava só, era acompanhado no iberismo pelos principais políticos do chamado regeneracionismo espanhol: Canalejas, Romanones, Dato, Lema, García Prieto, entre outros.[9]

Do lado, português, o último rei, Manuel II, afastava-se daquelas intenções e projetos, mesmo depois de deposto. Intelectuais republicanos, como Guerra Junqueira e Raul Brandão, temiam que uma tentativa de contra-revolução monárquica diante da república portuguesa pudesse atrair um apoio da monarquia espanhola em termos de intervenção armada, portanto invasão de Portugal.[10] O jornal madrilenho *La Mañana*, inspirado por Canelones, dava margem aos temores, ao prever, em 21 de junho de 1910, logo após a proclamação da república, sua próxima queda e anexação de Portugal pela Espanha. Com o comentário do marquês do Lavradio: "a república abrirá à Espanha esse horizonte que a monarquia fechava". Seiscentos ou setecentos homens monárquicos portugueses esperavam na Galiza a oportunidade de penetrarem no norte de Portugal.[11]

Manuel II, mesmo no exílio, sempre esteve contra esta possibilidade, testemunhando ao marquês de Lavradio o que ali prosseguiu sabendo das movimentações de Afonso XIII:

"Tu sabes o que o rei de Espanha veio a fazer à Inglaterra?

— Veio pedir ao Governo inglês que não se opusesse à sua entrada em Portugal, porque não lhe convinha a vizinhança de uma república anárquica!"[12]

As relações pessoais entre os últimos reis de Portugal e Espanha eram cordiais e corretas, nada mais. Afonso XIII visitou oficialmente Portugal em fevereiro de 1909; no mesmo ano, em novembro, Manuel II retribuiu a

---

9   Hipólito de la Torre Gómez, op. cit., pp. 10, 11, 15, 111, 113 e 117.
10   Pedro Soares Martinez, op. cit., p. 103.
11   *Memórias do Sexto Marquês do Lavradio*, Lisboa, Ática, 1993, p. 199. Hipólito de la Torre Gómez pesquisou longamente esta tentativa de contra-revolução monárquica em *Conspiração contra Portugal (1910-1912)*, Lisboa, Livros Horizonte, 1978.
12   Idem, p. 185.

visita na Espanha. Ao falecer Manuel II no exílio inglês, suas exéquias receberam coroas de flores de Alfonso XIII e dos reis da Bélgica, Itália e Bulgária.

As opiniões pessoais de Manuel II sobre a Espanha foram por ele resumidas em longa entrevista a Antônio Ferro, publicadas em livro. Para Manuel II, o Brasil e a Espanha eram os dois pólos principais da política portuguesa (ele presidiu pessoalmente a Comissão luso-brasileira para o primeiro acordo de cooperação econômica e cultural entre os dois países e recebeu a visita do presidente do Brasil, Hermes da Fonseca), pois, dissera textualmente: "a nós, portugueses, interessam-nos, sobretudo, as coisas da Espanha e do Brasil"; quanto ao iberismo, recusou-o ("uma hipotética futura Península", "essa idéia não me agrada"...). Também não lhe agradava a historiografia de Oliveira Martins.[13]

Manuel II faleceu em 1929 ainda e sempre no exílio inglês. Enquanto isto, desencadeara-se a Primeira Guerra Mundial.

O historiador político português Nuno Severiano Teixeira demonstrou o jogo português de tentativa de contrapeso de influência com a Espanha, no quadro da aliança inglesa; o historiador espanhol Hipólito de la Torre Gómez do seu lado fez algo idêntico a propósito da neutralidade da Espanha, em meio a outro surto de iberismo, iberismo neste caso ligado à germanofilia política, não só cultural, na Primeira Guerra Mundial.[14] Típico exemplo deste iberismo germanófilo foi Edmundo González-Blanco no seu livro exatamente intitulado *Iberismo y germanismo* com o subtítulo *España ante el conflicto europeo – Tres estudios*.

Nele, o autor afirma claramente ser a influência mediterrânea espanhola no Norte da África a sua central motivação para esta aproximação com a Alemanha, quando ela mais precisava, era o ano de 1917 e esta se

---

13 Antônio Ferro, *D. Manuel II o desventurado*, Lisboa, Livraria Bertrand, 1954, pp. 97, 105, 161, 162, 209, 214, 216 e 226.

14 Nuno Severiano Teixeira, *O poder e a guerra. 1914-1918 – Objectivos nacionais e estratégias políticas na entrada de Portugal na Grande Guerra*. Lisboa, Editorial Estampa, 1996, principalmente nas pp. 375 e 376. Cf. ainda Hipólito de la Torre Gómez, *Na encruzilhada da Grande Guerra – Portugal-Espanha. 1913-1919*, Lisboa, Editorial Estampa, 1998.

encontrava em crescentes dificuldades em todas as frentes de combate, às vésperas do colapso. Da França, segundo ele, nada de bom havia então de esperar, diante do recuo alemão na crise no Marrocos e conseqüente acordo desfavorável a Berlim e em prol de Paris. Além do mais, podia ser aquele o momento para a Espanha contribuir à vitória alemã, ao sair a Espanha da neutralidade e atacar Gibraltar, chave britânica do Mediterrâneo. Em troca, a Alemanha aceitaria a Espanha do outro lado do estreito, em Tânger, compondo com Ceuta, Tarifa (e Melilha) um arco litorâneo de vocação africana espanhola.

Para isto, continua González-Blanco, a Espanha tinha de garantir a retaguarda, ao compor com Portugal os Estados Unidos Ibéricos, portanto uma federação ao modo dos Estados Unidos, ou uma anfictionia ao modo da confederação das cidades helênicas. Em ambos os casos, união pacífica, voluntária, nunca anexação, muito menos pela força. Este projeto era tão ambicioso, que pretendia estender a aliança ibero-alemã até à América Meridional...[15]

Hipólito de la Torre Gómez não refere González-Blanco na referida campanha de opinião pública, porém aponta a intensa participação de alguns influentes jornais como *El Correo Español*, *La Tribuna* e *El Imparcial*, todos convergindo para a tomada de Gibraltar, expansão espanhola no norte da África e garantia da retaguarda pela União Ibérica. O Governo do Kaiser anotou as iniciativas espanholas e, diante da entrada de Portugal na guerra, comunicou a Madri "para proceder como quisesse, em relação a Portugal e Gibraltar". O que terminou não acontecendo, os círculos políticos dominantes na Espanha preferiram a neutralidade, um jogo menos perigoso para as escassas forças militares espanholas.

Os liberais espanhóis, principalmente pela palavra e ação de Joaquín Sánchez Toca, preferiam uma etapa inicial de íntima colaboração econô-

---

15 Edmundo González-Blanco, *España ante el conflito europeo. Iberismo y germanismo – Tres estudios*. Valência/Buenos Aires, Editorial Cervantes/Editorial Tor, 1917, pp. 91, 92, 95, 96, 97, 99, 104, 105 e 107.

mica e política, pacífica preparação ensejando a livre adesão portuguesa, inclusive com um pacto militar defensivo luso-espanhol contra terceiros.

Na realidade, este projeto vinha desde as negociações entre Sánchez Toca e o líder republicano português José Relvas, em 1913, vésperas da Primeira Guerra. Diante dos extremos da reação antiiberista dos jornais portugueses, Afonso Costa, influente a ponto de tornar-se ministro das Finanças e primeiro-ministro de Portugal, preferiu deixar uma porta entreaberta ao iberismo, sob o argumento de serem Espanha e Brasil os básicos pólos das movimentações internacionais de Portugal. A expressão "Harmonia Ibérica" substituiu "União Ibérica" e a imprensa se acalmou, com ela as classes dominantes e dirigentes portuguesas. Bernardino Machado, outro destacado líder republicano português, até presidente da república, completou o quadro em entrevista ao correspondente lisboeta de *El Heraldo*: "Aliança com a Inglaterra, fraternidade com o Brasil e amizade com a Espanha".

A mútua tranqüilidade da Harmonia Ibérica alterou-se quase simultaneamente em 1917, ao cair do poder em Madri o conde de Romanones e Sidônio Pais em Lisboa derrubar o presidente Bernardino Machado. Sidônio Pais era suspeito de germanofilia, por ter vivido alguns anos como chefe da representação diplomática em Berlim e expressar sua admiração pela Alemanha (e Espanha, do que tomou conhecimento a legação espanhola em Lisboa e logo comunicou a Madri).[16]

Historiadores portugueses negam qualquer projeção política internacional da admiração militar de Sidônio Pais pela Alemanha. Tanto assim que continuou o esforço de guerra português, com a presença de tropas de Portugal em combate na França, até o término da Primeira Guerra, apesar de todas as precariedades materiais das combalidas finanças lusitanas.[17]

---

16   Hipólito de la Torre Gómez, *Na encruzilhada da Grande Guerra*, op. cit., pp. 146-148, 152, 173, 177, 181, 190 e 193.
17   Pedro Soares Martinez, op. cit., pp. 218, 226, 228 e 230.

Os temores portugueses diante do "perigo espanhol" iam e vinham. Mal acabou a Primeira Guerra e alguns monárquicos isolados penetravam em 1919 em Portugal, para tentarem implantar o que se denominou de "Monarquia do Norte", logo desbaratada, sem apoio nem da Espanha, nem da Inglaterra, nem do exilado último rei Manuel II. Esfumavam-se os vagos anseios dos que clamavam "Melhor Afonso XIII que Afonso Costa", em vão querendo opor a ajuda do rei espanhol à resistência do líder republicano português mais emblemático.

Passou a surgir o que Hipólito de la Torre Gómez classificou de sucedâneo do iberismo, "espécie de iberismo aguado, a que os partidários intransigentes da Grande Ibéria tinham apodado em mais de uma ocasião de solução raquítica", rumo a uma "amizade sem futuro" ao término da monarquia espanhola (Afonso XIII abdicará em 1931), à generalizada desordem que se seguirá, comum à Espanha e Portugal, até à Guerra Civil nela e à ditadura em ambos sob Salazar e Franco. Apesar do general Primo de Rivera, já com um regime autoritário espanhol, conhecer e admirar a obra do ideólogo conservador, lusitanista porém iberista ao seu modo dito peninsularista, Antônio Sardinha, e escrever delicada, embora enfática, carta ao presidente general Óscar Carmona de Portugal, estendendo, pouco antes, de falecer, sua admiração a todo o país vizinho, com muitas esperanças ainda numa grande reaproximação pacífica e voluntária.[18]

Nesta fase se destacará a pregação de Ramiro de Maeztu.

Maeztu era um basco anti-Euzkadi, isto é, um basco nacionalista espanhol, até mesmo hispânico no sentido da Hispania Mayor herdada de Fernando e Isabel de Aragão e Castela, engrandecida panibericamente por Filipe II, com Francisco de Vitoria – basco na Universidade de Salamanca – como pensador e proclamador máximo do humanismo político universal. Portanto, Maeztu não era um casticista, embora fosse tradicio-

---

18 Hipólito de la Torre Gómez, *Do "Perigo Espanhol" à amizade peninsular – Portugal-Espanha 1919-1930*, Lisboa, Editorial Estampa, 1998, pp. 39, 40, 43, 64-66, 73, 107, 125 e 136.

nalista no sentido monárquico de defesa da descentralização foral local. Considerava Menéndez y Pelayo e Unamuno os seus mestres. Preferia Werner Sombart a Max Weber e Ernst Tröltsch, ao discordar de monocausal influência ideológica no capitalismo, ao contrário da mais ampla explicação sombartiana,[19] aliás também preferida por Fernand Braudel em *Civilização material e capitalismo*.

Com Pío Baroja, Ramiro de Maeztu não acreditava na existência de uma geração de 1898, seja por discordar do conceito geracional a seu ver muito redutivo, seja por ver em 1898 uma realidade política e até militar mais geral, mais complexa.[20] Maeztu está entre os espanhóis que se solidarizaram com Portugal contra o *ultimatum* britânico de 1890; Maeztu demonstra explícitas afinidades com o iberismo do português Oliveira Martins e o ibero-americanismo do brasileiro Oliveira Lima. Para Maeztu, a *hispanidad* vinha de Fernando e Isabel mais a Filipe II universalista com Francisco de Vitoria, que a Carlos V e suas "ambiciones alemanas".[21]

Ramiro de Maeztu é dos fundadores da Ação Espanhola, na qual se ouvem ecos de Charles Maurras, embora tão diluídos no ardor, não só consciência, da *hispanidad*: Maurras era muito cerebral, sua ascendência intelectual remonta a Comte; a de Maeztu à paixão de Unamuno, ambos bascos hispanizantes e iberizantes.

Jornalista escritor a vida toda – para Maeztu o jornalismo era um gênero literário –, repetia que a Ação Espanhola era "un centro de estudios, no

---

19 Ramiro de Maeztu, *Autobiografía*, Madri, Editora Nacional, p. 30, 32, 33, 37, 38 e 82; e *España y Europa*, Madri, Espasa-Calpe, 3ª ed., 1959, pp. 146-150.

20 Ramiro de Maeztu, *Autobiografía*, op. cit., nega insistentemente a existência da geração de 98 (pp. 63-75, 79-89, 93-103 e 295-298), capítulos antes publicados como artigos em jornais da Espanha e Argentina. Pío Baroja também nega a existência da referida geração em *El escritor según él y según los críticos* (tomo I das *Memorias. Desde la última vuelta del camino*, Madri, Editorial Caro Raggio, 1982, pp. 157 e 165; e em suas *Divagaciones apasionadas*, Madri, Editorial Caro Raggio, 1985, pp. 12 e 21-23).

21 Ramiro de Maeztu, *España y Europa*, op. cit., pp. 93 e 95.

una sociedad política".[22] Mesmo assim, os ódios ideológicos da época chegaram a contaminar Maeztu e principalmente aos seus adversários tornados inimigos. Sua irmã María, com sentimento sem sentimentalismo, testemunha como ele se recusou a fugir à França, preferiu ficar e ser fuzilado pelos republicanos mais exaltados, aos quais se opunha como monárquico fiel a Afonso XIII, que o havia nomeado embaixador na Argentina.[23] Os fuzilamentos dos ideólogos da direita, Ramiro de Maeztu e José Antonio Primo de Rivera, estão no mesmo clima envenenado do fuzilamento do libertário apartidário Federico García Lorca, não propriamente um ideólogo de esquerda. José Antonio discordava da *hispanidad* apenas cultural de Maeztu e preferia a *españolidad* política direta.[24]

Recorrendo menos ou mais à teoria das elites e da rebelião das massas de Ortega y Gasset, com grande prestígio na época, os ecos de Ramiro de Maeztu e José Antonio Primo de Rivera chegaram à Hispano-América misturados com os de Ledesma Ramos, fundador das Juntas de Ofensiva Nacional Sindicalista – Jons, vindas de um pequeno grupo de jovens comandados por Onésimo Redondo, parafascistas, cujo programa se proclamava "radical políticamente y nacionalista desde el punto de vista económico, conservador en lo religioso". O iberismo permeava tantas orientações de direitas e esquerdas, que um moderado como o pensador García Morente também escrevia um livro sobre *Idea de hispanidad*, explicada por Alberto Cavanna Eguiluz em *Nuevo iberismo* em termos práticos de uma "Unión Aduanera Hispanoamericana".

---

22 Ramiro de Maeztu, *Autobiografía*, op. cit., pp. 324-333 e 342-349, em dois artigos publicados no jornal *ABC* de Madri, em 10 de agosto de 1932 e 8 de março de 1933, reunidos com outros como capítulos.

23 María de Maeztu, "Ramiro de Maeztu. 1874-1936", in Ramiro de Maeztu, *España y Europa*, op. cit., pp. 14-16. María de Maeztu testemunha ter ouvido literalmente do irmão sobre a geração de 1898: "no existe tal generación; el concepto de generación es impreciso y falso, y si existe, yo no pertenezco a ella" (p. 13).

24 Stanley G. Payne, *José Antonio Primo de Rivera*, sob este título no volume conjunto com *José Antonio, sí*, de Enrique de Aguinaga, Barcelona, Ediciones B, 2003, p. 224.

A própria Constituição republicana espanhola revolucionária de 1933, em seu artigo 24, antecipava as da Espanha, Portugal, Brasil e países hispano-americanos, ao conceder, em

> una reciprocidad internacional efectiva la ciudadanía española a los naturales de Portugal y los países hispánicos de América, incluso el Brasil, cuando así lo soliciten y residan en territorios españoles, sin que pierdan ni modifiquen su ciudadanía de origen.[25]

O general, depois generalíssimo, ditador Francisco Franco, desinteressado de muitas leituras, preferia o exercício prático do poder com toda sua astúcia de galego e militar de carreira rápida e ambiciosa. Por estas e outras, Franco simplesmente fundiu as Jons e a Falange em partido único, com malícia o adjetivo Tradicionalista... E designou-lhe como chefe, no começo da fusão, nada menos que o próprio cunhado Serrano Suñer, depois ainda mais poderoso ministro das Relações Exteriores nas negociações de guerra com Hitler e Mussolini, descartados assim que as derrotas passaram a substituir as vitórias do Eixo Berlim-Roma-Tóquio, diante da ascensão anglo-americana-soviética, à qual convinha maior neutralidade espanhola...

Serrano Suñer não vacilou em exigir inicialmente de seu homólogo nazista, Ribbentrop, mãos livres para anexar Portugal; diante, porém, da relutância alemã perante esta exigência e outras no Norte da África então francês, Serrano Suñer preferiu insistir nesta e desistir daquela, pelo menos enquanto Portugal mantivesse neutralidade benévola para com a Espanha, como fazia desde o tempo em que ajudou a rebelião militar franquista.[26]

Em Antônio de Oliveira Salazar – de origem campônia na pequena Santa Comba Dão nas montanhas da Beira Alta, ex-seminarista quando foi

---

25 Ricardo Pérez Monfort, *Hispanismo y Falange – Los sueños imperiales de la derecha española*. México, Fondo de Cultura Econômica, 1992, pp. 81, 96, 98 e 112.

26 Paul Preston, *Franco – A biography*, Londres, Harper Collins, 1993, pp. 377 e 385. Serrano Suñer omite esta e outras questões complexas nas suas memórias, publicadas, inicialmente, numa tradução por "um amigo do autor" na Suíça, *Entre les Pyrénées et Gibraltar – Notes et réflexions sur la politique espagnole depuis 1936*, Genebra, Les Editions du Cheval Ailé, 1947.

colega do futuro cardeal Cerejeira, estudante pobre e jovem professor de Finanças na Universidade de Coimbra – a democracia cristã era por ele entendida mais no sentido de Engelbert Dollfuss, seu contemporâneo autoritário, tradicionalista, corporativo e clerical na Áustria. Franco Nogueira, um dos seus mais íntimos ministros, relata as dificuldades que teve Salazar com as conseqüências do assassínio de Dollfuss.[27]

Salazar nunca declarou influências políticas intelectuais espanholas, ele preferia centrar suas referências em Charles Maurras e mais alguns pensadores autoritários em menor proporção, com sinuosas restrições. Quanto ao iberismo, por intelectuais e políticos dos dois lados da fronteira, em qualquer dos casos, Salazar sempre lhes foi contrário, desde os seus tempos de estudante no Centro Acadêmico de Democracia Cristã – CADC, em Coimbra, preocupado com "a infiltração dos espanhóis adquirindo sistematicamente os terrenos fronteiriços no território português", "exatamente o plano da Harmonia Ibérica".[28] Muito depois, já nos tempos de Portugal e Espanha juntos na União Européia, tais aquisições voltaram a existir, embora noutro contexto.

Salazar era antiiberista, porém não antiibérico, no sentido de reconhecer e colaborar com a fronteiriça presença espanhola, seja quando ditador – presidente do Conselho de Ministros segundo a Constituição presidencialista autoritária de 1933 na definição de Franco Nogueira,[29] pois ao lado de presidente da república quase decorativo – seja desde muito

---

27 Em 1936, a política internacional de Salazar estava absorvida pela pormenorizada observação das agitações, levando a vizinha Espanha à guerra civil e a interposição da Alemanha entre a Áustria e Portugal impedindo qualquer ajuda de Salazar ao ideologicamente afim Dollfuss. O que obrigou o reconhecimento da anexação da Áustria pela Alemanha. Alberto Franco Nogueira, *Salazar*, Vol. 3 – *As grandes crises*. 1936-1945. Coimbra, Atlântida Editora, 1978, p. 153. A primeira biografia documentada foi *Dollfuss* por Gordon Brook-Shepherd, Londres, Macmillan, 1961.

28 Franco Nogueira, *Salazar*, op. cit., Vol. 1 – *A mocidade e os princípios*, pp. 70 e 180; Antônio Ferro, *Salazar – O homem e sua obra*, Lisboa, Empresa Nacional de Publicidade, 1933, pp. 144-146.

29 Franco Nogueira, *Salazar*, op. cit., Vol. 2 – *Os tempos áureos*, pp. 205 e 212.

antes, ao visitar por 11 dias a Espanha na primeira de suas raras e breves viagens ao estrangeiro; naquele seu itinerário sintomaticamente duas vezes à Ávila de Santa Teresa, indo e vindo de Madri, e ao Escorial de Filipe II, onde passa um dia inteiro.[30]

Tanto Franco quanto Salazar tiveram a sorte de os dois principais ideólogos da direita nacionalista mais ilustrada na Espanha e Portugal, José Antonio Primo de Rivera e Antônio Sardinha, falecerem antes de aqueles assumirem o poder: Sardinha de morte natural aos 36 anos de idade e José Antonio, filho do general Primo de Rivera, breve ditador antecessor de Franco, fuzilado em 1936 aos 33.

Em 1915, Antônio Sardinha, em plena paixão dos 28 anos de idade, lidera e pronuncia a primeira conferência – "O território e a raça" – do ciclo *A questão ibérica*, numa promoção do nascente integralismo lusitano nos salões da Liga Naval Portuguesa em Lisboa.

Sardinha queria, entre outras coisas, insistir em mais uma das respostas da época ao livro *Ibéria* do espanhol Sinibaldo de Más, prefaciado pelo português Latino Coelho e, principalmente, polemizar com a maçonaria, acusada de ter proposto, num congresso de republicanos, em Badajoz na Espanha, em 1893, a prática da União Ibérica, e o livro em francês do grão-mestre Magalhães Lima, *La fédération ibérique*.[31] Também visada por ele estava *La Unión Ibérica* de Juan del Nido y Segalerva.

Irrompera a Primeira Guerra, havia passado "o tempo da ironia e do riso demolidor" – Eça de Queirós falecera em 1900 –, substituído por "um remorso exemplar".[32] Era o tempo dos movimentos e revistas animados pela Renascença Portuguesa com Teixeira de Pascoaes pretendendo "revelar a alma lusitana, integrá-la nas suas qualidades es-

---

30 Alberto Franco Nogueira, *Salazar*, op. cit., Vol. 1 – *A mocidade e os princípios*, p. 274.
31 Magalhães Lima, *La fédération ibérique*, Paris, Imprimerie Gautherin, s/d.
32 Antônio Sardinha, "O território e a raça", in *A questão ibérica*, Lisboa, Almeida, Miranda & Sousa, 1916, pp. 5, 4, 25, 28 e 29.

senciais e originais". Dali Fernando Pessoa e Mário de Sá-Carneiro tinham partido para sua revista *Orfeu*; a *Seara Nova*, querendo-se mais objetiva, mais realista, mais crítica e menos imaginativa, surgiu logo em seguida.

O integralismo lusitano, com Antônio Sardinha, seu máximo expoente, apresentava-se tradicionalista e monárquico, muito diferente do integralismo brasileiro, só convergentes no nacionalismo e autoritarismo.

Sardinha naquela conferência concentrava-se no ataque ao "perigo ibérico" e contra todos aqueles a seu ver, lenientes ou vacilantes a respeito, em especial os liberais remontando aos "ilusionistas de 1820" com sua monarquia constitucional, Sardinha queria-a autoritária num idealizado sentido orgânico medieval. Denunciava os luso-oportunistas de 1622 quando, sob dominação espanhola, tinham chegado até a deturpar os antiquíssimos versos de Garcia de Resende:

> Portugueses, castelhanos,
> não os quer Deus juntos ver,

em

> Portugueses, castelhanos,
> já os quer Deus juntos ver...[33]

O ardor passional de Sardinha leva-o a desenfoques não só formais, quanto metodológicos: ele desconhece a renovação da etnologia pelo alemão Franz Boas na Universidade de Colúmbia, em Nova York, vésperas e inícios da Primeira Guerra – Boas já conhecido no Brasil por Alberto Torres[34] –, distinguindo raça e cultura, e faz graves concessões ao racis-

---

33 Antônio Sardinha, "O território e a raça", op. cit., pp. 13, 14 e 26.
34 Alberto Torres, "Mais ilustre, talvez, dos antropólogos americanos, o Sr.. Boas...". "A raça, como tal, nada tem a ver com a civilização" [...] "membros de todas as raças trouxeram contribuições à história". Ao mesmo tempo, Alberto Torres considera "tendencioso" Vacher de Lapouge, *O problema nacional brasileiro*, [1914], 4. ed., Brasília/São Paulo, Editora Universidade de Brasília/Cia. Editora Nacional, 1982, pp. 59 e 60. Alberto Torres é dos primeiros nacionalistas modernos brasileiros. Gilberto Freyre veio a ser aluno de Boas em Colúmbia.

mo. Além de acreditar em distinções étnicas arbitrárias, românticas, porque de impossível comprovação na pré-história separando há milênios os ancestrais dos portugueses e espanhóis, ignora o genocídio dos ameríndios no Brasil e desclassifica os negros. Na sua bibliografia, lá está um único antropólogo mais ideológico que etnólogo, Vacher de Lapouge, um dos inspiradores de anterior e mais radical livro de Antônio Sardinha a respeito, *O valor da raça*. Antônio Sardinha quer uma origem pré-histórica específica para os lusitanos, ao contrário de Alexandre Herculano e Oliveira Martins.

Sardinha, insistentemente, proclama-se reacionário em sentido muito peculiar, o seu, tradicionalista mais que conservador, e autoritário, nem que tenha de recorrer a Auguste Comte, "que não duvidou propor aos jesuítas [...] uma aliança ofensiva e defensiva com o positivismo, a fim de combater sem tréguas a anarquia..." Proposta evidentemente recusada pelos inacianos.[35]

Os companheiros de Antônio Sardinha, no turbulento ciclo de conferências, vão no mesmo diapasão: um deles, José Pequito Rebelo, sucessor de Sardinha na liderança do integralismo lusitano, discorda do imperialismo mesmo português, ao contrário de alguns dos seus companheiros, por reconhecer-lhe

> este traço: deu-nos especiarias, ouro e diamantes, que nos perverteram; desabituou-nos do trabalho econômico do nosso solo, única fonte de riqueza nacional compatível com a mantença da nossa alma nacional.

Argumento idêntico ao das increpações do Velho do Restelo em *Os lusíadas* de Camões, quando da partida das naus de Vasco da Gama rumo às Índias.

O romantismo político campônio logo cede, porém, ao mais crasso racismo, como se vê nas suas palavras aqui sempre textuais:

---

35 Antônio Sardinha, "O território e a raça", op. cit., pp. 14, 16, 17, 18, 62 e 70.

> Embora o imperialismo se faça tantas vezes em nome da Raça [com R assim maiúsculo...], certo é que nada há para perder uma Raça como o imperialismo. Que o diga o sangue negro que a nossa contraiu...

Paradoxalmente, no meio daqueles tradicionalistas românticos, Pequito Rebelo conclui que "há *doutrinas imperialistas* de todos os cambiantes; a maior parte tem bem aparentes marcas de morbidez *nevrótica, mistagógica* ou *romântica*", "imperialismos místicos ou irracionais" (os grifos são do próprio Pequito e aplicam-se como uma luva à maioria dos seus correligionários, militantes ou análogos do integralismo lusitano, e depois, que levariam à ruína todas as tentativas de mediadas independências locais dos países africanos de língua portuguesa e de Timor Leste, sacrificada até à Indonésia, de cujo jugo tanto demorou a libertar-se, por fim com ajuda do próprio Portugal).

José Pequito Rebelo, contudo lhe seja reconhecido, entendia a diferença entre *Realpolitik* e *Machtpolitik*: "Prestar culto exclusivo à força material, não é ser-se realista, porque isso implica um defeito de visão..." E defende a "autolimitação" da força mesmo poderosa: "são aquelas [restrições] que o próprio Estado impõe a si mesmo, ou que aos governantes se impõem por lei de interesse nacional".[36]

Pena que faltasse à maioria dos seus companheiros este mínimo de autocrítica. Os demais conferencistas do ciclo promovido e liderado por Antônio Sardinha deliram contra a maçonaria, o liberalismo, a democracia e contra qualquer aproximação com a Espanha; Pequito Rebelo opõe-se inclusive às "formas cordiais do iberismo. Por exemplo, a união ibérica aduaneira. Se isto é mais do que o tratado de comércio..." Tanto melhor, a seu ver, que a Espanha da época nem força militar nem força econômica para isso tivesse.[37]

Era, contudo, uma minoria que pretendia ir a extremos militares potencialmente ofensivos, não só defensivos, diante da Espanha: Luís de

---

36 José Pequito Rebelo, "Aspectos econômicos", in *A questão ibérica*, op. cit., pp. 152, 153, 184 e 185.
37 Idem, p. 185.

Almeida Braga apresenta-se francamente belicista – a pretexto de refutar indiretamente Kant: "a paz perpétua é um sonho"; "sem a guerra o mundo desmoronar-se-ia e perder-se-ia no materialismo"[38] – e Vasco de Carvalho usa argumentos extraídos da "bela conferência" de Alfredo Pimenta, *A significação filosófica da guerra européia*.[39] Já era o início da campanha em favor da participação militar portuguesa na Primeira Guerra.

Pequito Rebelo – repita-se, após o falecimento de Antônio Sardinha aceito por vários do integralismo lusitano como seu sucessor, embora sem tanto brilho – José Pequito Rebelo concluía deixando paradoxalmente a porta entreaberta ao peninsularismo, por alguns atacado como mais um disfarce do iberismo:

> Dotado um e outro país [Portugal e Espanha] de saúde política e de governos competentes, tudo aconselha a mais larga aliança baseada nos tratados de comércio e nos arranjos militares defensivos. Constituir-se-ia assim um bloco de invencível valor internacional, forte sobre o Atlântico e o Mediterrâneo...[40]

---

38 Luís de Almeida Braga, "Lição dos factos", in *A questão ibérica*, op. cit., p. 296. Luís de Almeida Braga acompanha, etapa por etapa, os raciocínios telúricos culturais nacionalistas de Chateaubriand (p. 296) a Fustel de Coulanges (p. 347), Renan (p. 302) e Barrès (p. 349), sem esquecer o elo de Sorel com a política (p. 349), num claro reconhecimento das principais ascendências intelectuais desta vertente do integralismo lusitano, movimento mais complexo, noutras tendências doutros grupos internos.

39 Vasco de Carvalho, "Aspectos político-militares", in *A questão ibérica*, op. cit., p. 281. Alfredo Pimenta foi um dos fundadores da Academia Portuguesa da História e faleceu como diretor do Arquivo Nacional da Torre do Tombo. Escreveu vários livros, dos quais os de maior divulgação foram *Elementos de história de Portugal* (1934) e sua radicalização em artigos de 1947 e 1949 reunidos em 1999 no livro *Três verdades vencidas – Deus, Pátria, Rei*, Lisboa, Nova Arrancada. Ele se declara "Fiel aos princípios [...] vivo distante dos Homens [...] nem eles me entendem, nem eu os entendo a eles. A hora é dos videirinhos e dos trafulhas, e eu limito-me a assistir, de longe [...]". Pimenta pretendia a monarquia autoritária nacionalista, por isso era contra os monárquicos liberais e, em parte, contra o republicanismo inclusive salazarista, como se vê no "Prefácio" a *Três verdades vencidas*.

40 Pequito Rebelo, op. cit., p. 188.

Não será, portanto, mero gesto de gratidão de Antônio Sardinha o seu peninsularismo, pela acolhida no exílio na Espanha de 1919 a 1921, do que resultará seu livro póstumo de autocrítica *À lareira de Castela – Estudos peninsulares*:

> Quando eu vim para o exílio trazia contra Espanha todos os preconceitos da minha inteligência e da minha sensibilidade. [...] E assim aprendera lentamente, mas com juízo seguro, a corrigir bastantes das intervenções do meu patriotismo alarmado, ao iniciar em abril de 1915 na Liga Naval as conferências da "Questão Ibérica". [...] Hoje, festa da Raça, também eu, peregrino português, venho tomar assento à lareira carinhosa de Castela. Não devemos nós compreender a Raça como um estreito conceito de ordem étnica, porque seria um imperdoável erro... [...] Que a truculenta e impossível miragem do unitarismo ibérico seja substituída por uma idéia firme de "amizade peninsular!"

Antônio Sardinha sabia bem escrever, no fundo era um esteta e esteta romântico de romantismo estilístico muito próximo, senão nisto inspirado por Maurice Barrès, a quem cita vez por outra, de quem nele se ouvem tantos ecos de peregrinações à colina sagrada na Lorena... Ecos longínquos de Chateaubriand na Bretanha natal...

De entusiasmo em entusiasmo, Sardinha chega ao reconhecimento e proclamação das "Espanhas" na "Espanha-Madre", melhor dita "Madre Hispânia":

> Tanto é Castela como Aragão, tanto é Portugal como Navarra, senti-a como uma realidade viva num dia amargo de saudade, à sombra da catedral de Toledo. Só então eu entendi porque um dos mais portugueses dos nossos poetas, – o bom avô Garrett, – exclamava no seu *Camões*, se bem me recordo: "espanhóis somos, e de espanhóis nos devemos prezar todos os que habitamos a Península Ibérica."

Já então contra o próprio Maurras, em quem se alegrará contudo por terminar aceitando a grandeza da contribuição espanhola, Sardinha almeja, com a paixão que o caracterizava, que "a aspiração fictícia e pagã do 'latinismo' cederia à voz mais genuína e mais exata do 'peninsularismo'," católico castiço...

Quanto mudara Antônio Sardinha, agora para ele o que contava era o "pan-hispanismo", "unidade" sem "unitarismo":

É "una", sem dúvida, a Península, mas sua "unidade" alimenta-se da sua "diversidade" [...] Mas o peninsularismo não é senão a jornada inicial! Na margem oposta do Oceano – do Oceano que nós tornámos algum dia, como *mare nostrum*, num perfeito lago familiar –, outras pátrias existem que falam a nossa língua e que não ficam insensíveis ao nosso apelo. O pan-hispanismo nos surge daqui, como conclusão lógica, constituído por dois elementos estruturais –, o espanholismo e o lusitanismo.[41]

Antônio Sardinha retoma então o itinerário do português Jorge de Montemayor com seu *Diana* em castelhano, o Cervantes lusófilo das *Aventuras de Persiles y Segismunda*, o Lope de Vega na *Doroteia* dizendo "tengo los ojos niños y portuguesa el alma" e o Calderón de la Barca do *Príncipe Constante*: "Que ainda mortos somos portugueses!" Todos espanhóis os ibéricos, todos juntos hispânicos, em linha afim à da *hispanidad* de Ramiro de Maeztu, referido por Sardinha, mas sem entusiasmo, dedicado a Menéndez y Pelayo, "o grande mestre"...

Deve ter sido realmente muito bem tratado Antônio Sardinha no exílio em Castela, para mudança tão radical a ponto de enternecer-se com a orfandade do Filipe II, de mãe portuguesa, com a portuguesa aia Leonor de Mascarenhas cuidando dos seus tenros anos, depois escrupuloso respeitador dos foros e prerrogativas de Portugal na União Ibérica... Sardinha também está nisto muito influenciado pela "intuição profunda do nosso malogrado crítico Moniz Barreto", hispanófilo lusitano, tornado modelo ao convertido Antônio Sardinha.

Para ele, "Filipe II, conceituado injustamente como um taciturno dominador da minha Pátria, mas que a amou talvez como poucos monarcas seus", era mais que um fenômeno político isolado e sim

> o Teatro Espanhol do Século de Ouro está todo cheio do nome de Portugal, com Calderón de la Barca, no *Príncipe Constante*; com Tirso de

---

41 Antônio Sardinha, *À lareira de Castela – Estudos peninsulares*, Vila Nova de Famalicão, Grandes Oficinas Gráficas "Minerva" para as Edições Gama, 1943, pp. XIII, XVIII, 3, 12, 13, 93, 95, 169, 173, 176 e 188.

Molina, em *Las Quinas de Portugal* e em *El vergonzoso en palacio*; e com Vélez de Guevara, em *Reinar después de morir*.

Poderia relembrar o Cervantes e o Lope de Vega antes por ele referidos mais de uma vez.

Ao lado de Marcelino Menéndez y Pelayo, para Antônio Sardinha "magistral" é o *Idearium español* de Ángel Ganivet, e não "os vários Azoríns, Unamunos & cia., sofistas de ínfima espécie, – genuínos palhaços da Inteligência, como Unamuno e Ortega y Gasset", "um bando de invertebrados e desnacionalizados", voltando assim contra ele os seus próprios argumentos.[42]

Antônio Sardinha está preocupado com "os imperialismos do ferro e do carvão", o "imperialismo" anglo-americano como nisto concorda com o monarquista brasileiro Eduardo Prado de *A ilusão americana*, também contra a "modernidade" e o "europeísmo", não só o "bolchevismo". Vê-se como pairavam no ambiente intelectual os ânimos que levaram Rodó no Uruguai da época e escrever o *Ariel* na metáfora shakespeariana do bem etéreo contra o mal materialista do Calibã, encarnáveis na ibero-latinidade e na anglo-saxonidade: "a civilização está ameaçada de morte..." A irritação maior de Sardinha era, a propósito, contra a entrevista do presidente do Brasil, Epitácio Pessoa, ao jornalista espanhol Miguel de Zárraga, correspondente do jornal madrilenho *ABC* em Nova York, declarando decadente o hispano-americanismo e declarando-se pan-americano:

> Pela circunstância de no Brasil politicamente a ninguém interessar Portugal. Por culpa do Brasil? Não; por culpa do próprio Portugal, que não tem sabido, nem talvez houvesse podido, influir nos destinos da imensa república que lhe deve a vida. A Espanha, como Portugal, só enviou à América uns tantos oradores sonoros. E entretanto os Estados Unidos, mais práticos, embora lutando com a tríplice adversidade do sangue, do idioma e dos costumes, enviaram caixeiros-viajantes.

O jornalista espanhol acrescenta:

---

42 Antônio Sardinha, op. cit., pp. 57, 109-110, 160-162, 164-165, 182, 240-241, e 287.

Uma concisa fórmula recomenda o Dr. Pessoa, como única eficaz para uma satisfatória solução do problema: – que o hispanismo, – espanholismo e lusitanismo unidos –, se aliem com o pan-americanismo.

O tempo confirmou a objetividade de Epitácio Pessoa, vindo a acontecer o que ele previa e desejava: a coexistência e convergência do comércio e investimentos dos Estados Unidos, Espanha, Portugal e outros no Brasil e Ibero-América, sem contrariar, necessariamente, o antevisto e proposto por Antônio Sardinha:

> O hispano-americanismo [ibero-americanismo na expressão de outros] é extremamente "nacionalista" e se perfilha a noção de "império" é ao império da sua cultura e dos seus antecedentes históricos que ardentemente se dirige.

Exorciza, assim, o resvalar em unilateral dependência perante os Estados Unidos, ao máximo então em Porto Rico.[43]

Estas e outras contradições de Antônio Sardinha, pouco ou nada complementares dialeticamente, foram agravadas em seu livro *A aliança peninsular*, com prefácio nada mais, nada menos, que por Ramiro de Maeztu à primeira tradução em espanhol castelhano, de 1930. *A aliança peninsular* (1924) foi o último livro publicado em vida por Sardinha, aos 35 anos de idade, falecido no ano seguinte. Maeztu enfatiza ser o peninsularismo diferente do iberismo, mesmo com as afinidades de Sardinha com Antero de Quental, Oliveira Martins, Eça, Guerra Junqueiro e outros:

> La unidad hispánica exige, por el contrario, que los dos pueblos se mantegan libres en su gobierno interno, aunque unidos militar y diplomaticamente para la defensa común, porque común, pensándolo bien, es el patrimonio que a ambos pertenece.

Patrimônio cultural, antes de mais nada e acima de tudo.[44]

---

43 Antônio Sardinha, op. cit., pp. XVII, 10, 11, 49, 77 e 177.
44 Ramiro de Maeztu, "Prólogo de la primera edición española" a Antônio Sardinha, *A aliança peninsular – Antecedentes e possibilidades,* 3. ed., Lisboa, QP, 1972, pp. LXII, LXIV e LXV.

Um crítico português favorável a Antônio Sardinha, Mário Saraiva, sentiu-se na necessidade de replicar aos acusadores de iberismo em Sardinha, ao contrastar o dualismo do peninsularismo com o federalismo diluidor do menor Portugal na maior Espanha, proposto, por exemplo, pelo grão-mestre da maçonaria portuguesa Magalhães Lima em *La fédération ibérique*, inspirado em Proudhon e Pi y Margall: "les idées d'unification [...] et les idées fédéralistes [...] tendent vers le même but, c'est-à-dire, à l'unification par la fédération": ecos do projeto da Sociedade dos Regeneradores do Gênero Humano, sediada em Cádiz, 1812, e da *Federação Ibérica*, 1851, de José Félix Henriques Nogueira, "o verdadeiro fundador das doutrinas republicanas em Portugal".[45]

Mário Saraiva reclamava, em 1972, que, em plena guerra colonial portuguesa em África, um ministro do aliado Franco, López Rodó, andasse a dar declarações iberistas na retaguarda.[46]

Um ano antes de morrer, Antônio Sardinha ainda insistia no racismo, ao queixar-se da "nossa república de mulatos, judeus e metecos", traidora de "nós, hispanos", inclusive ao projeto dos Estados Unidos de Portugal (com o Brasil...), proposto por Carlos Malheiros Dias, em sua *Exortação à mocidade*. Antônio Sardinha termina sua breve, polêmica, vida, atacando com veemência "as vesânias iluminadas do sebastianismo, o Quinto Império do mito nacional" só viável pela inspiração provindo da União Ibérica do tão injustiçado Filipe II, "semilla que germinó sepulta", em vez do inviável "sonambulismo morto do culto do Encoberto" Dom Sebastião, reerguendo-se mítico e místico dos areais da derrota em Alcácer-Quibir...

Em seu lugar, Sardinha propõe o paralelismo dos esforços peninsularistas, portanto não o unitarismo mesmo federal do iberismo.

> E a aliança com a Espanha é um braço estendido ao encontro da América, e, conseqüentemente, do Brasil. Donde o concluir-se, no mais elementar

---

45 Magalhães Lima, *La fédération ibérique*, op. cit., pp. 18, 20 e 145-149.
46 Mário Saraiva, "Nota Prévia à terceira edição" de *A aliança peninsular*, op. cit., pp. VII-XI.

raciocínio, que a nossa natural tendência para o Brasil nos obriga, antes de tudo, à concórdia e à fraternidade com a Espanha.

Sardinha era do tipo que atirava no que via e acertava no que não via: muito antes da entrada e relativo reenriquecimento de Portugal na União Européia e investimentos até co-participativos na Ibero-América, ele se interrogava – para aquelas respostas:

> se nós não representamos na Europa quantidade de peso, por que quererá então a Espanha uma aliança que o Brasil repele? A resposta é fácil e destrói seu apelo o segundo sentido que nela se abriga. [...] O Brasil aliar-se-á com Portugal no dia em que Portugal lhe ofereça vantagens, que só da nossa aliança com a Espanha derivarão...[47]

O tempo confirmará Antônio Sardinha nesta e em algumas outras previsões, apesar dos desenfoques do seu romântico esteticismo político, em meio a preconceitos confessadamente reacionários, enfatizados desde jovem nas conferências na Liga Naval em Lisboa, sempre insistidos, nunca retificados ou renegados. Homem de extremos, sua memória tende a pendular entre extremos: os da fanática devoção ou total repulsa, carinhosa lembrança ou completa omissão. Basta a menção do nome Antônio Sardinha, imediatamente se mobilizam os prós e contras, sem maiores exames. Talvez fosse mesmo o que ele próprio almejava?...

Por exemplo: as paixões se desencadearam quando do primeiro cinqüentenário das conferências na Liga Naval, publicadas no livro *A questão ibérica*, "o primeiro ato público do integralismo lusitano", reunindo iniciadores da revista *Nação Portuguesa*, arauto do movimento. Na mesma época, um ex-ministro dos Negócios Estrangeiros de Portugal dos tempos de Salazar, Franco Nogueira, publicava um livro, *As crises e os homens*, incluindo comentários negativos ao iberismo de Antônio Sardinha. Foi o suficiente para seus adeptos reagirem, ao ensejo do cinqüentenário, Pequito Rebelo à frente.

---

[47] Antônio Sardinha, *A aliança peninsular*, op. cit., pp. LXXXIV, LXXXV, LXXXII e LXXXV.

Após Pequito Rebelo e outros insistirem e repetirem as distinções entre iberismo e peninsularismo, Franco Nogueira, com sua experiência de diplomata e político, vai direto ao assunto: ao contrário dos adeptos de Antônio Sardinha, indo até à devoção de considerá-lo "imaculado", "dogma intangível" e "matéria indiscutível"; para Franco Nogueira,

> *A aliança peninsular* é o livro caótico e incoerente de um emotivo paradoxal e contraditório [cheio de] alianças e antagonismos dinásticos, como se estes não traduzissem uma política profunda. [...] Desta obra de Sardinha estão ausentes o povo, os interesses geopolíticos das potências, as coordenadas permanentes das nações, o jogo das ambições e de conflitos. É o livro de um expositor superficial de pormenores.

Franco Nogueira reconhece:

> Parece seguro que Antônio Sardinha, desaparecido na mocidade, se deu conta de que estava iludido na sua boa fé. [...] Neste volume [*Processo dum Rei*] deixam de ser patentes os traços de iberismo. [...] Mas a verdade é que Sardinha, infelizmente, morreu novo: temos de ajuizar a sua obra pelo que nos deixou e não pelo que poderia ter escrito se a sua existência houvesse sido mais longa.

Antônio Sardinha imaginara e defendera "um supernacionalismo peninsular;" ora, o peninsularismo de uma nação com maior território, mais população e mais rica, Espanha, com outra menor, Portugal, termina por significar absorção. Franco Nogueira alonga-se por várias outras ingenuidades políticas, não refutadas porque irrefutáveis diante das realidades: de Antônio Sardinha e outros, "verifico a impotência dos seus defensores em fazerem uma defesa convincente".[48]

---

48 Franco Nogueira, "Nova Resposta do Dr. Franco Nogueira", in *Antônio Sardinha e o iberismo – Acusação contestada*, polêmica de vários autores, Lisboa, QP, 1974, pp. 103, 109, 114, 115, 191, 195, 196 e 198. Com o distanciamento no tempo, pouco a pouco as paixões vão amainando também diante de Antônio Sardinha, como se vê em Rui de Ascensão Ferreira Cascão em "As correntes nacionalistas da segunda metade do Século XX", *Revista de História das Idéias*, Instituto de História e Teoria das Idéias da Faculdade de Letras da Universidade de Coimbra, nº 14, 1992, pp. 334-339.

O antiiberismo e o peninsularismo de Sardinha tiveram quase nenhuma repercussão na Espanha. O primeiro a estudá-los foi Félix de Llanos y Torriglia em *Mirando a Portugal* (Madri, 1917), livro inclusive com uma conferência do autor no Ateneo da capital espanhola, quando ele antes tratou dos textos de *A União Ibérica*. O segundo foi Jesus Pabón no capítulo "La Cuestión Ibérica" no segundo volume de *La Revolución Portuguesa* (1945), que resume e discute Llanos y Torriglia. Mostra Pabón como ninguém na Espanha se lembra de Sinibaldo de Más e Juan del Nido y Segalerva e que o conde de Romanones morreu afirmando que "en ningún tiempo España ha pretendido ejercer una intervención en Portugal", contra o afirmado pelo também ministro de Afonso XIII, marquês de Lema, em "España y Portugal" no jornal madrilenho *ABC*, em 27 de março de 1915, invocado por Vasco de Carvalho nos "Aspectos político-militares" de *A questão ibérica* na Liga Naval em Lisboa, 1915.[49] Depoimento de ministro contra ministro...

Ramiro de Maeztu teve maior repercussão na Hispano-América, que Antônio Sardinha no Brasil, onde os integralistas brasileiros, em muito diferentes dos portugueses, praticamente o ignoraram. Mesmo durante seu exílio em Portugal, os contatos de Plínio Salgado com os integralistas lusitanos eram muito poucos e apenas pessoais.[50]

Foram outros brasileiros que se interessaram por Antônio Sardinha: Oliveira Lima e Gilberto Freyre.

Oliveira Lima era um diplomata brasileiro de carreira, nascido de pai imigrante português enriquecido e mãe de tradicional família de Pernambuco, Nordeste do Brasil. Estudou no Curso Superior de Letras, predecessor da Faculdade de Letras da Universidade de Lisboa, serviu na então legação brasileira em Portugal e em vários países, sobre os quais escreveu

---

49 Jesus Pabón, *La Revolución Portuguesa*, Madri, Espasa-Calpe, 1945, Vol. II, pp. 284-285.

50 A biografia pela filha, Maria Amélia Salgado Loureiro, só refere contatos com Hipólito Raposo e, quanto aos outros, são mais tradicionalistas. Cf. *Plínio Salgado, meu pai*, São Paulo, Edições GRD, 2001, pp. 277, 290, 307, 361 e 362.

livros com análises políticas e sociais, em especial o Japão, a América Hispânica e, dentro desta, a Argentina. Faleceu em Washington e legou sua enorme biblioteca e documentos à Universidade Católica da América naquela cidade, a qual lhe mantém o nome, "Oliveira Lima Library".[51]

A obra máxima de historiografia de Oliveira Lima, exemplar no método e na isenção, é *Dom João VI no Brasil*, 1908, reabilitador do rei, grande atualizador, para a época, do Estado brasileiro herdado de João II e retransmitido por João III. Ali ele também estuda, pela primeira vez em pormenores, as intrigas de Carlota Joaquina em suas tentativas de ser na Argentina, Uruguai e Paraguai o que o marido era no Brasil; no caso dela, em nome da sucessão dinástica do irmão Fernando VII preso por Napoleão, do que a Família Real portuguesa escapara não por fuga e sim por retirada estratégica. João VI renovou e tornou autônoma a administração do Brasil, preparando diretamente sua independência, a ser consumada por seu filho, Pedro I. Aqueles planos de integração sul-americana anteciparam o que Oliveira Lima denominou literalmente União Ibérica transoceânica.[52]

Oliveira Lima também foi historiador de Portugal, do que deixou dois livros, *Dom Pedro e Dom Miguel – A querela da sucessão (1826-1828)*, publicado em 1925, e *Dom Miguel no trono (1828-1833)*, póstumo, em 1933; o primeiro no Brasil, em São Paulo, o segundo pela Imprensa da Universidade de Coimbra.

---

51 Fernando da Cruz Gouvêa escreveu em três volumes *Oliveira Lima: Uma biografia*, publicada pelo Instituto Arqueológico, Histórico e Geográfico Pernambucano, Recife, 1976. Teresa Malatian, da Universidade de São Paulo e Pontifícia Universidade Católica de Campinas, escreveu *Oliveira Lima e a construção da nacionalidade*, publicada pela Editora da Universidade do Sagrado Coração, Bauru, 2001, mas permaneciam esquecidos, no Brasil e Portugal, os dois livros dele, *Dom Pedro e Dom Miguel – A querela da sucessão (1826-1828)* e *Dom Miguel no trono (1828-1833)*. Em Portugal desconhecido é o próprio *Dom João VI no Brasil*, exceto por alguns distinguidos historiadores. Aqui, pela primeira vez se comenta criticamente a dupla olvidada. Gilberto Freyre escreveu o depoimento pessoal *Oliveira Lima – Dom Quixote gordo*, Recife, Imprensa Universitária, Universidade Federal de Pernambuco, 1968.

52 M. de Oliveira Lima, *Dom João VI no Brasil (1808-1821)*, 2. ed., Rio de Janeiro, Livraria José Olympio Editora, 1945, p. 300.

Dom Pedro e Dom Miguel foi dedicado, antes dos demais, "à memória de Antônio Sardinha, tão leal, tão animoso, tão vibrante"; só em seguida a João Lúcio de Azevedo, "o historiador insigne", e Fidelino de Figueiredo "o crítico eminente", pelo fato de terem sido os três que, sem os preconceitos de outros contra João VI em desconhecimento do Brasil,

> após 30 anos de minha ausência da terra [portuguesa], me deram com sua gratíssima convivência a impressão do Portugal da minha mocidade de que eu conservava a saudade.

Oliveira Lima na própria dedicatória faz questão de enfatizar ser "este estudo ditado pela isenção histórica", sobre assunto tão polêmico, Dom Miguel e o miguelismo.

Daí Oliveira Lima conceder a ambos: "se à Inglaterra não agradava Dom Miguel tampouco agradava muito Dom Pedro"; pois, conforme relatório do enviado dos Estados Unidos a Washington, Brent, este ouvira pessoalmente de Silva Carvalho em Lisboa, um dos assessores imediatos de Dom Pedro,

> que não tinha ambição alguma *(he was not solicitous)* de parecer inglês ou francês. Seu anelo era política independente e nacional. Nas revoluções disse-me ele – é sempre mister caminhar para a frente: vacilar é cair.

Então Brent apontou para um retrato do marquês de Pombal, pendurado numa das paredes da sala, e disse-lhe: "Aquele sabia bem disso". "Ao que Silva Carvalho respondeu ser absolutamente verdadeiro. 'Ele começou a obra e nós a concluiremos.'"[53]

Lembre-se, a propósito, que até hoje há dois retratos pintados a óleo no gabinete do ministro das Relações Exteriores, outrora dos Negócios Estrangeiros do Brasil: um do barão do Rio Branco, consolidador das fronteiras terrestres brasileiras e estabelecedor das primeiras projeções políticas transoceânicas do Brasil – umas não excluem as outras e sim

---

53 M. de Oliveira Lima, *Dom Miguel no trono (1828-1833)*, obra póstuma prefaciada por Fidelino de Figueiredo, Coimbra, Imprensa da Universidade, 1933, pp. 297 e 301-303.

aquelas preparam e fortalecem estas – e o outro retrato o do marquês de Pombal, o qual, além da advertência e ação, legou aos brasileiros a primeira prática geopolítica de ocupação e defesa da Amazônia. Apesar de todos os prejuízos, causados aos indígenas, pela expulsão dos jesuítas, conforme reconhece e descreve com competência João Lúcio de Azevedo, tão da admiração de Oliveira Lima, no seu livro *Os jesuítas no Grão-Pará*.

Na ata de doação da biblioteca por ele e a esposa, Oliveira Lima usou indistintamente as expressões Ibero-América e América Latina, como se lê textualmente: "This Ibero-American Library [...] in close contact with the cultural centers of Latin America..."[54]

Gilberto Freyre, brasileiro pernambucano como Oliveira Lima, conhecia-o desde contatos na cidade do Recife, berço de ambos em gerações diferentes, e passou a freqüentar sua casa em Washington quando ele, Freyre, era estudante do mestrado de antropologia e ciências sociais na Universidade de Colúmbia em Nova York. De Oliveira Lima Gilberto Freyre escreveu, em vários livros, ter recebido tão grande influência só igual à de Franz Boas, etnólogo pioneiro na distinção entre raça e cultura e, por conseqüência, o primeiro articulado, sistemático, metodológico anti-racista.

Ao concluir seu mestrado, em visita à Europa, 1923, Gilberto Freyre alongou permanência em Lisboa, quase tanto quanto em Oxford; em Portugal por influência de Oliveira Lima freqüentou o "grupo do admirável Antônio Sardinha", não tendo sido possível encontrá-lo pessoalmente. O que não o impediu de conviver com "a gente da *Seara Nova*" (Antônio Sérgio prefaciará, em 1940, *O mundo que o português criou* de Freyre), bem como com "os monarquistas do *Correio da Manhã*", cujo diretor lhe foi apresentado pelo então "jovem mestre – mestre de crítica literária e de crítica de idéias, das quais se tornou já um renovador – Fidelino de Figueiredo". Também conheceu de perto Eugênio de Castro, "poeta

---

54 Malatian, op. cit., p. 374.

dos melhores que tem tido Portugal"; Joaquim de Carvalho, "o excelente Joaquim de Carvalho", "filósofo e historiador da cultura portuguesa" e "o admirável João Lúcio de Azevedo". Mais o conde de Sabugosa, "muito português, muito castiço, muito da sua terra, guarda alguma coisa de aristocrata inglês", "em seu casarão antigo de Santo Amaro", com "a sala de jantar guarnecida de madeiras de lei vindas há séculos do Brasil". Sabugosa do grupo dos Vencidos da Vida de Eça, Ramalho e Oliveira Martins, dentre outros, testemunho vivo deles todos.[55]

De agosto de 1951 a fevereiro de 1952, Gilberto Freyre visitou extensamente Portugal e o Ultramar afrolusófono, em setembro estava na "quinta em que morou meu amigo Antônio Sardinha": "Vem-me à lembrança a amizade que me ligou a este português de Elvas que não cheguei a conhecer senão através de cartas. Vêm-me à lembrança as suas expansões de amigo talvez compreensivo como nenhum, dentre os que tenho tido em Portugal..."[56] Era a lusitanidade que os aproximava, por cima de todas as discordâncias mutuamente entendidas.

Em *Casa-Grande & Senzala* Gilberto Freyre prefere a versão de Antônio Sardinha, que a América Espanhola e a América Portuguesa são hispânicas, não apenas latinas. E recorre, em outras questões de iberidade, a Fidelino de Figueiredo, e de lusitanidade ainda mais a João Lúcio de Azevedo.[57]

Havia motivos.

Fidelino de Figueiredo escrevera *Notas para um idearium português – Política e literatura*, onde se ouvem ecos do *Idearium español*, de Ángel

---

55 Gilberto Freyre, *Tempo morto e outros tempos – Trechos de um diário de adolescência e primeira mocidade*, Rio de Janeiro, Livraria José Olympio Editora, 1975, pp. 122-123.

56 Gilberto Freyre, *Aventura e rotina – Sugestões de uma viagem à procura das constantes portuguesas de caráter e ação*, 2. ed., Rio de Janeiro, Livraria José Olympio Editora, no octogésimo aniversário do autor, 1980, p. 85.

57 Gilberto Freyre, *Casa-Grande & Senzala – Introdução à história da sociedade patriarcal no Brasil*, 40. ed., Rio de Janeiro/São Paulo, Editora Record, 2000, p. 304 e *passim*.

Ganivet, pois também escreveu *As duas Espanhas*, ambos na década de 1920, quando as duas posições – política e literária – neles se cruzam: nas *Notas para um idearium português* ele discorda dos "desmandos literários do nacionalismo":

> O nacionalismo apresenta vários aspectos, mesmo no microcosmo português. E eu, que o vi nascer com simpatia... não deixo de desaprovar alguns desses aspectos: o nacionalismo pela autolatria que desperta,

defende "ideais peninsulares", desde que sem esquecer a África lusófona e o Brasil, e aceita o ibero-americanismo na medida em que não seja pan-hispanismo.[58] Também aqui ressaltam influências em Gilberto Freyre, impressentidas noutros mais.

Aqui não se trata de enumerar todos os proponentes e críticos, intelectuais e políticos, da Grande Ibéria de Aquém e Além-Mar, há muitos, e sim os principais, nos maiores momentos de encontro e desencontro da tendência.

Por isso convém passar, mais uma vez, da teoria à prática, de início nos reis dos vários Estados da Península Ibérica, monarcas antigos ou novos, até os presidentes dos dois lados, Portugal e Espanha, dos começos instáveis de cada república às duas ditaduras daí surgidas.

Antônio de Oliveira Salazar, desde os seus tempos de estudante e jovem professor da Universidade de Coimbra, não gostava sequer da sombra do iberismo, como quer que se chamasse, naquele tempo a Harmonia Ibérica dos republicanos recém-implantados.[59]

O historiador Claudio Sánchez-Albornoz foi o primeiro dos embaixadores da recente república espanhola a ter acesso pessoal direto a Salazar, em 1936. Ele próprio o relata em despacho ao seu ministério das Relações Exteriores em Madri.

Salazar recebeu-o logo lhe dizendo do seu desagrado pelos comentários negativos da imprensa espanhola sobre ele, Salazar, recebendo a

---

58 Fidelino de Figueiredo, *Notas para um idearium português – Política e literatura*, Lisboa, Livraria Sá da Costa, 1929, pp. 15, 16, 20, 68, 71 e 92.
59 Cf. nota 28.

resposta de a imprensa ali ser livre de ingerências desfavoráveis ou favoráveis por parte do governo. A desconfiança, patente desde o primeiro momento, assinala Sánchez-Albornoz não proceder apenas de motivos ideológicos, haveria os mais profundos lusitanos anti-espanhóis, muito claros para um iberista hábil como ele no trato com os portugueses. Sua reconhecida lusofilia era por eles, inclusive Salazar, reconhecida, o que lhe facilitou a missão de embaixador desde o primeiro momento.

Antes, o presidente general Óscar Carmona fora mais descontraído, ao revelar uma hispanofilia ausente no Antônio de Oliveira Salazar ditador de fato. Espinhosa tarefa a de um embaixador de uma república recém-proclamada e já radicalizada em direção oposta à do salazarismo, trabalho de aproximação só facilitado pelas afinidades entre dois professores universitários, Salazar e Sánchez-Albornoz.[60]

Hipólito de la Torre Gómez foi mais duro em relação à missão Sánchez-Albornoz em Lisboa: ela teria sido prejudicada, antes mesmo de começar, pelos devaneios iberistas românticos do primeiro presidente constitucional espanhol, Manuel Azaña. Este nada entendia nem da mentalidade portuguesa em geral, nem muito menos do Salazar interlocutor além-fronteira. Azaña guiava-se por seu próprio romantismo e por lisonjas iberistas verbais pronunciadas pelos exilados políticos portugueses, Jaime Cortesão à frente, que precisavam manter as simpatias do anfitrião generoso. Enquanto isto Azaña, presidente, metia-se em contrabandos de armamentos provindos de países estrangeiros, necessários à modernização militar da Espanha de então, num comportamento leviano e diletante de política internacional, para muito desgosto de Salazar a ele potencialmente hostil desde o início por motivações ideológicas óbvias.

---

[60] Colóquio Internacional "Portugal e a Guerra Civil de Espanha", no Instituto de História Contemporânea da Faculdade de Ciências Sociais e Humanas da Universidade Nova de Lisboa, *Portugal e a Guerra Civil de Espanha*, Lisboa, Edições Colibri, 1998, pp. 49-51.

Manuel Azaña assim revigorava o histórico receio lusitano diante do "perigo espanhol", há pouco tão intenso na monarquia de Afonso XIII. Só as direitas espanholas – do Primo de Rivera pai, general intervencionista autoritário, ao filho ideólogo, ambos menos ou mais frustrados na prática – só eles e seus grupos aplaudiam o peninsularismo de Antônio Sardinha, por eles tido como mais uma reencarnação do iberismo, apesar de diferentes interpretações pelos integralistas lusitanos. O diletantismo iberista de Azaña contrastava com o duro realista antiiberismo de Salazar, no previsível desfecho de recíproco afastamento, não obstante todos os préstimos conciliadores do embaixador Claudio Sánchez-Albornoz, também um tanto ingênuo iberista.[61]

Logo que irrompe a Guerra Civil na Espanha, Salazar envia Teotônio Pereira como representante oficioso perante Franco chefe militar das forças em rebelião. Mesmo assim com as maiores prudências antiiberistas, logo expressas em diálogo entre os dois a propósito das pretensões imperiais espanholas. Recebendo o enviado a resposta de Franco que Portugal e Espanha eram "povos irmãos com destinos paralelos, é certo, mas sempre diferentes e independentes". Ele, Franco, "tinha o maior respeito por Portugal" e procederia no futuro por forma a não lhe ferir as mais ligeiras suscetibilidades. A "idéia imperial" franquista era de "natureza espiritual", nada mais...[62]

Na realidade Franco ia proceder nos bastidores diplomáticos, pessoalmente e através do próprio cunhado Serrano Suñer, ministro das Relações Exteriores, com audácias previsíveis em quem – conforme as pesquisas de Franco Nogueira, em breve outro tanto ministro em Portugal – quando na Academia militar de Toledo, para as provas de oficial de Estado-Maior, o futuro generalíssimo havia escolhido como tema "Como se ocupa Portugal em 28 dias..." E ia nomear seus ministros das Rela-

---

61 Hipólito de la Torre (nome completo: Hipólito de la Torre Gómez), "La conspiración iberista de Manuel Azaña", *Portugal e a Guerra Civil de Espanha*, op. cit., pp. 209-220.
62 Pedro Teotônio Pereira, *Memórias*, Vol. II, Lisboa, Editorial Verbo, 1973, p. 56.

ções Exteriores, com poucas exceções, uma longa série de assumidos iberistas: Serrano Suñer, José Félix de Lequerica, Martín Artajo, Fernando María Castiella, ao lado de ministros vários, como os três López – López Rodó, López Letona, López Bravo – menos ou mais batendo na mesma tecla, no testemunho de Franco Nogueira também ministro dos Negócios Estrangeiros durante o salazarismo.[63]

Em 1939, é assinado o Tratado de Amizade e Não-Agressão entre Portugal e Espanha, com Protocolo Adicional em 1940. O Pacto Ibérico é de 1942, criando o Bloco Ibérico.

Franco – mesmo havendo dito a Teotônio Pereira grandes elogios aos voluntários portugueses ao seu lado na Guerra Civil, na qual muito se beneficiou de Portugal para movimento táticos de tropas pelas fronteiras – mesmo assim Franco, principalmente através de Serrano Suñer, transmitia sinais de desconfiança diante da tradicional aliança inglesa de Portugal, no início da Segunda Guerra Mundial.[64]

Daí as conclusões nos despachos de Teotônio a Salazar em abril de 1939 (dia 19), que: "creio indispensável – e é sem dúvida esse o pensamento de V. Excia. – não darmos à Espanha a menor idéia de desconfiança ou/e receio". Pois, em 11 de agosto, às vésperas da guerra, "de sobra sabemos nós o que pensa o generalíssimo e os perigos de certas idéias que acalenta e não me tem escondido".[65] Impossível ser mais claro quanto às reais intenções de Franco. Este adiará ao máximo o primeiro encontro pessoal com Salazar. Em fins de janeiro de 1940, Teotônio lhe pedirá uma data, sem saber que Franco já tinha uma pró-

---

[63] Franco Nogueira, *Juízo final*, 6. ed., Porto, Livraria Civilização Editora, 2000, p. 142.

[64] Pedro Teotônio Pereira, op. cit., pp. 57, 227 e 228.

[65] *Correspondência de Pedro Teotônio Pereira para Oliveira Salazar*, Comissão do Livro Negro sobre o Regime Fascista, Edição da Presidência do Conselho de Ministros, Lisboa, 1987, Vol. I (1931-1939), pp. 161 e 187: primeiro encontro de Teotônio Pereira com Franco, em 31 de janeiro de 1938, ainda na Guerra Civil, como agente especial, antes de embaixador.

xima, marcada para reunir-se com Hitler, e em 1941 com Mussolini e Pétain. Salazar terá de esperar mais de um ano para o encontro em Sevilha.[66]

A Comissão do Livro Negro sobre o Regime Fascista, editado pela Presidência do Conselho de Ministros de Portugal, em 1989, na "Introdução" faz um resumo deste atribulado relacionamento Franco-Salazar no começo da Segunda Guerra Mundial:

> Temeroso duma eventual coligação militar hispano-alemã, em que o expansionismo hitleriano se associe ao sonho de hegemonia ibérica de Franco, Salazar sabe, sobretudo no início da guerra, que o risco da ocupação de Portugal por tropas franco-hitlerianas é enorme. Sabe por outro lado que, do lado britânico – e depois do lado norte-americano – a possibilidade duma manobra de antecipação a uma eventual ocupação da Península pelo exército alemão (muito provavelmente em cumplicidade com a Espanha franquista e falangista) é muito real. [Daí] o constante esforço feito pela diplomacia portuguesa para contrabalançar a influência alemã (e italiana) junto de Franco, através duma intervenção britânica mais atuante junto do regime franquista, nomeadamente através do auxílio econômico e, diretamente, alimentar.[67]

Sir Samuel Hoare, embaixador britânico em Madri, estará no centro de tanta intriga. Não faltará o almirante Wilhelm Canaris, chefe do serviço militar de informações alemão, *Abwehr*, em mais de um jogo duplo nas suas idas e vindas Berlim-Madri-Berlim.

Teotônio Pereira escreveu longa descrição dos personagens envolvidos: Juan Beigbeder, coronel experimentado nas complicadas negociações das guerras do Marrocos e sucessor do "velho e cauto" conde Francisco Jordana, enquanto Serrano Suñer a todos suplantava no Ministério das Relações Exteriores da Espanha e terminasse, por sua vez, também substituído; Sir Samuel Hoare ("um homem do mais apurado

---

66 *Correspondência de Pedro Teotônio Pereira para Oliveira Salazar*, op. cit., Vol. II (1940-1941), 1989, p. 7.
67 *Correspondência de Pedro Teotônio Pereira para Oliveira Salazar*, op. cit., pp. 7 e 6, "Introdução".

tipo das suas classes dirigentes", construtor da até então inexistente política britânica junto a Franco no poder); Serrano Suñer (brutal a ponto de resumir ao embaixador de Portugal que "devíamos acolhernos à suzerania da Espanha se queríamos que ela não nos abandonasse. Caso contrário, podia ser a guerra"), pois milhares de refugiados se apinhavam na fronteira França-Espanha e os carros de combate alemães chegaram a cruzar a ponte sobre o rio Bidassoa e circular pelas ruas da Irun, vizinha de Hendaya, a pretexto de garantir a segurança pessoal de Hitler no imediato encontro dele com Franco ali, nos começos de 1940.[68]

Franco e Salazar terminaram se encontrando pessoalmente seis vezes: em 1942, em Sevilha; 1949, em Lisboa; 1950, em Pazo de Meirás e Porto; 1950 e 1952, em Ciudad Rodrigo; e 1960, em Mérida. Em 1943, Salazar tinha estado em Ciudad Rodrigo, mas para encontrar o conde Jordana, ministro das Relações Exteriores de Franco.

Entrementes, até um exilado político anti-franquista espanhol do nível de Salvador de Madariaga, escritor liberal e antigo embaixador, também se dizia iberista e confidenciava ao embaixador de Portugal em Londres, 1942, Armindo Monteiro, atente-se bem para a data, quando Madariaga, após remontar o iberismo ao melhor do passado comum à Espanha e Portugal, concluía crassamente:

> O facto que julga essencial é este: o futuro vai eliminar as nações pequenas da concorrência econômica e política internacional. Portugal é fraco demais, pequeno demais, pobre demais, para poder resistir à fúria dos ventos que sopram no mundo. Para sobreviver tem de se associar. [...] Ora, a forma natural de associação de Portugal está no mapa.

Diante da reação do embaixador de um regime ditatorial, perante tal proposta de um exilado liberal, Madariaga concluía tentador, que

---

[68] *Correspondência de Pedro Teotônio Pereira para Oliveira Salazar*, op. cit., Vol. III, 1942, "Antecedentes do Protocolo ao Tratado de Amizade com a Espanha". Anexo ao Vol. III, 1990, pp. 330 (4), 301 (5), 302 (6), 313 (17), 319 (23) e 309 - 311 (13-15).

os espanhóis que têm pensado neste assunto não têm objeção a que a associação peninsular seja feita sob a égide de Portugal. [...] Melhor do que ninguém, Salazar pode hoje repor a Península na sua verdade política. Por que não o faz? Faça-o. Faça-o.

Na realidade, no recado logo retransmitido do liberal ao ditador, Salvador de Madariaga aplicava à Península Ibérica recente sugestão do político britânico Sir Stafford Cripps, divulgada pela imprensa mundial, propondo "um Conselho Europeu, ao nível de conselhos idênticos de outros continentes, todos subordinados a um grande conselho mundial" confederando as federações continentais, o que viria a ser em grande parte realizado após a União Européia, Nafta reunindo a América do Norte e o Mercosul a do Sul. Mas, naquele tempo – Segunda Guerra Mundial –, parecia ao embaixador salazarista "uma nova espécie de geometria política que, na sua desmedida vaidade, põe já a abraçar o universo".[69]

Se Salazar não acreditava em Franco, ditador como ele, muito menos no conservador, porém democrático, Churchill. E tinha motivos para a descrença: enquanto Churchill, na véspera do desembarque aliado no Norte da África, dava as garantias territoriais a Portugal[70] sempre adiadas pelo correligionário ditatorial espanhol, Churchill secretamente sabia por escrito da decisão de Roosevelt em oferecer os Açores à ocupação militar nada menos que do Brasil, naquele tempo sob a ditadura do sagaz Getúlio Vargas, se Salazar não aceitasse ali a instalação de uma base aérea vital para o abastecimento americano da Grã-Bretanha, sitiada e bombardeada pelos alemães...

---

69 O diálogo de Salvador de Madariaga com Armindo Monteiro, embaixador de Salazar em Londres, foi em 12 de novembro de 1942, no dia 20 do mesmo mês relatado "confidencial" ao ministro dos Negócios Estrangeiros, que era o próprio Salazar acumulando o cargo ao de presidente do Conselho de Ministros. *Armindo Monteiro e Oliveira Salazar – Correspondência política. 1926-1955*, organizada por Fernando Rosas, Júlia Leitão de Barros e Pedro de Oliveira, Lisboa, Editorial Estampa, 1996, pp. 393-394, 396-398.

70 "Notas de uma conversa particular com o primeiro-ministro britânico Mr. Winston Churchill, em 25 de novembro de 1942, durante um almoço na Embaixada de Espanha em Londres", enviadas por Armindo Monteiro a Salazar, op. cit., p. 399.

Foi assim: os arquipélagos portugueses e espanhóis dos Açores, Madeira-Porto Santo-Ilhas Selvagens e Canárias eram e permaneceram estrategicamente fundamentais para o controle do Atlântico Norte. Salazar e Franco sabiam muito bem isso, também Hitler, Churchill e Roosevelt. Então se teceu outra das maiores intrigas da Segunda Guerra, chegando ao Brasil, tornado próximo pela tecnologia militar.

Com o alastramento e intensificação da guerra submarina, a Alemanha passara a estender crescente atenção aos Açores, onde poderia reabastecer-se, ou de onde podiam partir ataques contra ela, se estivessem nas mãos britânicas ou dos Estados Unidos. Churchill opôs-se a que Roosevelt confirmasse as naturais preocupações de Salazar. Quando este vem a saber, as negociações estavam muito adiantadas. Enquanto isto, Churchill tentava convencer Salazar a resistir às pressões alemãs...

Roosevelt conhecia pessoalmente os Açores desde 1918, ao término da Primeira Guerra, quando lá esteve organizando o desmonte das instalações navais dos Estados Unidos na Horta e Ponta Delgada. Pouco antes de os Estados Unidos entrarem na Segunda Guerra, Roosevelt traçou uma linha ao longo do meridiano dos 25° separando a Europa e o seu país e incluindo os Açores na área americana. A decisão transpirou além de um segredo de Estado, neste caso intencionalmente não muito bem guardado. Salazar reagiu, considerando-a uma potencial agressão contra a neutralidade portuguesa, oportunidade da qual Franco se aproveitaria para invadir Portugal, conforme as ameaças, mais que advertências, de Serrano Suñer, seu ministro das Relações Exteriores.[71]

---

71   José Freire Antunes, *Roosevelt, Churchill e Salazar – A luta pelos Açores. 1941-1945*, Madri, impresso para o Ediclube de Lisboa, 1995, pp. 48, 50, 51, 53 e 58. Pesquisa patrocinada pela Fundação Calouste Gulbenkian na Franklin D. Roosevelt Library – Hyde Park, Nova York – e National Archives de Washington DC, quando o autor era investigador associado da School of International Affairs da Universidade de Colúmbia, Nova York, orientado por Kenneth Maxwell, entre 1982 e 1987.

Roosevelt, à revelia do próprio Churchill, resolveu infletir em outra direção, nada mais nada menos, que propor ao presidente Vargas uma dupla ocupação americano-brasileira dos Açores.[72] Era o tempo do encontro dos dois na base aérea em Natal no estratégico saliente nordestino brasileiro, defronte da Dacar ocupada pelos franceses de Pétain solidários com os alemães, ameaçando o controle aeronaval do Atlântico Sul. Roosevelt considerava tão importante a colaboração brasileira, que foi pessoalmente ao Brasil, em Natal, negociar com Vargas as condições e retribuições dos Estados Unidos pelo uso daquela base, mais as de Belém do Pará e do Recife em Pernambuco, no trajeto dos Estados Unidos à retaguarda dos exércitos ítalo-alemães na Operação Tocha no Marrocos, em 1943. Vargas exigiu e obteve a subseqüente retirada dos Estados Unidos da área. Por essas e outras, Hitler ordenou violenta ofensiva dos submarinos alemães contra navios brasileiros.[73]

Enquanto Roosevelt tentava aplacar Salazar com o enviado Bert Fish em Lisboa, Cordell Hull, seu secretário de Estado – equivalente a ministro dos Negócios Estrangeiros –, ordenava ao embaixador dos Estados Unidos no Rio de Janeiro que, ao presidente Vargas "comunicasse oralmente e no máximo segredo" (*communicate orally and in the utmost secrecy*), o pedido do presidente Roosevelt de o Brasil obter pacificamente autorização de Portugal, concordância no estabelecimento da base aeronaval anglo-americano-brasileira nos Açores.

---

72   José Freire Antunes, op. cit., pp. 56-66.
73   Existe uma *special partnership* entre o Brasil e os Estados Unidos, dita e repetida por vários presidentes dos dois países, denominada por E. Bradford Burns *A aliança não-escrita (The unwritten alliance, 1966)*. *O barão do Rio Branco e as relações Brasil-Estados Unidos*, tradução do embaixador brasileiro Sérgio Bath, Brasília, Fundação Alexandre de Gusmão/Instituto de Pesquisas de Relações Internacionais do Ministério das Relações Exteriores do Brasil, 2003. Frank McCann Jr. estudou, em *The Brazilian-American Alliance (1937-1945)*, (Princeton, Princeton University Press, 1973) o relacionamento Vargas-Roosevelt às vésperas e durante a Segunda Guerra. Daí a reação de Hitler, ordenando os torpedeamentos dos navios brasileiros, conforme testemunha o comandante da frota alemã de submarinos, almirante Karl Dönitz, nas suas memórias *Zehn Jahre und Zwanzig Tage*, Bonn, Athenäum Verlag, 1958, pp. 236-237 e 250-251.

Vargas esquivou-se da mediação, mas, ao sabê-la diretamente de Roosevelt, Salazar respondeu ao presidente americano:

> Tendo em conta a nossa [portuguesa] estreita relação com o Brasil, estou confiante de que Portugal poderia, em tal emergência, contar com a solidariedade e todo o apoio daquele país.

Salazar reconhecia a dependência de Portugal diante dos Estados Unidos, ademais como destinação de numerosos imigrantes açorianos. Salazar, na época, temia o fracasso do Bloco Ibérico através do Pacto Ibérico e mesmo depois que Franco o declarasse inútil.

Diante de tantas idas e vindas, Roosevelt ordenou a preparação da operação secreta Lifebelt, integrada com a britânica Ironbelt para ocupação dos Açores mesmo à força, por invasão militar. Salazar receberia antes um *ultimatum*. Num "tom de alarme", Cordell Hull, relembrou pessoalmente a Vargas no Rio de Janeiro o anterior consenso de Natal com Roosevelt. Em vão, pois Vargas sabia muito bem o que queria para o Brasil e até onde. Vargas não costumava ter motivações sentimentais, ele não respondeu às propostas e insistências de Roosevelt sobre os Açores, devido à razão de Estado brasileira e não por sentimentalismos históricos para com Portugal, ou qualquer outro país, partido ou pessoa. Nada comunicou a Salazar. Vargas esperou a vitória soviética em Stalingrado, o triunfo britânico em El Alamein e o ataque japonês a Pearl Harbour, para o Brasil entrar na guerra muito recompensado.

Salazar então entendeu também Vargas e o Brasil, não só a Franco e a Espanha, como explicou a Sir Ronald Campbell, outro enviado de Churchill, conforme seu relato confidencial:

> Salazar está obviamente preocupado com as suas relações com o Brasil e frustrado nas suas esperanças de um "Bloco Latino". Está ansioso quanto a possíveis mudanças em Espanha que afetem o seu regime em Portugal e já não confia muito no "Bloco Ibérico". Parece estar a virar-se para a [tradicional] aliança anglo-portuguesa como a sua melhor segurança...

O posterior regime militar brasileiro, apesar das eventuais afinidades conservadoras com Salazar e seu sucessor Marcelo Caetano, preferiu, por

A Grande Ibéria

razão de Estado neste caso geopolítica, defender cada vez mais ativamente os movimentos independentistas afrolusófonos, como se vê no diário íntimo *Um político confessa-se* de Franco Nogueira, ministro de Salazar, e nos documentos da administração de Marcelo Caetano. Os caminhos diferentes prosseguirão nos seguintes regimes redemocratizados no Brasil e Portugal.

Em 15 de junho de 1943, Churchill encontrou-se com Jan Christian Smuts, primeiro-ministro da União Sul-Africana, e discutiram a possibilidade de ela anexar Angola e Moçambique, se Salazar adiasse a resposta favorável a Washington e Londres. O dia decisivo foi 18 do mesmo mês, 72 horas após mais este degrau na escalada de pressão sobre Salazar. Ele recebeu de novo Campbell, desta vez para dar-lhe a definitiva concordância. No mesmo dia, Sir Anthony Eden, ministro das Relações Exteriores de Churchill, comunicava em Londres a Armindo Monteiro, embaixador de Portugal, a mesma posição britânica e recebia enfim a adesão de Salazar.[74]

Portugal enfrentou sozinho toda a longa crise dos Açores, sem ajuda direta, nem indireta, do Brasil de Vargas e com a Espanha de Franco atenta no horizonte, que tomaram as decisões quando melhor convieram a estes. Que foram, no caso de Vargas, a continuação da aliança anglo-americano-brasileira e de Franco a persistência na neutralidade até o fim da Segunda Guerra. Decisões por razão de Estado, sem considerações iberistas ou lusófonas. As afinidades e desafinidades culturais estão mutuamente condicionadas por interesses econômicos e motivações políticas.

Salazar anotou intimamente os procedimentos, tanto assim que passou a ter uma distante cordialidade para com Vargas, enquanto se intensificava a recíproca, antiga e crescente desconfiança entre ele, Salazar e Franco. A cedência dos Açores contribuirá a preparar a entrada do Portugal ainda salazarista na Organização do Tratado do Atlântico Nor-

---

74 José Freire Antunes, op. cit., pp. 70, 73, 75, 93-96, 98, 149 e 150.

te, enquanto a Espanha franquista terá de esperar. Ambos, redemocratizados, poderão ingressar em 1985 na Comunidade Econômica Européia, depois União Européia, após ameaças americanas de separar os Açores de Portugal, no auge da Revolução dos Cravos. Antes, o franquismo e o salazarismo continuaram seu difícil casamento de conveniência (*mariage de raison*), não um casamento de amor (*mariage d'amour*)... Havia tanto para aproximá-los, quanto para distanciá-los. Os interesses e opiniões de Salazar, Franco e Vargas cruzavam-se, não se combinavam.

A própria aliança inglesa tradicional – na prática uma reserva mais em favor da proteção britânica de Portugal perante a Espanha, que qualquer outra coisa – a própria aliança inglesa foi vista com bastante realismo por britânicos e portugueses, ao modo do próprio Salazar, num comentário à margem de uma das suas decisões, só muito tempo depois liberado:

> Deverá ser grande o desapontamento de algum historiador do futuro [...] porque esse historiador terá feito a distinção entre diretrizes políticas gerais e os mil incidentes diários mais ou menos vivos e desagradáveis, com uma potência a quem mais de um século (embora entrecortado por períodos sãos) de absoluta subserviência da parte de Portugal quase deu o direito de se julgar em situação de mandar aqui soberanamente.[75]

Era isso que Salazar pensava no íntimo sobre a aliança inglesa.

Do lado espanhol e do português, também funcionavam implacavelmente as respectivas razões de Estado, a ponto de a Comissão da Presidência do Conselho de Ministros de Portugal, na "Introdução" à publicação da *Correspondência de Pedro Teotônio Pereira para Oliveira Salazar*, no quarto volume, definir a aliança franquista-salazarista:

---

[75] Comentário do próprio punho de Salazar, em 12 de julho de 1943. *Armindo Monteiro e Oliveira Salazar – Correspondência política*, op. cit., p. 434. A ideologia de Salazar pode ser vista de vários ângulos autoritários em complexas combinações, conforme suas circunstâncias, as do Portugal do seu tempo. É o que demonstra Antônio José de Brito, em seu livro *Para a compreensão do pensamento contra-revolucionário: Alfredo Pimenta, Antônio Sardinha, Charles Maurras, Salazar*, Lisboa, Hugin Editores, 1996.

enorme falácia prática da política do "Bloco Peninsular" ou do "Pacto Ibérico" acertada entre Salazar e Jordana, aquando da visita deste a Lisboa, em 1942,

diante do iberismo franquista e antiiberismo salazarista irredutíveis.[76]

Mesmo assim, Hitler se preocupava em 1942 com a possibilidade de um bloco de ibérico a latino, atraindo também a Itália de Mussolini e a própria França de Pétain. Daí instigar Espanha contra Portugal.[77]

Quando o Pacto do Bloco Ibérico foi assinado, o ministro-chefe da Falange, partido único oficial da Espanha franquista, José Luís Arrese y Magra, apressou-se a ir à Alemanha, "por lá teve conversas por certo perigosas", e logo voltou para comandar outra onda de campanhas iberistas, inclusive distribuindo mapas anexionistas da Península Ibérica, "tudo isto, evidentemente à sombra da autoridade do generalíssimo Franco",[78] sem a qual, obviamente, seria impossível. A questão de Olivença, neste clima, só podia ser tegiversada e acelerada a castelhanização dos seus habitantes, com a fronteira fechada às influências políticas portuguesas, mesmo em meio a todas as recíprocas proclamações oficiais de cooperação.

Daí Manuel Loff referir-se à "ambigüidade imperial do franquismo" iberista e do "nacionalismo defensivo" antiiberista de Salazar, num relacionamento de "ciclos retorcidos", indo e vindo em torno dos mesmos impasses.[79]

---

76 "Introdução", *Correspondência de Pedro Teotônio Pereira para Oliveira Salazar*, op. cit., Vol. III-IV, p. 8.

77 Cf. *Monologe im Führerhauptquartier (1941-1944)*, registros taquigráficos por Heinrich Heim (os de Henry Picker são menos pormenorizados), Munique/Hamburgo, Bertelsmann-Knaus, 2000, pp. 223, 369 e 391. Hitler havia dividido a França numa zona ocupada e noutra com governo colaboracionista, até também ocupá-la em 1943. Chegou a oferecer Portugal e colônias lusas à Espanha. Cf. Manuel Loff, *Salazarismo e Franquismo na Época de Hitler (1936-1942)*, Porto, Campo das Letras, 1996, pp. 195 e 219. Manuel Loff trabalhou sob a orientação de Hipólito de la Torre Gómez.

78 *Correspondência de Pedro Teotônio Pereira para Oliveira Salazar*, pp. 45 e 311.

79 Manuel Loff, op. cit., pp. 189 e 200.

Até agora vimos a questão mais pelo lado português salazarista, inclusive através de fontes primárias, não só pelos analistas, por melhores que sejam. Passemos a ver pelo lado espanhol franquista. Nisto a melhor fonte direta é a correspondência diplomática do irmão de Franco e seu embaixador em Lisboa, Nicolás Franco. Ele exerceu o cargo durante 20 anos, de 1938 a 1958, o que demonstra a importância atribuída pelo generalíssimo às relações com Portugal. Por outro lado, Teotônio Pereira chegou já em 1937 junto a Franco, quando a Guerra Civil ainda não estava decidida, embaixador em 1938 antes que ela terminasse e permaneceu até 1945. Outra demonstração da importância da continuidade de ambos.

Em 1943 declinavam os triunfos militares alemães e subiam no horizonte os dos anglo-americanos e soviéticos. Salazar e o conde de Jordana, ministro das Relações Exteriores de Franco, encontram-se em Ciudad Rodrigo. O tema da cedência de bases aéreas nos Açores à Grã-Bretanha e Estados Unidos é um dos nós a serem desatados ou, no mínimo, explicados por Portugal à Espanha, para retransmissão à Alemanha. Salazar diz que se trata de cumprimento da aliança inglesa de 600 anos e que eram "bases provisionales", respeitadoras da soberania portuguesa, negociadas sem coação e em troca de "ciertos abastecimientos económicos y de municiones" pelos Estados Unidos e Grã-Bretanha a Portugal.[80]

Salazar prometeu a Franco estender diretamente tais explicações ao representante diplomático alemão em Lisboa, com o comentário de Nicolás Franco ao irmão, "Claro está que esto es sofisma", tanto assim que, "Desde luego, no ha hecho el Gobierno Portugués gestión alguna con Alemania".[81] Esta acabou sabendo oficialmente da cedência nos Açores pelo discurso de Churchill a respeito na Câmara dos Comuns, transmitido

---

80 Ana Vicente, *Portugal visto pela Espanha – Correspondência diplomática. 1939-1960*, Lisboa, Assírio & Alvim, 1992, pp. 14, 16, 34, 36 e 40.
81 Idem, p. 39.

ao vivo pelo rádio, para evidente fúria de Hitler e asseclas, pois, embora prevendo o desfecho por seus serviços de informação (Lisboa e Madri fervilhavam de espiões, inclusive com visitas do agente duplo, almirante Wilhelm Canaris), a Alemanha esperava um mínimo de consideração pública por parte de Salazar. Este tentava compensar, exportando minérios raros portugueses, como o volfrâmio, à indústria bélica alemã deles necessitando urgentemente. O tempo se encarregou do principal: a derrota militar alemã, sem possibilidade de represália a Portugal, seja para punir Salazar pela cedência da base dos Açores, seja para arrancar-lhe diretamente o controle dos minerais estratégicos.

A transferência de Teotônio Pereira, em 1945, logo ao término da Segunda Guerra, de embaixador em Madri a outro tanto no Rio de Janeiro, foi uma das sinalizações da retomada das tensões iberistas e antiiberistas espanholas e portuguesas também na América Meridional, sem com isso arrefecer as da Península Ibérica. Nas palavras de arguta síntese pela pesquisadora Ana Vicente,

> O triângulo constituído pelas relações Portugal-Brasil-Espanha tem uma história delicada, cheia de amuos, ofensas, ciúmes, pequenas e grandes traições, um percurso errático em suma.

A Espanha tendia a levar a sério a "retórica política" da "amizade profunda e eterna" entre Brasil e Portugal[82] (antes de as trocas comerciais e os investimentos econômicos no triângulo Portugal-Espanha-Brasil começarem a tornar finalmente algo sério e construtivo as relações culturais panibéricas extensivas a toda a América Latina, a partir de fins do século XX, com o reenriquecimento da Espanha e Portugal na União Européia e a criação do Mercosul, é bom que se acrescente este comentário crítico).

Até então, a inspiração ideológica de Ramiro de Maeztu, residual no término do franquismo, levava o embaixador Nicolás Franco a comunicar ao chefe e irmão que o Tratado de Amizade e Consulta entre Portu-

---

82   Ana Vicente, op. cit., pp. 97-99 e 101.

gal e o Brasil, firmado em 1953, devia-se ao "recelo y susceptibilidad con que Portugal ve nuestra política de hispanidad". A repercussão, entre os franquistas, foi longe: o embaixador da Espanha em Paris, José Rojas y Moreno, advertia a Franco sobre a tentativa de formação de um quadrilátero Portugal-Angola-Brasil-Antilhas-Estados Unidos...

Portanto, as recíprocas visitas dos presidentes das repúblicas portuguesa e brasileira tinham de chamar a atenção dos embaixadores de Franco. O lusitanismo parecia-lhes mais fraco no Brasil que o hispanismo na América de idioma castelhano e os crescentes sinais de inquietação, rumo às guerras de independência na África lusófona, apontavam na direção de ainda maior enfraquecimento da influência portuguesa no espaço afrobrasileiro em que ela se dizia tão forte.[83]

Após a Segunda Guerra Mundial, em outra guerra, a Guerra Fria Leste-Oeste, diminui a pressão, mas não o interesse iberista de Franco diante de Salazar sempre na defensiva.[84]

Ao término do século XX e princípios do XXI, ainda persistiam temores recíprocos em alguns setores. Em Portugal, para Franco Nogueira e os que com ele concordam, o maior perigo continua sendo a estrangeirização das elites, o povo é o "último garante de defesa", "intuitivamente", instintivamente. A União Européia na Península Ibérica significaria globalização pela mais forte Espanha, diante dos Estados Unidos, potência imperial, mas volúvel, e o Brasil, "equívoco em certos aspectos da política".[85]

---

83 Ana Vicente, op. cit., pp. 99, 101 e 106.

84 Cf. Juan Carlos Jiménez Redondo, *Franco e Salazar – As relações luso-espanholas durante a Guerra Fria*, Lisboa, Assírio & Alvim, 1996. Fernando Rosas, da Universidade Nova de Lisboa, tem se destacado na pesquisa e crítica abalizadas aos arquivos do salazarismo.

85 Franco Nogueira, *As crises e os homens*, Lisboa, Livraria Civilização Editora, 2000, edição póstuma, escrita em 1971, pp. 12 e 347. No "Prefácio", Jaime Nogueira Pinto conclui: "Tudo mudou, mas também tudo está na mesma". Apesar das consideráveis melhoras nas relações Portugal-Espanha, "o problema do iberismo é, ainda hoje, sério e complexo". José Adelino Maltez representa a visão lusíada da CPLP (cf. "A comunidade mundial, o projeto lusíada e a crise do político", *Conjun-*

As rivalidades iberista e antiiberista – no quadro do relacionamento Espanha-Portugal, Península Ibérica e Ibero-América e desta entre si, até a entrada de Portugal e Espanha na Comunidade Econômica Européia e a criação do Mercado Comum do Sul a partir da América Meridional –, passam a apresentar inter-relacionamentos econômicos, culturais e políticos mais diversificados que nunca, em meio ao desenvolvimento e às crises de mais outros tempos.

---

tura Internacional, coord. por Óscar Barata, Lisboa, ISCSP, 1999). Antônio Marques Bessa mostra as limitações, não só possibilidades, do relacionamento Brasil-Portugal, "Uma visão sobre as grandes linhas da política externa portuguesa nos últimos anos". *As políticas exteriores de Brasil e Portugal: Visões comparadas*, seminário em 2003 no Instituto Superior de Ciências Sociais e Políticas da Universidade Técnica de Lisboa, publicado em 2004. José Carlos Venâncio, na Universidade da Beira Interior (Covilhã), é realista quanto ao relacionamento Brasil-África lusófona e, em geral, Álvaro de Vasconcelos do Instituto de Estudos Estratégicos e Internacionais de Lisboa. Raul Moreira Rato, da Universidade Lusíada de Lisboa, é dos primeiros especializados brasilianistas portugueses, ademais dos dedicados à literatura do Brasil. Também são necessários lusitanistas, africanistas, hispanistas e hispano-americanistas brasileiros, entre muitas especializações.

Projeções

Capítulo 6

Neo-Ibéria e Pós-iberidade

A entrada de Portugal e Espanha na Comunidade Econômica Européia, depois União Européia, propiciou cada vez mais freqüentes e intensos contatos entre as duas sociedades civis, como previu o outrora ministro das Relações Exteriores da Espanha, Fernando Morán:[1] investimentos e intercâmbios comerciais e humanos.

No ano 2001, emblemático início do século XXI, reuniu-se em Badajoz, coordenado pelo espanhol Hipólito de la Torre Gómez e o português Antônio José Telo, o seminário resultante no livro *La mirada del otro – Percepciones luso-españolas desde la historia*. Nele, Torre Gómez, um dos grandes renovadores destes estudos no seu país, resumiu muito bem:

> Hoy la mirada del otro es muy distinta de la que fue hasta hace un ayer no muy lejano: es mucho más confiada; menos de soslayo y con mayor interés.

Não há motivos para surpresa, trata-se ainda de superar antigas desconfianças na Ibéria,[2] pode-se também dizer na Nova Ibéria. De grande importância, ali, o conteúdo dos pronunciamentos e dos debates, e a forma, bilíngüe, cada expositor escrevendo em português ou espanhol castelhano, mais um sinal do porvir.

---

1 "Prólogo" a Ana Vicente, *Portugal visto pela Espanha – Correspondência diplomática (1939-1960)*, Lisboa, Assírio & Alvim, 1992, p. XIII.

2 Hipólito de la Torre Gómez, "Historia, identidad nacional y vencidad ibérica", in *La mirada del otro – Percepciones luso-españolas desde la Historia*, Mérida, Editora Regional de Extremadura/Junta de Extremadura (Gabinete de Iniciativas Transfronteirizas – Unión Europea, 2001, p. 16.

Tratava-se de uma etapa de um projeto – o projeto "Ágora, el Debate Peninsular" – promovido pelo Gabinete de Iniciativas Transfronteiriças da Junta da Extremadura espanhola, outro passo adiante no diálogo Portugal-Espanha despertando naturalmente o interesse do Brasil e países hispano-americanos e dos lusófonos e hispanófonos do mundo inteiro.

Adriano Moreira, intelectual experiente na política, aclarou previamente muito bem os termos, ao diferenciar unidade e unicidade: a primeira, natural pela vizinhança geográfica e encontros, não só desencontros, na história de ambos os povos; a segunda, recusada por ambos ao longo dos tempos,[3] pois, conforme o reconhecem espanhóis do nível de Torre Gómez, "ni aconseja que esas íntimas cualidades se modifiquen al punto de desnaturalizarse".[4] Tudo no geral panorama, mais do passado que do presente, em "contradições e mudanças", na conceituação também precisa do historiador Luís Reis Torgal.[5]

Nem por isto Nuno Valério deixou de descrever com realismo os desníveis a mais, não só diferenças, econômicas e demográficas, muito maiores da Espanha diante de Portugal. Ademais da tendência da Espanha mais à globalização que Portugal,[6] podendo-se mesmo demonstrar uma tendência portuguesa à continentalização, com cerca de 80% das exportações e importações de Portugal concentrando-se na Europa, tendência inversamente proporcional, por exemplo, à do Brasil, o qual importa e exporta cerca de 20% para os hispano-americanos e, portanto, 80% ao mundo inteiro, aí cabendo à América do Norte (Estados Unidos e Canadá) outros 20%, diante dos 25% à Europa, mais ao Oriente que com a África. Há décadas que se tornou política oficial brasileira esta diversificação, que traz menos vulnerabilidade ao seu comércio internacional.

---

3 Adriano Moreira, "A tensão ibérica", in *La mirada del otro – Percepciones luso-españolas desde la Historia*, op. cit., pp. 25-26.

4 Hipólito de la Torre Gómez, op. cit., p. 16.

5 Luís Reis Torgal, "Espanha vista na Escola Salazarista", in *La mirada del otro – Percepciones luso-españolas desde la Historia*, p. 57.

6 Nuno Valério, "Estudos sobre Espanha em Portugal", in *La mirada del otro – Percepciones luso-españolas desde la Historia*, pp. 210 e 211.

Enquanto isto, em Portugal há alguns residuais temores de determinados grupos de empresários,[7] extensivos a intelectuais,[8] diante da assimétrica maior quantidade dos investimentos e trocas comerciais da Espanha, apesar dos óbvios benefícios em aumentos de empregos e de arrecadação de impostos em Portugal. Adriano Moreira relembra a especial importância da cooperação econômica das regiões fronteiriças, possibilitada, porém que deveria ser mais incrementada, pela União Européia, por exemplo, entre a Galiza, Galícia como dizem os espanhóis, e o norte de Portugal; ao sul, entre o Algarve e a Andaluzia.[9] Pode-se acrescentar a grande potencialidade da cooperação entre Alentejo e Extremadura espanhola e Trás-os-Montes e León, na medida da capilaridade das estradas e multiplicação dos projetos conjuntos, do tipo das euro-regiões.

O intercâmbio cultural apresenta-se fundamental para a mútua compreensão, no quadro das cooperações, através da intensa troca de estudantes e professores e conjuntas atividades de pesquisa das respectivas instituições, bem como a tradução não só dos clássicos das literaturas, também de seus autores contemporâneos.[10] Obstáculo é ainda o pouco interesse, a ser mais e melhor estimulado, dos alunos desde os cursos secundários aos universitários, em Portugal pelas línguas e história da Espanha[11] e, na Espanha, por Portugal, com exceção em partes da Extre-

---

7   Cf. o jornal de Lisboa *Expresso*, "Empresários entregam manifesto a Durão", em 29 de outubro de 2002, com assinaturas também de intelectuais liberais como João Carlos Espada e outros, concitando o governo português a "Um conceito estratégico nacional", o que deixa dúvidas quanto às possibilidades de planejamento (local?) diverso do geral direcionamento da União Européia.

8   O sociólogo português Antônio Barreto escreveu, a propósito, *Tempo de incerteza* (Lisboa, Relógio d'Água, 2002) e concedeu preocupantes entrevistas aos jornais. Outros consideram o centralismo da União Européia em Bruxelas. Cf. o general Loureiro dos Santos, *A idade imperial*, Lisboa, Publicações Europa-América, várias edições.

9   Adriano Moreira, op. cit., p. 32.

10 Idem, p. 31.

11 Antônio José Telo, "O reequilíbrio das fronteiras históricas portuguesas e a nova relação com Espanha", in *La mirada del otro – Percepciones luso-españolas desde la Historia*, op. cit., pp. 19 e 20.

madura, Andaluzia e Galiza-Galícia, onde há mútuo interesse.[12] Quase o mesmo se diga dos desiguais interesses culturais dos países hispano-americanos diante do Brasil, e vice-versa, na proporção da existência, ou não, de uma tradição de trocas econômicas e políticas, maiores no Cone Sul e menores nos países do Mar do Caribe e Oceano Pacífico.

Do lado brasileiro – o de maior área, população e economia – devem ser destacados, como precursores Abreu e Lima, único brasileiro general de Bolívar;[13] o barão de Japurá, primeiro representante diplomático do Brasil no norte da América do Sul;[14] Oliveira Lima, além de diplomata brasileiro na Venezuela e Argentina, autor de marcantes livros sobre estas regiões;[15] e, naturalmente, o barão do Rio Branco, cuja permanência como ministro de Estado das Relações Exteriores do Brasil no decisivo início do século XX, por dez anos (de 1902 a 1912), caracterizou-se pela definição das fronteiras brasileiras e seu reconhecimento pelos vizinhos, estabelecimento de uma aliança especial com os Estados Unidos, nada excludente de uma específica aproximação Argentina-Brasil-Chile (o chamado ABC),[16] e conseqüente projeção marítima de um Brasil com a retaguarda garantida, revigorado pela plena ocupação demográfica e apro-

---

12 Juan Carlos Jiménez Redondo, "La historiografia española sobre Portugal", in *La mirada del otro – Percepciones luso-españolas desde la Historia*, op. cit., p. 223 e 225.

13 Cf. Vamireh Chacon, *Abreu e Lima – General de Bolívar*, Rio de Janeiro, Paz e Terra, 1983, pesquisa realizada em arquivos da Venezuela, Colômbia e Brasil.

14 Miguel Maria Lisboa (barão de Japurá), *Relação de uma viagem à Venezuela, Nova Granada e Equador*, Bruxelas, A. Lacroix, Verboeckhoven & Cia., 1866. Cf. Alejandro Mendible, *El consejero Lisboa*, Caracas, Fundarte, s/d.

15 M. de Oliveira Lima, *Na Argentina – Impressões: 1918-1919*, São Paulo, Weiszflog, 1920, e o póstumo *Impressões da América Espanhola (1904-1906)*, Rio de Janeiro, Vol. 65 da Coleção Documentos Brasileiros da Livraria José Olympio Editora, 1953, com "Introdução" de Gilberto Freyre, e "Prefácio" e notas de Manoel da Silveira Cardozo, então diretor da Oliveira Lima Library na Universidade Católica da América em Washington DC.

16 As primeiras biografias, pesquisadas, são *Rio Branco*, de autoria de Álvaro Lins e a de Luís Viana Filho, *A vida do barão do Rio Branco*, com várias reedições.

veitamento econômico dos seus imensos interiores. O barão do Rio Branco concluiu a Marcha ao Oeste pelos bandeirantes e demonstrou que só se continentalizando, dentro de si próprio e com os vizinhos, o Brasil podia oceanizar-se. Seria impossível oceanizar-se, com força própria, sem se continentalizar. A prova está nos 80% das importações e exportações brasileiras para o mundo, além da América Latina.

Oliveira Lima chegou a denominar União Ibérica transoceânica as tentativas da rainha Carlota Joaquina, esposa de João VI, em repetir, no Vice-Reinado da Prata (Argentina, Uruguai, Paraguai), em nome do seu irmão Fernando VII detido por Napoleão na Espanha, a reivindicação de direitos dinásticos no que veio a significar, na prática, uma inspiradora antecipação do Mercosul, mais de 150 anos antes. E Carlota Joaquina não estava só, contou com o ativo apoio nada menos que do general Manuel Belgrano, precursor do também independentista argentino José de San Martín.[17]

Na América do Sul, o Brasil significa dois terços do território, população e economia, em toda a América Latina uns 40%, o oposto das assimetrias de Portugal diante da Espanha. Daí o Brasil não temer, e sim seus vizinhos a serem persuadidos a uma união econômica e política com ele. Daí também o Brasil participar de muito bom grado nas aproximações com a Espanha,[18] entre o século XX e XXI a terceira ou quarta maior investidora no Brasil, Portugal o quarto ou quinto. Intercâmbio de econômico a cultural, com mais estudantes brasileiros recebendo bolsas em universidades espanholas, além de muito mais numerosos e freqüentes os variados tipos de colóquios, seminários e congressos ibero-americanos, a partir da reunião cimeira de Guadalajara no México, em 1991, instituidora da Comunidade Ibero-americana de Nações, que os da Comunidade dos Países de Língua Portuguesa – CPLP. Pelo simples fato objetivo, que o

---

17 Cf. notas bibliográficas 41 e 42 do capítulo "Iberidades e iberismos na monarquia".

18 As aproximações entre Brasil e Espanha em nada afetam o único, mais que especial relacionamento brasileiro com Portugal e a lusofonia; o Brasil tem antiga e própria política também internacional e, nela, objetivos nacionais permanentes no conteúdo, cambiantes na forma (cf., a propósito, Adriano Moreira, op. cit., p. 31).

México é mais populoso e mais rico que Angola, a Argentina outro tanto diante de Moçambique, a Venezuela perante Guiné-Bissau, possibilitando melhores meios para trocas comerciais e intercâmbios culturais. O que não deve ser motivo para desânimo e sim incentivo para ajudas, ainda maiores, ao desenvolvimento dos hispano-americanos e africanos mais pobres, análogas às da União Européia à Espanha, Portugal e periferias do núcleo europeu.

Não há motivos para surpresas.

Os portugueses estabeleceram-se no imenso litoral brasileiro, com feitorias à maneira das por eles criadas nos litorais da África e Oriente, pequena população portuguesa para tão largas presenças. O primeiro território brasileiro corresponde, pelos Tratados de Tordesilhas, a cerca de 25% do atual; os 75% de hoje são resultado desde o inicial reconhecimento dos reis Filipes da União Ibérica,[19] diante das penetrações nos imensos interiores a Oeste por expedições – ditas "bandeiras" –, lideradas pelos paulistas, outros brasileiros,[20] e por portugueses e espanhóis, só conflitivas no Sul já povoado pelas reduções indígenas jesuítas. Dois dos

---

19 Cf., por exemplo, João Alfredo Libânio Guedes, *A União Ibérica*, volume 3 da *História administrativa do Brasil*, nova edição coordenada, revista e anotada por Vicente Tapajós, Brasília, Editora Universidade de Brasília/Fundação Centro de Formação do Servidor Público, 1983: "O período da União Ibérica, fecundo quanto à expansão territorial, concorreu razoavelmente para alargar as nossas fronteiras e garantir ao nosso país uma extensa área de domínio para o Oeste. Foi um fator de nossa grandeza territorial. Bastaria isso para frisar a sua importância histórica" (p. 16). "Esse alargamento territorial, levado a efeito pelos paulistas, resultou, igualmente, da existência da União Ibérica. Do contrário, os espanhóis protestariam e até mesmo combateriam de armas na mão o avanço paulista. A União Ibérica, realmente, tornara obsoleto o meridiano do Tratado de Tordesilhas" (p. 119). A principal resistência armada espanhola aos bandeirantes brasileiros não foi a Oeste e sim ao Sul, já povoado pelas reduções indígenas jesuíticas, depois desmontadas pela força pelos espanhóis no reinado de Carlos III, paralelo ao consulado do marquês de Pombal: Apresenta-se claro o subtítulo de Afonso de E. Taunay: *História geral das bandeiras paulistas – Lutas com os espanhóis e os jesuítas*, 2. ed., São Paulo, Typographia Ideal de H. L. Canton, 1989, 1º vol. (dos doze) inicialmente, em 1924. C. R. Boxer demonstrou a maritimidade do império português.

20 Capistrano de Abreu demonstrou a existência também de bandeiras baianas e pernambucanas povoando o Nordeste pelo interior dos sertões e pelo litoral oceâ-

maiores bandeirantes, brasileiros por longa adoção, são portugueses: Antônio Raposo Tavares, que chegou ao largo dos Andes,[21] e Pedro Teixeira, que subiu pelo Amazonas e Solimões até Quito nos seus cumes.[22] Dos bandeirantes espanhóis ficaram largas descendências familiares, principalmente em São Paulo, com os típicos nomes Aguilar, Aguirre, Bueno, Camargo, Espinosa (Spinoza), Cañamares (abrasileirado Calhamares), Girón (abrasileirado Girão), Godoy, Melgarejo, Muñoz (abrasileirado Munhoz), Quevedo (às vezes chamado Quebedo), Vázquez (abrasileirado Vasques) Zorrilla (abrasileirado Zorrilha), Zúñega e vários outros. Desde casas-grandes a modestas casas camponesas receberam influências espanholas nos seus incrustados terraços, até em igrejas.[23]

---

nico; bandeiras maranhenses completando-as e até bandeiras amazônicas (*Caminhos antigos e povoamento do Brasil*, Rio de Janeiro, Livraria Briguiet, 1930.

21 Jaime Cortesão, *Raposo Tavares e a formação territorial do Brasil*, Rio de Janeiro, Ministério da Educação e Cultura, 1958. Cortesão descreve a recusa de Filipe II à penetração bandeirante no Alto Peru, depois Bolívia, especificamente pela longa e larga planície de Santa Cruz de la Sierra antes dos Andes (p. 79). Contudo, já estava preenchido pela ocupação brasileira o enorme espaço entre o meridiano de Tordesilhas e Santa Cruz de la Sierra, violações portanto reconhecidas por Filipe II e sucessores, empurrando muito mais a Oeste a inicial fronteira portuguesa do Brasil.

22 Gaspar de Carvajal, Alonso de Rojas e Cristóbal de Acuña – cronistas de época que relatam os antecedentes, conseqüentes e implicações da expedição de Pedro Teixeira rio Amazonas acima até Quito, do ponto de vista espanhol – foram traduzidos no Brasil e reunidos no volume *Descobrimentos do rio das Amazonas*, São Paulo, (Vol. 203 da coleção Brasiliana da Companhia Editora Nacional, São Paulo, 1941). O ponto de vista português só foi expresso publicamente, na época de João V, por Bernardo Pereira Berredo nos *Anais históricos do estado do Maranhão*, Lisboa, Oficina de Francisco Luís Ameno, Impressor da Congregação Camerária da Santa Igreja de Lisboa, 1749, com reedições no Brasil.

23 Francisco de Assis Carvalho Franco, *Dicionário de bandeirantes e sertanistas do Brasil (Séculos XVI-XVII-XVIII)*, São Paulo/Belo Horizonte, Editora da Universidade de São Paulo/Editora Itatiaia. Cf. ainda Cassiano Ricardo, "O 'bandeirismo' e o elemento espanhol do Planalto", publicado pelo jornal *O Estado de S. Paulo* em três partes (2, 6 e 9 de abril de 1941), reproduzido pela revista *Notícia Bibliográfica e Histórica* da Pontifícia Universidade Católica de Campinas, ano XXVI, n. 155-156, jul-dez 1994. Sobre a influência arquitetônica espanhola colonial no Brasil, cf. Aracy Amaral *A hispanidade em São Paulo*, São Paulo, Livraria Nobel/Editora da Universidade de São Paulo, 1981.

Daí não serem motivos de surpresa as leituras castelhanas encontradas nos espólios dos bandeirantes: livros de aventuras como *La Crónica del Gran-Capitán* de Gonzalo de Córdova por seu companheiro de armas Fernando Pérez del Pulgar, o picaresco *Buscón* de Quevedo, o aventureiro *Falsantonio* de Manuel de Villega. "Nenhum exemplar dos *Lusíadas*", é a conclusão das pesquisas de Alcântara Machado, Camões demasiado erudito para aqueles homens rústicos, por vezes brutais, e sim, é óbvio, sua preferência na literatura portuguesa só podia ser as *Peregrinações* de Fernão Mendes Pinto... Pelos mesmos motivos, as *Novelas* de Cervantes, não o *Dom Quixote*.[24]

Daí não ser também motivo de surpresa, a iniciativa de espanhol e portugueses nas primeiras tentativas de independência do Brasil, após a Restauração da Independência de Portugal, em 1640, quando os 60 anos de condomínio luso-espanhol haviam demonstrado, na prática, a fragilidade de cada um destes poderes isolado: o sevilhano Amador Bueno envolve-se na conspiração independentista de 1641, em São Paulo, assim que chegam as notícias do término da União Ibérica, conspiração frustrada;[25] no Maranhão, os irmãos lisboetas Beckman, em 1684, conseguem liderar rebelião popular, sufocada pela força por tropas enviadas de Portugal, com o resultado da decapitação de um deles e degredo do outro em África. No século XVII, o Brasil já dava claros sinais de consciência de brasilidade, de especificidade cultural e econômica, com pretensões políticas. Ela vai aumentando cada vez mais, até se tornar inviável a repressão colonial e a hábil engenharia política dos assessores de João VI encaminhar solução conciliadora.

No século XVIII, o português Filipe dos Santos intenta um movimento de protesto na Ouro Preto das Minas Gerais, contra os novos impos-

---

24 José de Alcântara Machado, *Vida e morte do bandeirante*, São Paulo/Brasília, Livraria Martins Editora/Instituto Nacional do Livro, 1972, p. 94.

25 Cf. Taunay, op. cit., tomo 3, pp. 127-135. Taunay chega a classificar o acontecimento – só não desdobrado em luta armada pela prudência de Amador Bueno, nem sempre compreendida, ao não aceitar a coroa do Brasil independente numa época ainda de desigualdade de forças diante de Portugal – como "o primeiro movimento nacionalista da pátria brasileira" (p. 135).

tos, é preso e executado em 1719; na mesma capitania, outro português, Pedro de Rates Henequin, declara o Brasil capital do mítico Quinto Império e proclama imperador o Infante Dom Manuel, proposta recusada e executado, em 1744, pelas autoridades coloniais o proponente. Em fins do século XVIII, alastram-se por Minas Gerais a Inconfidência Mineira e no Rio de Janeiro a Inconfidência Fluminense, supliciado um dos seus chefes, Tiradentes, degredados os demais na costa de África. Em 1710 Olinda rebela-se, e em 1798 os artesãos baianos; em 1817 irrompe de Pernambuco às capitanias vizinhas, uma ampla insurreição armada, que exige maiores esforços para ser reprimida. Cinco anos depois, após o retorno do pai, João VI, a Portugal, o filho, Pedro I, proclama a Independência do Brasil.

O Brasil lembra e cultua a memória dos bandeirantes portugueses e espanhóis ao lado dos bandeirantes brasileiros, e daquele espanhol e portugueses primeiros líderes independentistas brasileiros: fundamentais motivos para a origem ibero-americana do Brasil, no início também ameríndia e africana, depois com quase todos os povos do mundo.

A própria literatura brasileira tem, em fins de século XVI, como primeiro escritor, um luso-espanhol, o jesuíta José de Anchieta, nascido de família basca imigrada às Canárias, educado no Colégio das Artes da Universidade de Coimbra, missionário no Brasil, autor de poemas e autos teatrais, aqueles em latim e castelhano e português, estes em idioma indígena tupi-guarani e português, nos ritmos dos vilancicos ibéricos ainda ecoando os medievais. Anchieta, à frente do Colégio de Piratininga, um dos fundadores do que viria a ser a megalópole São Paulo, onde sua memória é cultuada e tem fundação de ensino com o seu nome.

É demasiado longo acompanhar, etapa por etapa, o fascínio também pela Espanha no Brasil, basta relembrar os versos de Castro Alves no século XIX, sobre São Paulo, "Rosa de Espanha no hibernal Friul..." Ademais da admiração por Cervantes[26] no *Dom Quixote* considerado por

---

26 "D. Quixote – Um Apólogo da Alma Ocidental", conferência em 1947, nas comemorações brasileiras do Quarto Centenário de Nascimento de Cervantes, no

San Thiago Dantas, um dos principais líderes políticos do Brasil na segunda metade do século XX, "um apólogo da alma ocidental..."

No século XX, ao ensaio, à poesia e à ficção em grau superlativo o fascínio também pela Espanha chega ao Brasil em Gilberto Freyre, Eduardo Portella, João Cabral de Mello Neto e Nélida Piñon, paralelamente à grande influência de Camões (óbvia), Camilo Castelo Branco e Eça de Queirós, este, apesar da sua quase polêmica com Machado de Assis. Na segunda metade do século XX e começos do XXI, as duas maiores admirações literárias ibéricas no Brasil são Federico García Lorca e Fernando Pessoa, cada qual com seu grande público.

Gilberto Freyre era filho de professor da tradicional Faculdade de Direito do Recife, tão antiga quanto a de São Paulo, e de latim e português no Colégio Americano recifense, onde Gilberto Freyre estudou seu curso secundário, assim adquirindo o direto domínio da língua inglesa, que muito o ajudará no bacharelado na Universidade de Baylor e no mestrado em antropologia e ciências sociais na de Colúmbia, ambas nos Estados Unidos, ademais de ser iniciado pelo pai na literatura portuguesa clássica.

Gilberto Freyre gostava de remontar a origens galegas o "y" do seu nome e, no diário de sua adolescência e primeira mocidade, *Tempo morto e outros tempos*, regozija-se, como "descendente de ibero" ("portugueses e espanhóis") de possuir "o privilégio de ter duas línguas maternas", a portuguesa e a castelhana; com os seus autores prediletos: Cervantes, Calderón de la Barca, Lope de Vega, Ángel Ganivet, Miguel de Unamuno, Pío Baroja e "aqueles místicos e moralistas" [noutros trechos dá-lhes também os nomes: Santa Teresa de Ávila, São João da Cruz, Raimundo Lúlio, Luís Vives e Baltasar Gracián], ao lado dos portugueses: Fernão Lopes, Gil Vicente, Fernão Mendes Pinto, Camões, Garrett, Antero de Quental, Eça de Queirós e Oliveira Martins; portanto, Garrett, Antero e Martins iberistas, cada qual a seu modo, Camões e Gil Vicente escrevendo em português e castelhano. Mais Eugenio d'Ors, Rosalía de Castro e Pérez Galdós.

---

auditório do Ministério da Educação, então no Rio de Janeiro, sob a presidência do embaixador da Espanha no Brasil.

Também os espanhóis George Santayana, de Harvard, e Américo Castro na crítica da cultura, Ortega y Gasset lhe ocorrerá posteriormente, mais por cruzamentos de opiniões, que convergências. O raciovitalismo lhe parecerá mais racional que vital, o que não era da sua especialidade. Élide Rugai Bastos, da Universidade de São Paulo, muito bem estudou esta e outras influências hispânicas nele.

Francisco de Arteaga – espanhol, professor em Oxford para onde Gilberto Freyre virá após Baylor e Colúmbia, "erudito de facto", cosmopolita sem perder as origens – chega a convidá-lo para seu assistente, o que Gilberto Freyre só recusa para retornar ao Brasil natal.[27]

Gilberto Freyre voltará constantemente aos temas da hispanidade e iberidade, para ele sinônimas ("civilizações hispano-tropicais ou hispano-americanas, a cujo conjunto o Brasil pertence, dentro do sentido lato do adjetivo 'hispânico' que é o mesmo do adjetivo 'ibérico', com a vantagem de ser mais justo ou exato como qualificação étnica, cultural e histórica"), para exorcizar a *leyenda negra* extensiva à América Meridional:

> Não arranharemos sadicamente a própria pele, até fazê-la sangrar, considerando-nos, sob a sugestão da chamada "lenda negra", os vilões de um drama – o da conquista das Américas pelo europeu...[28]

Pois, o que há, em última instância humana, é "a guerra de culturas":

> Não perigos de nações contra nações – estes são transitórios – nem de Estado contra Estado – estes são ainda mais superficiais; e sim os perigos de culturas contra culturas; sim, as ameaças de imposição violenta da parte dos grupos tecnicamente mais fortes a grupos tecnicamente ainda fracos, de valores de cultura e de formas de organização social, dentro das quais os povos menores se achatariam em vassalos dos vencedores, ou por serem mestiços, ou por serem corruptos, ou por isto, ou por aquilo.

---

27 Gilberto Freyre, *Tempo morto e outros tempos – Trechos de um diário de adolescência e primeira mocidade (1915-1930)*, Rio de Janeiro, Livraria José Olympio Editora, 1975, pp. 23, 97, 99, 108, 124 e 131. Élide Rugai Bastos, *O pensamento hispânico em Gilberto Freyre*, São Paulo, Sumaré, 2003.

28 Gilberto Freyre, "Ainda sobre a presença africana no Brasil", in *A propósito de frades*, Salvador, Publicações da Universidade da Bahia, 1959, p. 57.

> [Daí] A mobilização dos recursos de cultura de um povo – cultura moral, cultura material, por conseguinte agricultura, indústrias pesadas, todas as indústrias – quando esses recursos existem, ainda que alguns só em potencial, outros dispersos, desconexos e um tanto soltos – mas principalmente os de cultura imaterial, tanto erudita quanto folclórica – é garantia muito maior de independência...

Palavras ditas em 1940, plena época das maiores vitórias nazifascistas na Segunda Guerra Mundial, perene advertência aos brasileiros.[29]

Por tudo isso, Gilberto Freyre lançou a proposta de uma luso-tropicologia, logo ampliada em hispano-tropicologia, podia tê-la denominado ibero-tropicologia, até fixar-se em tropicologia pura e simples, título de seminário mensal por ele criado na Fundação Joaquim Nabuco, depois transferido à Fundação Gilberto Freyre, ambas no seu Recife natal. Sem esquecer a "Americanidade e Latinidade da América Latina":[30] tropicalidade de luso-espanhola a hispano-ibérica e latina universal. Inclusive com um próprio conceito de tempo, por Gilberto Freyre explicado em "On the iberian concept of time", publicado nos Estados Unidos pela revista *The American Scholar*, edição do verão de 1963. Concentração gilbertiana no estudo e defesa da hispanidade, para ele sinônima de iberidade, remontando a 1958, na conferência "Considerações sociológicas em torno de um tema complexo: As predominâncias cristãs nas civilizações hispano-tropicais", incorporada ao seu livro *A propósito de frades*.

---

29 Gilberto Freyre, "Uma cultura ameaçada: A luso-brasileira", conferência no Gabinete Português de Leitura do Recife, em 2 de junho de 1940, na presença do cônsul-geral de Portugal nas comemorações do tricentenário da restauração de 1640, com várias edições, aqui citado na terceira brasileira, quarta em língua portuguesa, no ano do Quarto Centenário da Morte de Camões, Recife, Gabinete Português de Leitura, 1980, pp. 46 e 54.

30 Gilberto Freyre, "Américanité et latinité de l'Amérique Latine", *Diogène*, n. 43, Paris, 1963. Republicado na coletânea, organizada por Edson Nery da Fonseca com o título: *Americanidade e latinidade da América Latina*, São Paulo/Brasília, Editora da Universidade São Paulo/Imprensa Oficial de São Paulo/Editora da Universidade de Brasília, 2003. Ali e em *Palavras repatriadas*, nas mesmas editoras e data, Gilberto Freyre amplia a luso-tropicologia em hispano-tropicologia, depois sintetizadas na convergente tropicologia em geral. E em *O brasileiro entre os outros hispanos*.

O maior amigo espanhol de Gilberto Freyre foi Julián Marías, que lhe dedicou dois capítulos ("El tiempo y lo hispánico en Gilberto Freyre" e "Gilberto Freyre y la imaginación") no seu livro de ensaios *Hispano-América*, publicado em Madri, 1986, pela Alianza Editorial, e que dele escreveu o necrológio no jornal madrilenho *ABC*, logo depois do seu falecimento, em 18 de julho de 1987. Os principais livros de Gilberto Freyre estão traduzidos em diversos idiomas, inclusive ao castelhano. O outro maior amigo ibérico de Gilberto Freyre era Adriano Moreira, em Portugal.

Gilberto Freyre sempre reconheceu as contribuições de Oliveira Lima à sua hispanofilia, como se vê nas cartas de sugestões madrilenhas, além de lisboetas, do amigo mais velho ao mais jovem,[31] ademais dos livros de Oliveira Lima *Na Argentina* e *Impressões da América espanhola*. Outro escritor pioneiro no Brasil na divulgação dos temas e autores hispano-americanos foi José Veríssimo, em artigos no *Jornal do Commercio* e *Diário Ilustrado* do Rio de Janeiro, entre 1912 e 1914, selecionados na antologia *Cultura, literatura e política na América Latina* por João Alexandre Barbosa, da Universidade de São Paulo. Nela desfilam escritores do México à Argentina, passando pela Venezuela e Paraguai.[32]

De 1909 a 1919, portanto ao longo de dez anos, circulou no Rio de Janeiro a *Revista Americana*, com artigos de hispano-americanos como Ramón J. Cárcano, por longos anos embaixador da Argentina no Brasil, e Francisco García-Calderón, peruano.[33] O barão do Rio Branco, quando

---

31 Gilberto Freyre, *Oliveira Lima – Dom Quixote gordo*, Recife, Imprensa Universitária da Universidade Federal de Pernambuco, 1968. Em apêndice, entre outras, a carta de 4 de janeiro de 1923, pp. 178 e 179.

32 José Veríssimo, *Cultura, literatura e política na América Latina*, antologia organizada por João Alexandre Barbosa, São Paulo, Editora Brasiliense, 1986.

33 Uma seleção fac-similar dos artigos políticos, propriamente ditos, da *Revista Americana (1909-1919)*, foi feita pelo Centro de História e Documentação Diplomática da Fundação Alexandre de Gusmão do Ministério das Relações Exteriores do Brasil, publicada em Brasília, pelo Senado Federal, em 2001, na Coleção Brasil 500 Anos.

ministro das Relações Exteriores do Brasil, entende o específico interesse hispano-americano no Brasil, dado seu objetivo em articular a política sul-americana diante dos Estados Unidos e conseqüente projeção oceânica brasileira.

Noutra geração está o diplomata e poeta João Cabral de Mello Neto, de hispanofilia ardente, não só iberofilia em geral, amigo e primo de Gilberto de Mello Freyre. Em Portugal, o principal crítico de João Cabral é Arnaldo Saraiva, no Brasil são vários com destaque.

Eduardo Portella – ele próprio filho de galego, especializado em crítica literária pela Universidade de Madri sob orientação de Carlos Bousoño – analisa as principais fases de João Cabral de Mello Neto da primeira, de "espírito francês, valeryano", esteticista e rigorosa na formalidade, à segunda, "período espanhol", integrada na nordestina brasilidade pernambucana de *O Rio*, como o *Cantar del mío Cid* lhe trazendo "um tipo de flutuação silábica peculiar à lírica espanhola do século XIII", no sentido de Menéndez y Pelayo, com "a versificação irregular estudada por Pedro Henríquez Ureña, as formas amétrica e acentual". Hispano-brasilidade pelo conteúdo dramático e pela forma, populares e ancestrais.[34]

Antônio Carlos Secchin sintetizou aquela aproximação:

> O Nordeste [do Brasil], a Espanha, e o diálogo entre ambos marcados pelo vetor comum de uma condição humana definida pelos signos da carência e do menos.

Secura, até dureza de pedra, castelhanas, mais o canto andaluz confessado por João Cabral de Mello Neto em "Uma faca só lâmina":

> O canto da Andaluzia
> é agudo como seta
> no instante de disparar
> ainda mais aguda e reta
> [...]

---

34 Eduardo Portella, *Dimensões I – Crítica literária*, 2. ed., Rio de Janeiro, Livraria Agir Editora, 1959, pp. 142-144 e 153.

A Grande Ibéria

> Mas é espada que não corta
> e que somente se afia,
> que deserta se incendeia
> em chama que arde sozinha.[35]

"A Palo Seco", explica-o João Alexandre Barbosa recorrendo às explicações populares ancestrais andaluzas pelo próprio João Cabral de Mello Neto:

> Se diz a palo seco
> o cante sem guitarra;
> o cante sem; o cante;
> o cante sem mais nada;
> [...]
> se diz a palo seco
> a esse cante despido;
> ao cante que se canta
> sob o silêncio a pino.
> A palo seco é o cante
> de grito mais extremo:
> tem de subir mais alto
> que onde sobe o silêncio.

Onde então silenciam as palavras, o sentido é retomado, ultrapassando-as, na pintura abstrata, mas catalã e ibérica, de Joan Miró, outra das paixões hispânicas de João Cabral de Mello Neto, ainda maior que a por Picasso, na síntese de João Alexandre Barbosa:

> [...] é a imagem de Miró, que se obtém a partir de uma reflexão acerca do equilíbrio atingido pelo pintor entre o rigor da composição e o sentido da liberdade...[36]

A paixão de João Cabral de Mello Neto pela Espanha atinge o auge, mais que verbal, na Andaluzia, em especial Sevilha:

---

35 Antônio Carlos Secchin, *João Cabral: A poesia do menos e outros ensaios cabralinos*, Rio de Janeiro, Topbooks, 1999, pp. 103 e 133.

36 João Alexandre Barbosa, *A imitação da forma – Uma leitura de João Cabral de Mello Neto*, São Paulo, Livraria Duas Cidades, 1975, pp. 441, 539, 638 e 663.

> Sevilha de noite: a Giralda,
> iluminada, dá a lição
> de sua elegância fabulosa,
> de incorrigível proporção (poema "A Giralda").
>
> Qual o segredo de Sevilha?
> Saber exigir nos extremos
> como levando a brasa
> que reacende a qualquer tempo ("Cidade de Nervos").

Daí, a necessidade até de "Sevilhizar o Mundo", título de outro poema:

> Como é impossível, por enquanto,
> civilizar toda a terra...
> [...]
> Vindo ao Brasil por Vicente Yañez Pinzón,
> Ele o primeiro a vê-lo, e a vir,
> não deixou lá quandos nem ondes:
> só anos depois confessou-se.
> Por que aquela que então confessa
> "a terra de mais luz na Terra"
> [...]
> luz metal, que corta e encandeia, acabaria enceguecendo
> mesmo o andaluz mais sarraceno?...[37]

À geração de João Cabral de Mello Neto, poeta, Hélio Jaguaribe, ensaísta, Celso Furtado cientista social e não só economista, e à seguinte, a de Eduardo Portella, o mundo no começo vinha em espanhol castelhano pelas traduções de Dilthey, Max Weber, Karl Mannheim e tantos depois alcançados no alemão original, de início pelas traduções da *Revista de Occidente* de Madri de Ortega y Gasset e do Fondo de Cultura Econômica do México, onde se haviam exilado os republicanos espanhóis José Gaos, Eugenio Ímaz, José Medina Echevarría e muitos mais, no Colégio de México, algo como o Collège de France de Paris com os grandes franceses. A influência orteguiana está principalmente em Gilberto de Melo Kujawski e Nelson Saldanha, também diversificada em Eduardo Portella.

---

[37] João Cabral de Mello Neto, *Obra completa*, Rio de Janeiro, Editora Nova Aguilar, 1999, pp. 441, 539, 638 e 663.

Em Ariano Suassuna a Ibéria que comparece, atua e permeia, é a Ibéria Profunda. Um dos seus críticos, Silviano Santiago, demonstrou como "suas peças, em particular, propõem pensar o brasileiro dentro do ibérico-sertanejo", pela vertente portuguesa medieval popular, tão presente no teatro intermediário com o erudito em Gil Vicente pelo "propósito de simplicidade, de autenticidade, de despojamento artesanal, de despreocupação de psicologia".[38]

Lígia Vassallo efetuou pesquisa, em termos de *O sertão medieveval – Origens européias do teatro de Ariano Suassuna*, o "cerne da obra" de Suassuna, onde mostra como "suas estruturas semântico-formais abstratas (ou arquitextos) são escolhidas entre as práticas mais antigas da cena ibérica", de que o romanceiro tradicional nordestino guarda muitas "consonâncias nas técnicas e nos temas". Os distantes sertões do Nordeste brasileiro – menos industrializado e menos urbanizado, até há pouco tempo com raras estradas a lá chegarem – aquele Nordeste manteve-se fiel às fontes transplantadas, renovadas nas origens, enquanto suas projeções se conservavam "arcaicas", segundo alguns no mau sentido de superadas, ou no bom de autênticas.

Neste sentido, "a literatura oral que sobrevive no Nordeste era tão difundida e arraigada na Península Ibérica no século XVI", de onde veio ao Brasil na forma rústica de folhetos, penduráveis em cordões, daí o nome de "cordel", nas feiras para venda barata à população pobre, em grande maioria analfabeta, que ouvia suas leituras pelo ali tardio equivalente de bardos ou menestréis populares, os famosos cantadores dos sertões, também capazes de criativas interpretações e renovações. "Tradição que se manteve praticamente inalterada", tradição oral aproveitada e refortalecida pelos autos populares jesuítas, inclusive pelo espanhol Anchieta.[39]

---

38 Silviano Santiago, "Situação de Ariano Suassuna", *Seleta em prosa e verso de Ariano Suassuna*, Rio de Janeiro/Brasília, Livraria José Olympio Editora/Instituto Nacional do Livro, 1974, pp. XIV-XV.

39 Lígia Vassallo, *O sertão medieval – Origens européias do teatro de Ariano Suassuna*, Rio de Janeiro, Livraria Francisco Alves, 1993, pp. 29 e 69.

Já Sábato Magaldi, no estudo introdutório a *A pena e a lei*, demonstrava a influência do auto sacramental em Ariano Suassuna.

Câmara Cascudo – que no Brasil elevou a pesquisa folclórica ao nível de ciência – apontou, também nas fontes européias daquelas tradições transplantadas e conservadas, retransmissões de leituras até das *Novelas* e do próprio *Dom Quixote* de Cervantes, e da *Diana* do português Jorge de Montemayor escrevendo em espanhol castelhano. Os subdialetos, ou falares, populares nordestinos brasileiros, guardam inclusive muitas palavras castelhanas, do tempo da maior proximidade coloquial com o português: "arriba", "preguntar", "entonces", "ancho" e inúmeras outras de uso ainda hoje corrente.

Fontes européias medievais de crônicas da Normandia desde o século XII, ligam-se a lendas do VIII ao XIII francês, do século XV ou XVI árabe, *A donzela Teodora* retirada das *Mil e uma noites*, transformada de muçulmana em donzela cristã, povoam o imaginário popular nordestino, resistindo pelo século XXI adentro na literatura de cordel. Câmara Cascudo acrescenta-lhes o ciclo da Távola Redonda e o de Carlos Magno com o episódio tão ibérico da Batalha de Roncesvalles, nos Pirineus, depois espanhóis, pelos franceses chamado de Roncesvaux em *La chanson de Roland*, seu principal personagem nos sertões nordestinos dito Roldão. Lá é que sobrevive a literatura popular medieval principalmente ibérica. Lembre-se ainda o ciclo messiânico dos sebastianismos, que teve no Brasil o seu ponto literário máximo em Ariano Suassuna.[40]

Não sejam subestimadas em Ariano Suassuna as influências eruditas, por exemplo, a espanhola de *O grande teatro do mundo* de Calderón de la Barca e a francesa do *Gargântua* de Rabelais, entre outras,[41] nem se ignore a sua admiração por Camões, a quem dedicou "Décimas" no chamado ritmo do martelo, tão tipicamente nordestino brasileiro:

---

40 Lígia Vassallo, op. cit., pp. 69-71. De Luís da Câmara Cascudo, cf. *Cinco livros do povo*, Rio de Janeiro, Livraria José Olympio Editora, 1953. "Informação sobre a História do imperador Carlos Magno e dos Doze Pares de França", pp. 441ss.

41 Lígia Vassallo, op. cit., pp. 66-67 e 114-115.

> Pois, se fortuna e treva derrisória
> urdiram tua sorte alada e escura,
> foi que o porvir tecera, na espessura,
> da cadência já morta o canto e a glória.[42]

Ainda Ariano Suassuna relembra Gregório de Matos, "herdeiro direto do Século de Ouro ibérico", não só barroco, também popularesco, para explicar os versos de dez sílabas como "um daqueles elementos eruditos e barroco-ibéricos assimilados pelo povo nordestino". E enquanto Pedro Laín Entralgo, da Real Academia da Espanha, identificava, em seu *Auto da compadecida*, "não só gilvicentismo", "também num sentido muito amplo e muito profundo do termo, cervantismo", Ariano Suassuna já percebia quão

> povoados de contos e legendas orais populares do norte da África e das penínsulas mediterrâneas, estão as vertentes da novela picaresca ibérica, uma das fontes em que bebeu Cervantes para fazer o *Dom Quixote*.[43]

Ariano Suassuna vai adiante, mostra como o romance *Grande sertão, veredas*, de João Guimarães Rosa, teve como "guião" de seu enredo, um desses romances ibéricos sobreviventes no sertão nordestino brasileiro, o de *A donzela que foi à guerra*.[44]

Outros apontarão outras influências, inclusive a fáustica goetheana, porém aí se tratam de críticas muito específicas.

O que está implícito em Guimarães Rosa, surge explícito, confessado por Nélida Piñon em sua prosa romanceada de ficção, em grande parte memorialística, transfigurada, *A república dos sonhos*, primeira edição em 1984, onde história e estória se interpenetram e recriam-se.

Descendente de galegos, recorre à reconstituição da pátria pelo pai relembrando paisagens, que ela verá pessoalmente em idas à Espanha, dignas de reprodução na íntegra:

---

42   Silviano Santiago, "Décimas ante um retrato de Camões", in *Seleta em prosa e verso de Ariano Suassuna*, op. cit., pp. 113-115.
43   Idem, pp. 167-168.
44   Ibidem, pp. 167-168.

A memória levava-o diretamente à Galícia, cenário da sua infância. Por onde se movia como um caçador de borboletas. Sem se esquecer, porém, de recorrer ao avô Xan. Era ele o primeiro a fazê-la voar, a lhe propor a aventura. Da casa do avô Xan, em Sobreira, podiam-se contemplar as montanhas que os celtas também reverenciaram no passado. Uma paisagem que conferia à aldeia um aspecto soberbo. Aquele excesso de pedras acavaladas sobre as outras servindo para tonificar os músculos dos lavradores, que venciam escarpas, picos, as trilhas de cabra.

Recordações perenes da aldeia distante e do esplendor de Santiago de Compostela, do idioma galego e das suas lendas, passam a acompanhar o imigrante, "desconfiado da duvidosa hospitalidade do continente americano", ao qual, no Brasil, imigrantes do mundo inteiro contribuirão para construir, não só imigrantes europeus e asiáticos, os africanos escravizados também eram imigrantes à força. Todos abrasileirados, eles eram dos brasileiros que construíram a brasilidade. Àquele imigrante galego cabia chegar ao Rio de Janeiro, "cidade povoada de luxúria e seres raros, de que se diziam coisas espantosas". À qual traziam igualmente os imigrantes seus fantasmas, não para exorcizá-los, e sim para mantê-los inspiradoramente junto a si.

Destino de milhões de imigrantes, o dos galegos:

> O mar não serve para nós, galegos, só o oceano. De preferência o Atlântico, nosso vizinho. [...] O mar é minha memória... Sempre lancei no Atlântico as minhas lembranças. [45]

Os galegos também se incorporam à aventura ibérica da construção transoceânica, ao lado dos portugueses, catalães, valencianos, asturianos, bascos, andaluzes e extremenhos, nas sucessivas ondas rumo às Américas, com, e ainda mais após, o desbravamento pelo poder castelhano-aragonês, "foram sempre tantas as Espanhas e tantas as épocas para vivê-las".[46]

---

[45] Nélida Piñon, *A república dos sonhos*, 3. ed., Rio de Janeiro, Livraria Francisco Alves, 1987, pp. 8, 9, 29 e 11.

[46] Nélida Piñon, "Retorno ao centro", discurso de investidura como Doutora Honoris Causa da Universidade de Santiago de Compostela, em 1º de abril de 1998. *O presumível coração da América*, Rio de Janeiro, Academia Brasileira de Letras/Topbooks, 2002, p. 59.

Nélida Piñon dará de si as definições fundamentais em conferências e ensaios de confissão intelectual.

Em Portugal se diz Galiza, no Brasil, por influência dos numerosos imigrantes galegos, diz-se Galícia. Nélida Piñon, deles descendente, "levada pelas trilhas da emoção", transfigurou artisticamente o seu desabrochar de adolescência, na Galícia dos dez aos doze anos de idade, que foi um desabrochar literário, pelas mãos de pais e avós em breve retorno às terras de Cotobade:

> Nessas idas ao monte, entregue à própria sorte, dando de comer às vacas galegas, aprendi a desfrutar da solidão, a ouvir o impiedoso ruído do vento norte, os lamentos de algum lobo extraviado da matilha. Sobretudo, a inventar histórias e a prolongar as que recém me haviam contado.[47]
>
> Sou uma mulher a quem meu avô galego emprestou sua memória. Portanto, o meu avô é a minha narrativa:[48] [...] enredos familiares, geografias de Pontevedra, Orense, Coruña, Santiago de Compostela, [naquela] terra longínqua, do outro lado do Atlântico, que começava no Finisterra, uma Galícia-Espanha só minha. Um país mítico que devagar ia habitando no meu coração; [com a] conquista simultânea de duas línguas: o velho galego, de paladar montanhês, e aquele outro, plangente e lírico, de Rosalía de Castro, de Álvaro Cunqueiro, e ainda de Pardo Bazán, Otero Pedrayo, Valle-Inclán, [leituras próximas e definitivas], lógica encantatória da Península Ibérica.[49] [...] Nas verbenas do verão daquele ano, cantei e recitei os poemas de Rosalía de Castro, [Rosalía de Castro que] interpretou como ninguém, a melancolia, a *morriña*, verdadeiro testamento estético e moral. [Testamento de] uma Galícia povoada de lendas e de seres ansiosos por partir para longe e marcados, ao mesmo tempo, pelo instinto da volta à terra, por cujas montanhas circulavam os fantasmas dos celtas...[50]

---

47 Nélida Piñon, "O presépio amoroso", discurso ao receber o Prêmio Rosalía de Castro do Pen Clube da Galícia, em 2002, *O presumível coração da América*, op. cit., pp. 45, 47 e 62.

48 Nélida Piñon, "O presumível coração da América", discurso ao receber o Prêmio Juan Rulfo de Literatura Latino-Americana e do Caribe pela Universidade de Guadalajara e Conselho para a Cultura e as Artes do Ministério da Cultura do México, *O presumível coração da América*, op. cit., p. 19.

49 Nélida Piñon, "Retorno ao Centro", *op. cit.*, pp. 60 e 61.

50 Nélida Piñon, "O presépio amoroso", op. cit., pp. 46-47 e 78; e "Sou brasileira recente", in *O presumível coração da América*, op. cit., p. 62.

Na Galícia paterna e avoenga, ao despertar para o seu mito, nasceu a escritora brasileira:

> No fulcro narrativo residia a chave do poderoso enigma daquelas regiões: naqueles anos a Galícia cresceu no meu imaginário, consolidou a identidade brasileira, confrontada com o enigma e a agonia daquelas Espanhas polissêmicas que me cercavam de histórias, temores e adivinhações... O mergulho nesta aventura galega, que mais tarde se traslada para a América, levava-me a exaltar seus mitos concebidos pelo Brasil.[51] [Havia sido] a figura inaugural de um jesuíta espanhol, José de Anchieta, o primeiro escritor do Brasil,[52]

a torrente da inspiração não se perdera, descia para de novo subir, agora era a vez dos imigrantes galegos terem sua voz ouvida através de uma descendente no Brasil "latino-americano, herdeiro do mundo ibérico e de outros povos que o forjaram",[53] Brasil pluriétnico e pluricultural, com a solda ibérica a manter unidas tantas criatividades.

Pelos afins caminhos galegos, para a escritora brasileira

> foi na língua portuguesa que encontrei pouso e graça:[54] vinda de tantos recantos do hemisfério, a língua aderiu por inteiro à fabulação de uma nação. Esteve na Galícia, onde ali conheceu o irrenunciável sentimento oriundo do Finisterra – a extremidade de Terra –, cruzou o Minho, deixou o Tejo para trás, nos idos de março de 1500, estendeu suas ramas à África e Ásia, com o intuito de florescer, até ancorar afinal no outro lado do Atlântico.[55]

---

51 Nélida Piñon, "O presépio amoroso", op. cit., pp. 63-64.
52 Nélida Piñon, "O presumível coração da América", op. cit., p. 14.
53 Nélida Piñon, "O mapa da arte ibero-americana", pronunciamento no I Encontro do Fórum Ibero-Americano no México, organizado por Carlos Fuentes e Ricardo Esteves, com a presença do presidente mexicano Vicente Fox. *O presumível coração da América*, op. cit., p. 224.
54 Nélida Piñon, "Sou brasileira recente", op. cit., p. 80.
55 Nélida Piñon, "A pátria do verbo", discurso de presidente da Academia Brasileira de Letras no I Centenário de fundação, na presença do presidente da República do Brasil, Fernando Henrique Cardoso, primeiro-ministro de Portugal, Antônio Guterres, e Manuel Fraga Iribarne, presidente da Xunta de Galícia. *O presumível coração da América*, op. cit., p. 137.

Longo itinerário, este, o da lusofonia do medieval galaico-português ao português brasileiro e africanos e até na Oceania de Timor Leste.

Os fantasmas ibéricos, que atormentaram Manoel Bomfim na percuciente análise de suas heranças fatídicas na América,[56] haviam sido exorcizados por Gilberto Freyre desde *Casa-Grande & Senzala* e *O mundo que o português criou*, por Carlos Fuentes no épico em prosa *Terra nostra*, em *A república dos sonhos* Nélida Piñon transfigura-os literariamente.

Carlos Fuentes sintetizou muito bem Nélida Piñon, ao saudá-la na recepção do Prêmio Juan Rulfo, no México, pela primeira vez concedido a uma escritora e brasileira: quanta seria a alegria de Alfonso Reyes, diplomata e dos grandes autores daquele seu país, que por sete anos serviu como embaixador então no Rio de Janeiro; quanta seria a alegria de Pedro Henríquez Ureña, iniciador da publicação dos clássicos da ficção brasileira – José de Alencar, Machado de Assis, Graça Aranha, entre outros – no Fondo de Cultura, a maior das editoras mexicanas; ao verem galardoada a brasileira escritora de *A república dos sonhos*, que pode ser toda a Ibero-América, além do próprio Brasil, "república dos nossos sonhos irrealizados, porém invencíveis, nascidos de amores ganhos e ilusões perdidas".

Porque, prossegue Carlos Fuentes,

> nada há mais triste e de menos justificado, na América Latina, que a persistência de uma rígida demarcação entre as duas Ibero-Américas, a hispanófona e a lusófona. Desconhecendo-se, o Brasil e a América Espanhola se reduzem. Somos as duas faces de uma mesma medalha, verso e reverso; dividi-la é separar-nos da metade do nosso ser.[57]

---

56 Manoel Bomfim, *A América Latina – Males de origem*, Rio de Janeiro, H. Garnier, 1905, com reedições. Ronaldo Conde Aguiar escreveu a biografia *O rebelde esquecido – Tempo, vida e obra de Manoel Bomfim*, Rio de Janeiro, Topbooks, 2000.

57 Carlos Fuentes, "Nélida Piñon dans la République des Rêves", in *Geógraphie du roman* (traduzido do espanhol castelhano *Geografía de la novela*), Paris, Gallimard, 1993, pp. 197-198 e 199-200.

Vários escritores brasileiros vêm dedicando especial atenção à literatura hispano-americana: Bella Jozef a toda ela na sua *História da literatura hispano-americana*, na qual se concentrou no *Romance hispano-americano* e, dentro dele, a *Dualidade em Don segundo Sombra*, daí à *Poesia argentina*, pátria de Ricardo Güiraldes, autor daquela novela. De onde veio Jorge Luís Borges, traduzido diversas vezes no Brasil, com esclarecedores prefácios, por Carlos Nejar e Ivan Junqueira também tradutor de Proust, Chesterton e T. S. Eliot, portanto do francês e do inglês, ademais do espanhol castelhano. Ainda Junqueira dedicou especial atenção à poesia paraguaia moderna, na qual se destaca Campos Cervera.[58]

Afinal de contas, *Dom Quixote* é universal e, nesta universalidade, os brasileiros não podem estar ausentes, nem com menor admiração, vindo dos artistas aos próprios estadistas do nível de San Thiago Dantas, entre outras funções por ele desempenhadas a de ministro das Relações Exteriores da política externa, reconhecedora diplomática da União Soviética e do então bloco socialista pelo Brasil. San Thiago Dantas, numa época de crise, a do auge da Guerra Fria, de si mesmo disse quixotescamente, no melhor sentido da palavra, na memorável conferência "Dom Quixote – Um apólogo da alma ocidental":

> Esse dom de si mesmo resolve o problema do destino, vence as hesitações que o temor do erro tanto nos infunde, e, fazendo-nos olhar para fora de nós, permite que, um dia, nos reencontremos.[59]

Diretamente de si próprio e do Brasil, indiretamente de todos nós ibero-americanos, ele falava e muito bem, sobre a nossa comum luta de conjunta afirmação mundial da nossa identidade e dos nossos interesses.

Outra voz feminina, do oposto lado do Atlântico, uma voz também de escritora, a da portuguesa a seu modo iberista, Natália Correia, ecoa, mesmo sem o saber pois com a voz do coração, o apelo galaico-português

---

[58] Ivan Junqueira, "Aspectos da poesia contemporânea", in *Convivência – Idéias e pesquisa literária*, Vol. 11, Rio de Janeiro, jul-dez 2000, pp. 81-84.

[59] Cf. nota 26.

da brasileira Nélida Piñon. Natália Correia indaga-se sobre a Galícia dos galegos: a rivalidade entre a Sé de Braga, ainda hoje com placa de bronze à sua entrada proclamando-a Primaz de todas as Espanhas, e a de Santiago de Compostela – em prestígio só menor que a de Roma como símbolo da Europa, diante de cuja catedral ibérica um Papa, João Paulo II, exclamou e também está gravado à sua entrada: "Europa, lembra-te de ti mesma!" – aquela rivalidade se somou a interesses feudais e diversificações de consciências nacionais, para, tudo junto, levar à cisão entre Portugal e a Galiza-Galícia.

Daí um dos desejos talvez proféticos de Agostinho da Silva, relembrado numa das epígrafes de *Somos todos hispanos* de Natália Correia, ensaio literário de culturologia na melhor tradição ibérica de Azorín a Eduardo Lourenço:

> Pode ser que um dia a reintegração da Península em si mesma, na sua liberdade essencial, se faça através da reunião de Portugal e de Galiza: dois noivos que a vida separou.

Para Natália Correia, "consumava-se a divisão artificial da Grande Galiza desde há muito fomentada pela rivalidade Compostela-Braga". O realismo político de um presidente da Xunta de Galícia, Fraga Iribarne, preferiu, porém, dizer numa reunião luso-galega, que "Portugal e Galiza são irmãos e irmãos não casam entre si..." O que não impede a multiplicação dos mútuos contatos e convivências econômicos, culturais, humanos, nos dois lados do rio Minho, enfim unindo, após muito ter separado.

A síntese destas antíteses pode ser uma "constelação ibérica euro-afro-americana", no sentido da Grande Ibéria dos povos, centenas de milhões falantes do português e castelhano, aproximando as outras línguas da Península Ibérica e da Ibero-América, África e Oceania, num mundo dividido em impérios de fonias. Grande Ibéria, assim a chamamos para condensar o sentido de Natália Correia, que, para Portugal, superaria sua pendulação entre o "centrifuguismo atlântico" e o "centripetismo da peninsularidade", oceanidade e continentalidade lusitanas ampliadas pela Espanha nos mares e na Europa.

Foi Menéndez y Pelayo, nisto recordado por Natália Correia, quem escreveu: "Não há história de Espanha sem Portugal". Completado por Jaime Cortesão:

> Os lusíadas e o Quixote são um para o outro o verso e o anverso. Mas quem quiser conhecer a boa moeda, a moeda de lei peninsular, de timbre cheio e de ouro, tem que pesá-la nas duas obras e revê-la nas duas faces.

Tanto quanto Ramiro de Maeztu: "sin *Los Lusíadas* no se puede entender el libro de Cervantes. Pero sin el *Quijote* tampoco se entienden *Los Lusíadas*". Não por acaso Camões perdeu um olho e Cervantes um braço na aventura das descobertas e das conquistas ibéricas. Quando Almeida Garrett escreve "somos hispanos e devemos chamar hispanos a quantos habitamos a Península Hispânica", o espanhol Ramón Gómez de la Serna reconhece:

> Portugal é uma janela aberta para um sítio com mais luz... Parte da luz que nos vem e de que vivemos chega-nos daí. Não o esqueçamos... As nossas coisas estão influídas por essa luz portuguesa.[60]

Exemplarmente, fiel às fontes, Natália Correia inclui Unamuno, Antero de Quental e Oliveira Martins como epígrafes de aberturas ao seu límpido raciocínio, à sua beleza de formulação, um passo adiante de todos eles, com seu toque de sensibilidade feminina, de gosto pela vida no que foi mestra, confirmando, à sua maneira, o eixo central do pensar e existir de Gilberto Freyre: a arte é mais importante que a ciência e a vida mais importante que a arte...

Numa geração seguinte, a jornalista Maria Filomena Mônica vai adiante na busca de aproximação entre Portugal e Espanha,[61] o que denota outro espírito de outra época. Oxalá contribuindo ainda mais para a superação dos desentendimentos do passado.

Existe reciprocidade, intermitente nos vários lados, entre os hispano-americanos e brasileiros, na recepção das diversas formas da Grande Ibéria do México à Argentina; nesta, com Jorge Luís Borges em quatro

---

[60] Natália Correia, *Somos todos hispanos*, 2. ed., Lisboa, Editorial Notícias, 2003, pp. 9, 13, 37, 79, 95 e 107.

[61] Maria Filomena Mônica, "Eu quero ser espanhola", in *Os sentimentos de uma ocidental*, Lisboa, Quetzal Editores, 2002, pp. 203-206.

visitas triunfais ao Brasil, naquele, com o olhar sobre o Brasil por Juan Rulfo, Carlos Fuentes e Octavio Paz, mais longo, mais pessoal, em José Vasconcelos e Alfonso Reyes de meados a fins do século XX.

José Vasconcelos foi reitor da Universidade Nacional Autônoma do México, então com outro nome, porém já a mesma, e ministro da educação ainda na Revolução Mexicana, entre 1921 e 1929, quando organizou a instrução popular, multiplicou as bibliotecas públicas e patrocinou intensa e extensamente os programas editoriais. A ponto de lançar-se candidato à Presidência da República, sem êxito, o que o levou a uma longa ausência do seu país pela América do Sul, Europa e Oriente, de 1929 a 1940. Retornou, assumiu a direção da Biblioteca Nacional, recebeu honras de academias e faleceu em 1959.

Entre seus livros de destaque, realça *La raza cósmica*, predecessor da meta-raça de Gilberto Freyre na conceituação e defesa da miscigenação universal, rumo a um novo tipo humano. O relativo atraso dos povos ibero-americanos em miscigenação deve-se à incompletude das suas soldas étnicas e culturais, a que o tempo concluirá pela experiência e educação. Nas Américas estão representadas todas as raças, portanto, dali sairá primeiro a raça cósmica.[62]

Em *La raza cósmica*, o primeiro país por ele visitado é o Brasil no Rio de Janeiro, São Paulo, Santos, Belo Horizonte (então recém criada capital de Minas Gerais, onde conhece pessoalmente seu fundador, o presidente Afonso Pena) e vai de trem num comboio especial do Rio de Janeiro à fronteira uruguaia, passando, no longo itinerário, pelos interiores de São Paulo, Paraná, Santa Catarina e Rio Grande do Sul. Tem assim uma direta visão de outro dos vários Brasis, neste caso o do trabalho livre dos imigrantes europeus, não só descendentes de portugueses e africanos. Chega à Argentina, entusiasma-se com Buenos Aires, como, antes, com São Paulo, onde chegou à conclusão:

---

62 José Vasconcelos, *La raza cósmica – Misión de la raza iberoamericana*, 7. ed., México, Espasa-Calpe Mexicana, 1982, pp. 9-12 e 52.

> Si alguno dudase de la potencialidad del ibérico contemporâneo, alli está San Paulo para afirmarlo... No hay en nuestra raza quien iguale su esfuerzo... San Paulo sorprendió nuestras mentes y ganó nuestro afecto.

José Vasconcelos faz questão de visitar e prestigiar as nascentes universidades de São Paulo e La Plata, admira-se com seu precoce presente e crê no seu brilhante futuro.[63]

Outro grande escritor mexicano a conhecer e amar o Brasil foi Alfonso Reyes, diplomata, embaixador do seu país no Rio de Janeiro, outrora capital, onde permaneceu sete anos na década de 1930. Affonso Romano de Sant'Anna testemunhou os "ciúmes" de Octavio Paz, que Alfonso Reyes, considerado

> o intelectual mexicano de maior prestígio na primeira metade do século XX, fosse considerado também o mais importante da segunda metade, tirando-lhe assim o pretendido pedestal.

Paz tegiversava, quando se lhe falava do especial relacionamento Reyes-Brasil e concluía:

> Certo, mas ele não a conhecia à literatura brasileira profundamente. Na verdade, tenho até certo rancor por Dom Alfonso, que eu tanto admirei, por não nos dizer, não nos ensinar tudo o que ele poderia nos ter dito e ensinado sobre o Brasil. O pouco que sabemos temos aprendido sozinhos.[64]

O latino-americanista estadunidense Fred P. Ellison, especializado em México e Brasil, demonstrou o contrário do afirmado por Octavio Paz: Alfonso Reyes conviveu de perto e deixou imensas recordações no sociólogo Gilberto Freyre, no crítico literário Tristão de Athayde, nos poetas Manuel Bandeira, Ronald de Carvalho, Jorge de Lima e Ribeiro Couto, nos pintores Cícero Dias, Portinari, Di Cavalcanti e no próprio agitado, não só agitador intelectual, Oswald de Andrade, ademais de ser Alfonso Reyes um dos fundadores do Pen Club do Brasil no Rio de Janeiro. Mesmo fora do

---

63 José Vasconcelos, op. cit., pp. 93-95, 147-151 e 166-167.
64 *O Globo*, 26 de maio de 2001.

Brasil, ele continuou fiel aos amigos brasileiros, com eles se correspondia e contribuiu à tradução do livro de Gilberto Freyre *Brazil: An interpretation*, de início conferências nos Estados Unidos na Universidade de Indiana, publicado em inglês em 1944, no espanhol castelhano no México no ano seguinte.

No México, escritores brasileiros conheciam sua obra, entre eles Érico Veríssimo e Cyro dos Anjos. Érico Veríssimo em seu livro *México* refere-o em comparação a José Vasconcelos, mas não demonstra havê-lo conhecido pessoalmente. Ledo Ivo e Aurélio Buarque de Holanda estão entre os apreciadores da obra de Alfonso Reyes e são dos engajados na divulgação da literatura hispano-americana no Brasil.[65]

A neta querida, Alicia Reyes, menciona, entre os amigos do avô no Brasil, principalmente Gilberto Amado, Rachel de Queiroz, Jorge Amado e Gilberto Freyre, bem como a atuação do avô na sociedade Felipe d'Oliveira, em homenagem a este poeta. No Rio de Janeiro, em 1930, Alfonso Reyes lançou os primeiros 13 números da itinerante revista *Monterrey*, com diversas colaborações escritas por brasileiros.[66]

A correspondência diplomática do embaixador Alfonso Reyes está naturalmente cheia de referências às suas responsabilidades no Brasil,[67] e Alicia Reyes destaca o poema de saudade "Romances del Río de Enero", "Río del Olvido":

> Río de Enero, Río de Enero:
> fuiste río y eres mar:
> lo que recibes com ímpetu
> lo devuelves devagar...

---

[65] Fred P. Ellison, *Alfonso Reyes e o Brasil – Um mexicano entre cariocas*, Rio de Janeiro, Consulado General de México/Topbooks, 2002, pp. 244, 254-258 e *passim*.

[66] Alicia Reyes, *Gênio y figura de Alfonso Reyes*, 4. ed., México, Fondo de Cultura Econômica, 2001, p. 199.

[67] Alfonso Reyes, *Misión diplomática*, compilação e prólogo por Victor Díaz Arciniega, México, Secretaría de Relaciones Exteriores/Fondo de Cultura Econômica, principalmente na Sexta Parte, que é quase todo o tomo II.

> Que yo como los viajeros
> llevo en el saco mi hogar,
> y soy capitán de barco
> sin carta de marcar.
> Y no quiero, Río de Enero,
> más providencia en mi mal
> que el rodar sobre tus playas
> al tiempo de naufragar[68].

Não pode existir maior prova da fidelidade de Alfonso Reyes ao Brasil. No gênero ensaístico social-econômico-político, o autor brasileiro mais ibero-latino-americano na segunda metade do século XX e princípios do XXI é Celso Furtado, pela prática na Comissão Econômica para a América Latina –Cepal, o maior centro preparador de especialistas e de idéias e métodos desenvolvimentistas para a região naquela fase, órgão da ONU, sediado no Chile, também pela teorização Celso Furtado se destacando,[69] ao completar e ampliar as perspectivas e ações do argentino Raul Prebisch, antes presidente do Banco Central do seu país.[70]

A experiência ibero-latino-americana de Celso Furtado na Cepal e na Organização das Nações Unidas, ao longo de dez anos, deram-lhe ampla visão da necessidade e importância do desenvolvimento social, não só

---

68   Apud Alicia Reyes, op. cit., pp. 196 e 197. "Si Alfonso conquista a Río, Río conquista a nuestro Alfonso" (p. 196).

69   Foi Ricardo Bielschowski da Cepal quem observou como, com 2 milhões de exemplares de livros vendidos em 15 idiomas, Celso Furtado é "o economista e cientista social latino-americano mais lido em todo o mundo" ("Celso Furtado e o Pensamento Econômico Latino-americano", in *A grande esperança em Celso Furtado. Ensaios em homenagem aos seus oitenta anos*, São Paulo, Editora 34, 2001, p. 109). O livro de Celso Furtado mais traduzido e reeditado é *Formação econômica do Brasil*. Na mesma linha está *O longo amanhecer – Reflexões sobre a formação do Brasil*, projetando-se no *Em busca do novo modelo – Reflexões sobre a crise contemporânea*, do particular brasileiro ao universal, passando pela ibero-latino-americanidade.

70   Celso Furtado reconhece a importância de Raul Prebisch em "O centenário de Raul Prebisch", in *Em busca do novo modelo* e "Retorno à visão global de Raul Prebisch", in *Brasil – A construção interrompida*, com várias reedições.

crescimento econômico, em escala mundial na verdadeira globalização da prosperidade e da paz para todos os povos do mundo.

As dificuldades dos desafios podem ensejar melhores respostas, é o que também se vê na projeção da Grande Ibéria, em ecos sucessivos, já em fins do século XV, quando da expulsão dos cristãos novos, judeus sefarditas, rumo ao Mediterrâneo oriental e norte da Europa, dos quais vieram a descender, entre outros, Spinoza na Holanda e David Ricardo na Inglaterra, cada qual a seu modo continuadores da gloriosa tradição cultural de Maimônides. Da Holanda prosseguiram sua diáspora ao Nordeste do Brasil no tempo da dominação flamenga, na primeira metade do século XVII e, dali, ao Caribe e a Nova York, nos seus primórdios, metamorfoses da Grande Ibéria.

A Andaluzia moura da dinastia medieval dos almorávidas havia sido longa e construtiva fase de mútua tolerância e convivência pacífica entre muçulmanos, cristãos e judeus, impregnando com fortes marcas culturais a Península Ibérica, tão bem identificadas no Nordeste do Brasil por Gilberto Freyre em *Casa-Grande & Senzala*, estudadas na formação étnica e cultural do gaúcho brasileiro desde Manuelito de Ornelas e Dante de Laytano, assim, do Norte ao Sul do país a Grande Ibéria em múltiplas reencarnações históricas, no sentido de Hegel. Rio Grande, de vizinhos hispânicos, tão ibérico em tantas etnias, tempo e vento de Érico Veríssimo, em Carlos Nejar, "pampa com o teu minuano",

> E o brusco vento, ao tempo
> faz cessar. E o tempo volta por outro
> vento a andar.

À África, pelos brasileiros após os portugueses, também chegam os ecos do convite à Grande Ibéria.

Em 1959, à frente do por ele fundado e dirigido Instituto Brasileiro de Estudos Afro-Asiáticos, Eduardo Portella publica seu livro *África: Colonos e cúmplices*. Em 1961, José Honório Rodrigues *Brasil e África: Outro horizonte*; em 1962 é a minha vez com *A revolução no trópico*, no início de 1964 (pouco antes da intervenção militar que durará 20 anos de interrupção de vida democrática no Brasil) *Qual a política externa conveniente ao Brasil?*, na linha de defesa da política externa de San Thiago Dantas, diplomacia independente de Afonso Arinos de Melo Franco, contra o colonialismo europeu na África, então combatido pela força das armas e da opinião pública internacional pró movimentos de libertação nacional. O regime militar brasileiro logo infletirá do seu alinhamento automático com os Estados Unidos na Guerra Fria Leste-Oeste, para também a linha internacional independentista brasileira, reconsagrada na presidência Ernesto Geisel ainda com mais vigor, retomada na de Lula e outros.

Na década de 1950, Pierre Verger muito fotografara e escrevera sobre a África,[71] mas foi Antônio Olinto, em missões brasileiras ali, quem publicou, em 1964, livro de observação sistemática direta, sob o título *Brasileiros na África*. Nele começa definindo seu método: despojamento dos "princípios da cultura ocidental capazes de perturbar julgamentos e sensações", o que os próprios africanistas especializados nem sempre fazem, com sua "preeminência do lógico sobre o mágico", inviável na etapa atual da imensa maioria das culturas e civilizações africanas. "Muitas são as Áfricas", já em inícios da década de 1960 Antônio Olinto chamava especial atenção aos muçulmanos: "da maior importância, por exemplo, é a parte islâmica do continente africano". O tempo veio a confirmar esta e outras observações suas. "Muitas são as Áfricas e a de religião islâmica tem um papel decisivo na política geral do continente".[72]

Um dos objetivos de Antônio Olinto era rastrear as marcas, ainda muito vivas, do retorno dos ex-escravos brasileiros libertos à pátria an-

---

[71] Pierre Verger, *O fumo da Bahia e o tráfico de escravos no Golfo de Benim*, Salvador, Centro de Estudos Afro-Brasileiros da Universidade Federal da Bahia, 1966; *Flux et reflux de la traite des nègres entre le Golfe de Benin et Bahia de Todos os Santos du dix-septième au dix-neuvième siècle*, Paris, Mouton, 1968 (traduzido ao inglês *Trade relations between the Bight of Benin and Bahia, 17th-19th Century*, Ibadan, Ibadan University Press, 1976, e ao português *Fluxo e refluxo do tráfico de escravos entre o Golfo de Benim e a Bahia de Todos os Santos, do século XVII ao XIX*, São Paulo, Editora Currupio, 1987).

[72] Antônio Olinto, *Brasileiros na África*, Rio de Janeiro, Edições GRD, 1964, pp. 13 e 15.

cestral. Ele ruma à Nigéria, ao Bairro Brasileiro como ainda é chamado em Lagos, cidade com este nome dado pelos navegadores portugueses em lembrança do Algarve. Bairro Brasileiro, *Brazilian Quarter* na língua inglesa oficial da Nigéria de tantos idiomas e dialetos locais, num deles o Bairro Brasileiro dito Popo Agudá, com casas muito no estilo do Brasil, construídas na década de 1840-1850, próximas à praça principal da cidade, sobrados à maneira dos de Salvador da Bahia e de outras antigas cidades brasileiras. Para isto, vieram ex-escravos pedreiros, marceneiros, entalhadores. Com eles a culinária e a música africanas aculturadas brasileiramente e o sincretismo afro-católico em português, "a 'língua franca' dos católicos de Lagos".

Dona Romana da Conceição, pernambucana recifense baianizada desde a mudança dos seus pais a Salvador, quando ela tinha nove anos de idade, foi durante muito tempo a líder dos descendentes nigerianos de brasileiros e principal guardiã da sua memória cultural. Em 1963, viajou, oficialmente convidada pelo governo brasileiro, para visitar sua outra inesquecível pátria, onde se viu homenageada em toda parte onde esteve. Jorge Amado, Gilberto Freyre e eu próprio, entre muitos, acompanhamo-la nesta visita organizada por Antônio Olinto. No Recife, Dona Romana da Conceição teve a surpresa de reencontrar duas sobreviventes tias maternas suas.

No século XIX, eram profundas as ligações entre estes descendentes brasileiros na Nigéria e Daomé, depois denominado Benim, onde pairava, em Uidá, a viva recordação de Francisco Félix de Souza, brasileiro miscigenado de português e negro, nascido em meados do século XVIII no Rio de Janeiro, falecido quase 100 anos depois naquela cidade africana, tão rico traficante de escravos que recebeu do rei local o título de Xaxá de Souza I, daí em diante uma das dinastias daquela região. Tão importantes chegaram a ser os brasileiros, assim se consideravam, que chegaram a fundar um partido político em 12 de novembro de 1964, em Lagos, denominado "Brazilian Democrats", despertando a preocupação do jornal de Lagos *Daily Telegraph*, em nome de potencial ameaça ao nacionalismo nigeriano, o que obviamente não era intenção daqueles descendentes e mais uma vez revela o grau de intensidade e a extensão das tensões interétnicas mesmo negras na África.[73]

Alberto da Costa e Silva, diplomata brasileiro, inclusive embaixador na Nigéria, publicou, em 1989, *O vício da África* sobre o fascínio africano. África tão presente no Brasil e Brasil na África, mais unidos que separados por *Um rio chamado Atlântico*.

Em 1961 Alberto da Costa e Silva escrevia "Os sobrados brasileiros de Lagos", com informações arquitetônicas e humanas da comunidade dita *Brazilian Quarter* na capital nigeriana: "casas coloniais brasileiras ou, na maioria dos casos, prédios neoclássicos do Império"; construídos por descendentes de ex-escravos hauçás e iorubas retornados inicialmente desde o século XVIII, para "o comércio negreiro", e sobretudo no século XIX como libertos saudosos das origens.

> A burguesia em ascensão elegeu esse modelo de casa como símbolo de riqueza e poder. Sobrados em tijolo, ou adobe revestido com cimento, espalham-se por todo o sudoeste do país.

Não sejam esquecidos, nem subestimados, os negros muçulmanos vindos das rebeliões malês na Bahia, "as mais antigas mesquitas de Lagos foram erguidas por muçulmanos brasileiros", a própria Mesquita Central tem fachada desenhada pelo mestre-de-obras negro brasileiro João Baptista da Costa.

> Muitos dos ex-escravos já voltaram do Brasil com algum dinheiro. Outros enriqueceram na Nigéria: padeiros, alfaiates, mestres-de-obras, carpinteiros, funcionários públicos, modistas, cozinheiras e criadas,

depois a serviço da dominação colonial britânica, pouco a pouco os anglofonizando. "O fenômeno não foi apenas nigeriano. Também os brasileiros do Togo e Daomé construíram sobrados neoclássicos" e trouxeram consigo as culinárias, as músicas e as danças do Brasil, em meio aos

---

73 Antônio Olinto, op. cit., pp. 143-148, 154, 170, 261-265, e 293-294. Alberto da Costa e Silva, *Francisco Félix de Souza – Mercador de escravos*, Rio de Janeiro, Nova Fronteira, 2004, passim.

dominadores franceses ou ingleses que os induziam a esquecer a língua portuguesa residual nas camadas mais pobres.[74]

Com sua experiência diplomática – acompanhando, por exemplo, a primeira visita oficial de um ministro das Relações Exteriores brasileiro à África Negra, Mário Gibson Barbosa, em 1972,[75] depois ele próprio embaixador na Nigéria – Alberto da Costa e Silva pôde percorrer todas aquelas cidades do Golfo de Benim de profundos traços brasileiros em

> bairros próprios em Acra, Lomé, Agoué, Anécho, Ajudá, Porto Novo, Badagri e Lagos, onde construíram, para si mesmos ou para outros grupos, igrejas, mesquitas, palácios, edifícios, sobrados e arruamentos, tudo num estilo arquitetônico derivado das formas barrocas, rococós e neoclássicas aprendidas no Brasil.[76]

Brazilian Quarter em áreas tornadas anglófonas, *Quartier Brésil* nas francófonas.

Muito há a pesquisar sobre os malês – "imalê" significa "moslim", muçulmano, em ioruba – pesquisas já iniciadas na Bahia. Muçulmanos africanos negros ali e no Recife se insurgiram, à mão armada contra a escravidão, em 1807, 1808, 1814, 1830 e, na maior rebelião de todas, a de 1835,[77] conectadas, com razão, por Nina Rodrigues, apesar de todos seus preconceitos, com as *jihads*, guerras santas islâmicas, contemporâneas na África.[78]

---

74   Alberto da Costa e Silva, "Os sobrados brasileiros de Lagos", in *O vício da África e outros vícios*, Lisboa, Edições João Sá da Costa, 1989, pp. 9-11. Ainda de Alberto da Costa e Silva, cf. também *Um rio chamado Atlântico – A África no Brasil e o Brasil na África*, Rio de Janeiro, Editora Nova Fronteira, 2003.

75   Alberto da Costa e Silva, "Um domingo no reino de Dangomê", in idem, pp. 19-23.

76   Alberto da Costa e Silva, "O Brasil, a África e o Atlântico no século XIX", *Revista Studia*, n. 52, Lisboa, 1994, p. 207.

77   João José Reis, *Rebelião escrava no Brasil – A história do levante dos malês em 1835*, São Paulo, Editora Brasiliense, 1986, com reedições. Alberto da Costa e Silva analisa-os em "Sobre a rebelião de 1835 na Bahia", *Revista Brasileira*, n. 31, fase VII, Ano VIII, Rio de Janeiro, Academia Brasileira de Letras, abril-maio-junho de 2002.

78   O livro de Nina Rodrigues referido é *Os africanos no Brasil*, aqui discutido na edição com prefácio de Homero Pires, São Paulo, Companhia Editora Nacional, 1932.

O Estado brasileiro tentou manter contatos diretos com africanos abrasileirados retornados. Em prenúncio do que haveria contra o apoio de importantes setores da opinião pública brasileira aos movimentos e até guerras de libertação nacional africanas, ao fim e ao cabo levando ao reconhecimento oficial dos seus governos recém-independentes, o da Grã-Bretanha colocou dificuldades à instalação de representação brasileira em Freetown, superadas em 1847 pela permissão de vice-consulado honorário. Quanto à Libéria, os Estados Unidos alegavam, para sua recusa, tratar-se de empresa privada de colonização, até que a independência formal deste país ensejou a nomeação, em 1850, de Hermenegildo Frederico Nictheroy cônsul-geral e encarregado de Negócios, "o primeiro representante diplomático brasileiro junto a um governo independente africano", conforme as pesquisas de Alberto da Costa e Silva.

Ainda mais teve o Brasil de demorar para dispor de representação em Angola, estrategicamente defronte do Brasil do outro lado do Atlântico, de inicio de 1826 a 1827, breve período do primeiro representante, retirando-se porque

> temiam as autoridades portuguesas que um cônsul do Brasil em Luanda pudesse, com sua presença ativa, estimular um partido independentista angolano ou os defensores da união com o Império brasileiro, embora estivesse esta última hipótese expressamente proibida no Tratado de 29 de agosto de 1825. Havia ainda o receio de que viesse o cônsul a contribuir para intensificar "a navegação brasileira, ou acobertada pelo pavilhão brasileiro", entre os portos das duas margens do Atlântico Sul. Isso ocorreria em detrimento dos navios de bandeira portuguesa e da política lusitana de reorientar para Portugal o comércio de Angola, que estava, antes da Independência do Brasil, tradicionalmente ligado ao Rio de Janeiro, à Bahia e ao Recife.

Os temores portugueses tinham motivos.

> As discussões políticas, as conspirações, os tumultos, as tentativas de revolta que se sucederam em Luanda e em Benguela, após a Independência do Brasil, explicam a resistência portuguesa à instalação de consulado. Surgira, do outro lado do Atlântico, um partido brasileiro, empenhado em unir Angola ao Império do Brasil. E tão tensa se tornou

a situação, que correram temerosos e infundados boatos sobre a iminência de um ataque armado da esquadra brasileira, sob o comando de Lord Cochrane.

Após prolongadas negociações, as autoridades coloniais portuguesas aceitaram o consulado-geral do Brasil em Angola, 1854, e vice-consulados nas ilhas de São Tomé e Príncipe, 1868 e 1871, no Golfo de Benim, defronte das então colônias britânicas Nigéria e Gana e francesas Daomé e Togo, com largas populações descendentes de brasileiros.[79]

Foi o chanceler brasileiro Afonso Arinos de Melo Franco quem iniciou a ampliada reaproximação Brasil-África,[80] daí em diante também fundamental na política internacional brasileira.

Estas regiões continuam a ser consideradas áreas de influência cooperativa do Brasil, como se viu na luta de intelectuais como Eduardo Portella (*África: Colonos e cúmplices*, 1959) e José Honório Rodrigues (*Brasil e África: Outro horizonte*, 1961), no movimento de opinião pública brasileira levando ao reconhecimento oficial das independências mesmo por um general conservador, mas nacionalista, Ernesto Geisel, antes que qualquer outro país o fizesse. Em Cabinda, enclave angolano no Congo, e na Nigéria, veio a instalar-se a empresa brasileira estatal de petróleo, Petrobrás, diretamente e sem qualquer tipo de mediação estrangeira; em São Tomé e Príncipe, o presidente da república do Brasil, Luís Inácio Lula da Silva, veio pessoalmente inaugurar, no ano 2003, uma embaixada do Brasil, ademais de visitar oficialmente Angola e Moçambique. O primeiro presidente da República do Togo, Sylvanus Olympio, era um descendente de brasileiros. Um dos seus antepassa-

---

79 Alberto da Costa e Silva, *As relações entre o Brasil e a África Negra, de 1822 à Primeira Guerra Mundial*, Luanda, Ministério da Cultura, 1996, pp. 18-19.

80 Cf. Afonso Arinos de Melo Franco, *Escalada – Memórias*, Rio de Janeiro, Livraria José Olympio Editora, 1965, e *Planalto – Memórias*, Rio de Janeiro, Livraria José Olympio Editora, 1968, e também Afonso Arinos de Melo Franco, filho, *Diplomacia independente*, São Paulo, Paz e Terra, 2001.

dos, Octaviano Olympio, é um dos fundadores de Lomé e ajudou a implantação dos alemães no Togo.[81]

Os numerosos afro-descendentes contribuíram, tanto ou mais que os imigrantes da Europa e Oriente, à construção do Brasil, e legitimam historicamente a presença do Brasil na África.

Quanto à escravidão, que os trouxe, e na qual vários deles se dedicaram ao tráfico, ao modo máximo de Xaxá de Souza de Uidá, Benim, era o modo de produção da acumulação primitiva de capital da época. Nada mais, nada menos, que Friedrich Engels, o grande amigo e companheiro de idéias e ação de Marx, denunciou no seu livro *Anti-Dühring* as

> quantas frases melodramáticas contra a escravidão e contra tudo o que se lhe assemelha, derramando uma torrente de indignação moral contra semelhante ignomínia. Desgraçadamente nada se consegue com isso, a não ser proclamar o que todo mundo já sabe: que essas instituições dos tempos antigos já não se ajustam à nossa época... [Mas,] foi a escravidão que tornou possível a divisão do trabalho em larga escala, entre a agricultura e a indústria, e foi graças a ela que pôde florescer o Mundo Antigo, o helenismo. E sem as bases do helenismo e do Império Romano não se teria chegado a formar a moderna Europa.[82]

A tragédia da escravidão são as suas seqüelas, como se vê no Brasil e nos Estados Unidos, por exemplo.

O esforço pioneiro de estudo sistemático da África e Ásia no Brasil pelo Instituto dirigido por Eduardo Portella e transmitido a Cândido Mendes no Conjunto Universitário no Rio de Janeiro, que tem o seu nome em homenagem a um homônimo antepassado, aquele esforço, em parte precedido por Agostinho da Silva na Universidade da Bahia, frutificou e multiplicou-se em vários centros do gênero.

---

[81] Alberto da Costa e Silva, "Os brasileiros ou agudás e a ocupação colonial da África Ocidental: Cumplicidade, acomodação e resistência", in *A África e a instalação do sistema colonial (c. 1885 – c. 1930). Actas*, III Reunião Internacional de História de África, Lisboa, Centro Instituto de Investigação Científica Tropical, 2000, p. 217.

[82] Friedrich Engels, *Anti-Dühring*, Rio de Janeiro, Paz e Terra, 1976, p. 158.

A segunda tentativa de Grande Ibéria, após a de Filipe II, foi, nada mais, nada menos, quase a de Pedro I do Brasil, Pedro IV de Portugal. Em meio à euforia, empolgados os dois países pela Independência de um e luta pela causa liberal noutro contra Dom Miguel, por três vezes políticos espanhóis, envolvidos em sucessivas crises no seu país, intentaram atrair Pedro I do Brasil e IV de Portugal a aceitar uma terceira coroa, a espanhola.

Em 1826, um documento datado de Gibraltar por liberais exilados da Espanha por Fernando VII de volta ao trono em meio a guerras civis após as invasões napoleônicas e intervenção de novo francesa, sob patrocínio absolutista da Santa Aliança, oferecia-lhe a "triple corona", para que "torne a la Iberia su prosperidad", em lugar de Fernando VI, seu tio, pois irmão de sua mãe, Carlota Joaquina, mais um desentendimento dinástico político.

Em 1829, outro grupo de políticos espanhóis insistia no convite, adiado por Pedro I (e IV) ao preferir dar prioridade ao Brasil, já em meio à crise política que o levará a abdicar e voltar a Portugal para defender a coroa de sua filha, Maria II, em nome de uma monarquia constitucional.

Em 1830, nas vésperas da abdicação e retorno, aparece a terceira proposta, quando "confederam-se todas as sociedades secretas da Espanha e Portugal" (o próprio Pedro I-IV era maçom sob o nome Guatemozim, em homenagem ao imperador asteca combatente contra a invasão estrangeira), por seus Conselhos Supremos, para oferecer-lhe literalmente o título de "Imperador da Ibéria", poderiam melhor ter dito Grande Ibéria, pois reuniria a Península Ibérica, a Ibero-América e as então colônias portuguesas na África e Ásia... Os proponentes queriam,

> nos respectivos países, a aclamação do soberano comum. [...] Um plenipotenciário foi enviado, sem demora, ao Rio de Janeiro. Chamava-se Barreros e aqui chegou pouco antes da abdicação.[83]

---

83 Sérgio Corrêa da Costa, *As quatro coroas de D. Pedro I*, 3. ed., Rio de Janeiro, Gráfica Record Editora, 1968, pp. 156-159.

Antônio Augusto de Aguiar, grão-mestre da maçonaria portuguesa e ministro de Estado em Portugal antes da própria república em cuja proclamação tanto se destacaria seu grupo ideológico, antônio Augusto de Aguiar, em a *Vida do marquês de Barbacena* de sua autoria, conclui que:

> Nenhuma dúvida agora existe de que se a morte o não houvesse arrebatado tão cedo deste mundo, estava D. Pedro destinado a ir plantar na Espanha, as liberdades constitucionais que já havia outorgado a Portugal.[84]

Esta pesquisa sobre a quase tríplice coroa da Grande Ibéria de Pedro I e IV, cabe, mesmo na incompletude do projeto na prática da época, no que Unamuno denominava infra-história, aquela torrente subterrânea sob os acontecimentos de superfície, que são, em última instância, os seus afloramentos. Pesquisa, esta, efetuada por mais um diplomata brasileiro de carreira, também membro da Academia Brasileira de Letras, Sérgio Corrêa da Costa, embaixador do Brasil nos Estados Unidos, entre outros postos de destaque.

O Brasil, mais que qualquer outro, é, em si, uma síntese da Grande Ibéria, com suas populações em grande escala ameríndias, africanas, européias, orientais. Para o Brasil, nas estatísticas de Arthur Ramos, vieram, no auge das imigrações de fins do século XIX a primeira metade do XX, quase 4 milhões de europeus e quase 200 mil japoneses: mais italianos (1.413.763) que portugueses (1.284.716) e espanhóis (584.060) quase na proporção de metade dos imigrantes portugueses, ademais da imigração alemã (173.339) sobretudo qualitativa. Oliveira Martins apresenta as seguintes estatísticas para o século XIX, de 1873 a 1887, no início da imigração em massa para o Brasil: 129 mil italianos, 121 mil portugueses, 33 mil alemães e austríacos, 17 mil espanhóis e alguns pouco menos.[85]

---

84 Sérgio Corrêa da Costa, op. cit., p. 159.
85 Arthur Ramos, *Introdução à antropologia brasileira*, Rio de Janeiro, Edições da Casa do Estudante do Brasil, Vol. II, s/d, p. 34.

Tanto entrecruzamento de imigrantes – latinos em geral e ibéricos em especial – é mais um motivo para a básica latino-ibero-americanidade também do Brasil, ademais da língua portuguesa neolatina e do Direito Romano estruturador da sua sociedade e do seu Estado, em meio a outras influências européias, africanas e orientais desde o berço da nacionalidade, pelo intercâmbio das colônias portuguesas entre si e com o mundo, como demonstra Gilberto Freyre em *Novo mundo nos trópicos*.

Francisco de Assis de Oliveira Martins – no comentário ao seu antepassado Joaquim Pedro de Oliveira Martins, o conhecido e muito citado historiador – relembra a carta deste a Juan Valera, em 18 de abril de 1884, na qual, em sua síntese, ele, o historiador, "sonha com uma monarquia colossal, Portugal, Espanha e todos os seus domínios nas Américas e na África e na Índia".[86] Não podem ser homogeneizados pensamentos com a complexidade dos de Oliveira Martins, ele passou por fases, era muito mais objetivo e realista que o pretendido pelos adversários e até por alguns adeptos entusiastas. Oliveira Martins sabia das possibilidades e também das dificuldades da Grande Ibéria. Nunca foi partidário de uniões lesivas a Portugal, ao contrário do acusado por seus críticos menos informados e mais apaixonados. O mesmo se diga em defesa de Antero, cada qual a seu modo.

O certo é que, na prática, há globalizações dentro da globalização, entre elas as internas na Península Ibérica e Ibero-América, não só na Europa e América do Norte.

Mesmo ao nível cultural, os 500 anos da Descoberta do Brasil foram oficialmente comemorados tanto em Portugal como na Espanha, sem polêmicas reivindicações de prioridades de navegação e sim no espírito de confraternização dos novos tempos,[87] refortalecidos e ampliados pelas

---

J. P. de Oliveira Martins, "A Nacionalização no Brasil", *Política e história (1884-1893)*, Lisboa, Guimarães Editores, s/d. p. 249.

86 Francisco de Assis de Oliveira Martins, "Prefácio", in *Correspondência de J. P. de Oliveira Martins*, Lisboa, Parceria Antônio Maria Pereira, 1926, p. XX.

87 Cf., por exemplo, *Acuarela de Brasil – 500 años después*, II Colóquio Internacional de História de América, Ediciones Universidad de Salamanca, 2000; e *Reflexiones en torno a 500 Años de historia de Brasil*, Madri, 2001.

reuniões cimeiras da Comunidade Ibero-Americana de Nações, desde a de Guadalajara em 1991, com as presenças de Portugal e Brasil ao lado da Espanha e países hispano-americanos. Bloco cultural-econômico-político paralelo à Comunidade dos Países de Língua Portuguesa, este sediado em Lisboa, aquele em Madri, com freqüentes e sucessivas reuniões especializadas ibéricas e ibero-americanas de variados tipos, aproximando os Estados e respectivas sociedades civis.

Adriano Moreira, em Portugal, estuda o que chama *poder cultural*,[88] algo próximo do que o estadunidense Joseph S. Nye denominou *soft power* psicológico, ao lado do *hard power* tecnológico, econômico e militar, cada qual com sua importância e em mútua articulação pelas forças internacionais em choque e/ou colaboração.[89]

Hegel, nas *Preleções da filosofia da história mundial*, nos começos do século XIX, diz que a América Meridional só se encontrará consigo mesma e só se afirmará perante os outros, após um ajuste de contas com a América do Norte; Eduardo Prado, em fins do mesmo século, protestava contra *A ilusão americana* dos latino-ibero-americanos diante das importações institucionais vindas dos Estados Unidos; Sérgio Buarque de Holanda, em *Raízes do Brasil*, quase na metade do século XX, preferia apontar desapaixonadamente os contrastes entre o que classifica de iberismo e americanismo; Vianna Moog pouco depois descrevia as oposições expressas no próprio título e subtítulo do seu livro *Bandeirantes e pioneiros – Paralelo entre duas culturas*, sem preocupação de antagonismo e sim de pesquisa, *sine ira ac studio*.

As integrações ibéricas, ibero-americanas, hispanófonas e lusófonas são globalizações dentro da globalização. Nela existem interdependências assimétricas pelas desiguais forças econômicas, tecnológicas, demográficas e políticas. São necessárias sinergias dentro da Península Ibérica, Ibero-Amé-

---

[88] Adriano Moreira, "O poder cultural", *Nação e Defesa*, n. 18, Lisboa, pp. 43-51.
[89] Joseph S. Nye Jr., *Bound to lead – The changing nature of American power*, Nova York, Basic Books, 1991, pp. 32, 188 e 196-197.

rica, Países Africanos de Língua Oficial Portuguesa (espanhola na Guiné Equatorial) e Timor Leste; dentro de cada bloco e deles entre si num bloco maior em meio aos muitos no mundo de mais uma globalização, a da eletrônica informática. Mundo de blocos também lingüísticos, os da chamada fonopolítica, ora vivendo a hegemonia anglófona, construtivamente desafiável.

Exemplos concretos são a necessidade de mútuos investimentos, trocas comerciais, recíproco turismo, livres migrações, intercâmbio cultural, regiões transfronteiriças, plano hidrológico e de energia, e a articulação básica das estradas de ferro e auto-estradas entre Portugal e Espanha ligando Lisboa e Madri, o Porto diretamente à Espanha ao norte e a leste, o Algarve à Andaluzia, bem como um grande porto e um grande aeroporto para toda a Ibéria Ocidental, nos arredores de Lisboa, não só para Portugal. Algo idêntico, em maior escala, se diga da necessidade do acesso rodoferroviário do Brasil ao Oceano Pacífico pelo norte da Argentina e do Chile e mais ao norte pelo Peru com ramificações à Bolívia e Paraguai, estradas já em início de funcionamento e precisando de ampliações, seu tráfego em dupla direção viabilizando o acesso daqueles ao Atlântico. Estas capilaridades se encarregarão de aproximações econômicas e humanas maiores,[90] preparatórias de integrações políticas no sentido e no grau desejados pelas populações, mais bem informadas entre si, dissipadas as mútuas desconfianças, até hostilidades, herdadas de antigos recíprocos desconhecimentos.

Fernand Braudel insistia no caráter de longa duração das culturas, elas mudam muito lentamente, a não ser quando agredidas, mesmo assim se defendendo, por resistência passiva, em sincretismos e subterfúgios. Daí a necessidade da maior das autocríticas sociais, a autocrítica cultural diante dos perigos de balcanização política na Península Ibérica, Ibero-América e África lusófona, cada qual à sua maneira.

---

[90] Darc Costa primeiro apresentou com pormenorizada objetividade esta perspectiva em *Estratégia nacional – A cooperação sul-americana como caminho para a inserção internacional do Brasil*, São Paulo, Senac, 2002.

A eleição em 2004 do português José Manuel Durão Barroso – pelos chefes de Estado para presidente do Executivo europeu, referendada pelo Parlamento europeu, e sua escolha de alguns espanhóis para importantes comissários equivalentes a ministros – são outras demonstrações do que as concertações ibéricas podem alcançar.

Precisam compor-se linhas como o cosmopolitismo lusíada de Eduardo Lourenço,[91] o realismo de Joaquim Veríssimo Serrão[92] e o iberismo intelectual de Oliveira Marques[93] ou afetivo de Reis Torgal,[94] com suas contrapartidas do lado espanhol. Mais ou menos o mesmo se diga dos brasileirófilos e hispanófilos dos dois lados da Ibero-América: do lado do Brasil, desde Abreu e Lima, general brasileiro de Bolívar,[95] ao barão de Japurá, primeiro representante diplomático do Brasil nos países vindos da Grã-Colômbia,[96] sucedido por Oliveira Lima[97] na política do barão do Rio Branco,[98] fixando as fronteiras do Brasil pelas medições de Euclides da Cunha em plena selva amazônica.[99] Do lado hispano-americano desde Bolívar a Sarmiento e outros.

São necessárias as integrações da Comunidade Ibero-Americana de Nações, Comunidade dos Países de Língua Portuguesa, Mercosul, União

---

91   Eduardo Lourenço, "A Espanha e nós", in *Nós e a Europa ou as duas razões*, Lisboa, Imprensa Nacional/Casa da Moeda, 1994, pp. 79-85; e *Nós como futuro*, 4. ed., Lisboa: Assírio & Alvim, 1997.

92   Joaquim Veríssimo Serrão, "Portugal no se entiende sin España y viceversa", *La nueva España*, 16.07.1996, e *A essência e o destino de Portugal*, Lisboa, Sociedade Histórica da Independência de Portugal, 1992, 151.

93   *A história de Portugal* por A. H. de Oliveira Marques, em inglês *History of Portugal*, Lisboa, Imprensa Nacional/Casa da Moeda, 1991, principalmente no que se refere a Filipe II e à União Ibérica da p. 62 a 73. Por exemplo: "The dual union with Spain was favorable to a Portuguese bourgeoisie. The Madrid government was much more conscious of the importance of a middle class in the structure of the realm. The New Christians enjoyed some periods of ease and prosperity. But the revolution of 1640 brought about a period of decline for the Portuguese bourgeoisie" (p. 71).

94   Luís Reis Torgal, "Espanha vista na escola salazarista", in *La mirada del otro*, op. cit. "Iberista por sentimento e não por opinião política..." (p. 56).

95   Cf. nota 13.

Européia e outros grandes blocos mundializados. São necessários parlamento, banco central e judiciário supranacionais, na medida em que respeitadas as representatividades das assimetrias demográficas e econômicas. Com executivo descentralizado conforme o princípio da subsidiariedade, atento às experiências alheias, do tipo, por exemplo, da União Européia, todavia sem pretensões de cópias impossíveis porque inviáveis e sim inspirações e adaptações criativas.

Durántez Prados – da Confederação Ibero-Americana de Fundações em Madri – apresentou, nas III Jornadas de Relações Internacionais da Universidade Lusíada do Porto, no ano 2000, considerações sobre a necessidade e importância da articulação entre a Comunidade Ibero-Americana de Nações – CIN e a Comunidade dos Países de Língua Portuguesa – CPLP, mais além de "esquemas neoimperiais", "simbólicos" ou "reais", e sim "unas ciertas y comunes afinidades e identidades ibéricas subyacentes a todo lo luso y todo lo hispánico", extensivas à África lusófona, à Guiné Equatorial hispanofalante e Filipinas, com suas influências ibéricas ameaçadas pela anglofonia. África lusófona e Brasil no Oceano Moreno – assim dito por Adriano Moreira.

Brasil e Portugal têm a vantagem de pertencer à CPLP e à CIN, como observaram Mário Soares em 1996, na instalação da CPLP, e Jorge Sampaio na VIII Cimeira Ibero-Americana da CIN no Porto, 1998. Também periódicas cimeiras luso-espanholas passaram a reunir seus chefes de governo.

Antônio Maria Bettencourt Rodrigues foi dos pioneiros, com seu livro *Prováveis alianças e agrupamentos de nações*, já em 1923. José Aparecido de Oliveira, a quem muito deve o surgimento da CPLP no tempo dele embaixador do Brasil em Portugal, manifestou a Durántez Prados apoio

---

96   Cf. nota 14.
97   Cf. nota 15.
98   Cf. nota 16.
99   De Euclides da Cunha, a propósito, cf. *Peru versus Bolívia*, primeira edição em 1907, e seus vários críticos.

aos recíprocos alargamento e aprofundamento da CPLP e CIN no contexto de outras globalizações.[100]

A Grande Ibéria não se esgota em si mesma. Na África, os principais parceiros do Brasil são a República da África do Sul, Namíbia, Angola e a Nigéria por suas maiores populações e riquezas minerais; na Europa, Alemanha, Grã-Bretanha, França, Espanha, Portugal, Itália, Holanda e Rússia; no Oriente, China, Japão e Índia; na América do Norte, os Estados Unidos e o Canadá; sempre por capitais, tecnologias e mercados.

O nacionalismo é bom servo e mau senhor, demasiado pouco uma cultura que seja só ela própria, cumpre haver respeito à biodiversidade biológica e cultural e combater o racismo e a miséria. A questão nacional só tem sentido na questão econômica e social. A Grande Ibéria é ânimo ao brio, desafio à construção conjunta, aberta e ecumênica, multiétnica e pluricultural. Seus ecos vêm de longe, vêm da iberidade dos vários lados dos oceanos desde o alumbramento da Descoberta dos Novos Mundos, um dos fundamentos da Renascença no século XVI, à primeira defesa em grande escala dos direitos humanitários e culturais, a dos ameríndios, por Bartolomé de las Casas e Antônio Vieira, em fins daquele século e começos do seguinte, de onde procede a proposta de *res publica universalis* de Francisco de Vitoria, sem se esquecer o próprio direito à revolução em Francisco Suárez e até ao tiranicídio em Juan de Mariana.[101]

---

100 F. A. Durántez Prados, "Portugal y Brasil en la articulación del Mundo Ibérico", in *Lusíada – Revista de Ciência e Cultura*, Porto, Série Relações Internacionais da Universidade Lusíada do Porto, 2002, pp. 182, 192-193, 195, 197, 185, 190-191 e 198. Cf. Mário Soares, "Um projecto para o Século XXI", *Diário de Notícias*, Lisboa, 17 jul 1996. Já em 1923, Antônio Maria Bettencourt Rodrigues publicava *Prováveis alianças e agrupamentos de nações – Uma confederação luso-brasileira* pela Livraria Clássica de Lisboa. Cf. também Vamireh Chacon, *Globalização e Estados transnacionais – Relações internacionais no século XXI*, São Paulo, Editora Senac, 2002 – sobre a divisão do mundo em blocos linguísticos culturais, fonopolítica, entre outros blocos.

101 Cf. Vamireh Chacon, *O humanismo ibérico*, Lisboa, Imprensa Nacional/Casa da Moeda, 1998.

A Grande Ibéria

Cumpre haver convergente diálogo entre os nacionalismos castelhano-aragonês, catalão, basco, galego e português, mais os regionalismos andaluz, asturiano-cantábrico e outros, para a paz e colaboração na Ibéria, daí à Nova Ibéria. Através da Grande Ibéria suas contradições se resolvem e contribuem à internacionalização do mundo. Das confederações transnacionais podem surgir sínteses de identidades culturais: identidade européia, com o componente latino-ibérico; identidade ibero-brasileira na América Latina e outras e outras, todas na plena cidadania global mundial, em integradas identidades. Cultura é uma questão de fé, já a demonstrava Max Weber.

O Brasil e Hispano-Américas são pluriétnicos e pluriculturais desde suas origens: são criações dos brasileiros e hispano-americanos pelos dialéticos encontros e desencontros de ameríndios, afros, portugueses, espanhóis, germanos, eslavos, ítalos, asiáticos;[102] Gilberto Freyre muito relembra os árabes e os judeus desde a Península Ibérica e as trocas com a Índia e a China desde as descobertas mútuas. O que une a latino-iberidade são as línguas portuguesa abrasileirada e espanhola castelhana hispano-americanizada, mais o Direito Romano fundamento institucional dos seus Estados e sociedades.

Também merecem especial atenção a presença, o diálogo e a cooperação entre a Grande Ibéria e o Islã, principalmente com o Marrocos e a República Saarauí, por antigos relacionamentos históricos. A presença da hispanófona Guiné Equatorial na Cimeira da Comunidade

---

[102] Jacques Lambert, *Os dois Brasis*, Rio de Janeiro, Ministério da Educação e Cultura, 1959; depois desta, foram publicadas várias edições, como o Vol. 335 da "Brasiliana" da Companhia Editora Nacional, São Paulo, a partir de 1971. Mostra o contraste entre o Brasil índio-luso e afro-luso no Norte e Nordeste agrários com apogeu na escravidão, diante do Sul industrializado pelos imigrantes livres. Realmente, a Revolução Industrial de São Paulo foi muito impulsionada por italianos; as do Rio Grande do Sul, Santa Catarina e Paraná pelos italianos e alemães; a moderna agricultura por eles e os japoneses e eslavos, prosseguidos e estendidos a Oeste pelos descendentes brasileiros, novos bandeirantes. Os seguintes imigrantes portugueses e espanhóis dedicaram-se ao comércio nas cidades. A herança da escravidão é a maior hipoteca social nas Américas.

dos Países de Língua Portuguesa, em 2004 em São Tomé e Príncipe, foi outra importante etapa na cooperação e integração da Grande Ibéria.

A diversificação religiosa, pluricultural inclusive no crescimento das religiões de origem protestante na Ibéria e Ibero-América, remonta a outros tantos enraizamentos não só católicos, como se vê desde o século XVI com Juan Valdés e Francisco de Encinas traduzindo o Antigo e Novo Testamentos ao espanhol castelhano e no XVII João Ferreira de Almeida toda a Bíblia ao português. Traduções clássicas no estilo e no conteúdo do protestantismo ibérico e ibero-americano.

Os Estados-mercados não são anti-Estados-nações, como pensa Philip Bobbitt,[103] e sim tão transfronteiriços quanto os blocos culturais de Estados. A cultura é o todo, a economia uma parte, embora fundamental com a tecnologia. Os valores civilizacionais permeiam todo o conjunto das sociedades, cada vez mais articuladas em escala global pelos meios de comunicação de massa; começa a existir opinião pública mundial, na defesa das grandes maiorias, mesmo respeitando e defendendo as minorias, no que ambas tiverem de humanistas. É o início da *res publica universalis* de Francisco de Vitoria.

A globalização também deve ser o livre trânsito de pessoas, viajantes e imigrantes, não só de capitais e mercadorias. Portugueses, espanhóis, ingleses, franceses e outros foram às Américas, Áfricas e Ásias, levando seus interesses e suas culturas. Os lusófonos, hispanófonos, anglófonos, francófonos e outros refazem o itinerário de volta; contribuem às diversificações das fontes no contexto do mútuo enriquecimento cultural, material e imaterial: idiomas, literaturas, artes, ciências, tecnologias, defesas do meio ambiente, patrimônio arquitetônico e dignidade humana.

---

[103] Cf. Philip Bobbitt, *A guerra e a paz nos tempos modernos – O impacto dos grandes conflitos e a política na formação das nações,* São Paulo, Campus, 2003.

Desde 2002, os chefes de governo do Conselho Europeu, num encontro oficial em Portugal, definiram a chamada Estratégia de Lisboa, visando o desenvolvimento auto-sustentável, sem subsídios e com empregos de qualidade, para redução dos desníveis, bem como reforçar a coesão econômica e social na Península Ibérica, Bálcãs e Europa do Leste, periferias da União Européia. Propósito reafirmado e melhor esclarecido nas reuniões seguintes, embora Immanuel Wallerstein mostre como é impossível que "todos os países tenham o mesmo padrão de vida: alguns Estados podem mudar de posição e subir e descer na hierarquia, mas a hierarquia é constante".[104] Sem falsa fusão de interesses e sim coordenação de custos competitivos e complementares. Integrações de conveniências.

Apresenta-se também necessário o bilingüismo, mesmo o multilingüismo na pluriculturalidade ibérica e ibero-americana, mais a articulação das propostas também ibéricas de renovação científica – Ramón y Cajal[105] – e humanística – Giner de los Ríos[106] –, com a da Escola Cultural de Manuel Ferreira Patrício, professor e reitor da Universidade de Évora,[107] nos dois lados da fronteira e no Além-Mar: continuadores, a seu modo, dos educadores renascentistas Luís Vives e André de Resende, coetâneos e êmulos de Comênio; estes foram predecessores do humanismo da liberdade de Suárez, Mariana e Vitoria, e do Iluminismo com coração em Manuel do Cenáculo e Benito Feijóo e outros, em muitas tendências diversificadas e inovadoras na Península Ibérica e no mundo.

---

104 Entrevista à *Folha de S. Paulo*, 10 de fevereiro de 2002.

105 Cf. de Santiago Ramón y Cajal, entre outros textos, *Reglas y consejos sobre investigación científica*, Madri, Espasa-Calpe, 1941.

106 Cf. de Francisco Giner de los Ríos, as *Obras completas* pela Espasa-Calpe de Madri.

107 Cf. de Manuel Ferreira Patrício, entre outros textos, "A proposta pedagógica do Movimento da Escola Cultural", suplemento "Educação, Cultura, Escola (O Triângulo Formativo)", *Diário do Sul*, Évora, 13 de abril de 2000 e "A idéia de educação integral, hoje: O nosso entendimento da questão", no mesmo suplemento do *Diário do Sul*, 9 de fevereiro de 2000.

Em 2004, o Prêmio Carlos V, da Academia Européia de Yuste, foi ortorgado ao então presidente de Portugal Jorge Sampaio. Portugal e Espanha são latinamente europeus e ibericamente latinos.

As culturas existem para servir criaturas que não podem se voltar contra seus humanos criadores, o passado passou, fica o legado, a herança, saudades só as do futuro. A necessidade do mito limita-se à sua instrumentalidade.

A Ibero-América deve abrir-se às Guianas e ao Caribe em comunidade mais ampla, e integrar-se com outros blocos e países.

Grande Ibéria: amplo e profundo espaço ibérico e ibero-americano, para as inteligências e os interesses, com ponto focal em Santiago de Compostela; Grande Ibéria e não Pan-Ibéria, pois respeitando a autonomia e interdependência das suas partes; Grande Ibéria: elogio de outro amanhecer ou elegia de outro crepúsculo, são as sucessivas gerações que decidem por suas consciências e conveniências, merecendo as conseqüências.

A maior e melhor cidadania é a de cidadão do mundo, que completa e culmina todas as cidadanias.

Índice onomástico

Índice onomástico

A

Abreu, Capistrano de 210
Abreu e Lima 208, 249
Acuña, Cristóbal de 211
Afonso I 16
Afonso II 112
Afonso III 16, 112
Afonso IV 112
Afonso V 92, 111, 112, 143
Afonso VII 112
Afonso XIII 151, 158, 159, 160, 163, 165, 180, 187
Afonso de Aragão 129
Afonso de Castela 129
Afonso Henriques 16, 83, 112
Agostinho (santo) 39, 63, 76
Aguiar, Antônio Augusto de 244
Aguiar, Ronaldo Conde 49, 227
Aguilar 211
Aguinaga, Enrique de 165
Aguirre 211
Alberto (príncipe consorte) 137
Alcântara Machado, José de 212
Aleixandre, Vicente 93
Alencar, José de 227
Alexandre o Grande 51
Almada e Redondo (condes de) 149
Almada Negreiros 104
Almagro, Melchor Fernández 73
Almeida Braga, Luís de 171, 172
Almeida Garrett 230
Almeida, João Ferreira de 252

Altuve-Febres Lores, Fernán 30
Amado, Gilberto 233
Amado, Jorge 233, 237
Amaral, Aracy 211
Amaral Jr., Rubem 109
Amélia 155
Anchieta, José de 128, 213, 221, 226
Andrada e Silva, José Bonifácio de 133
Andrade, Oswald de 233
Anjos, Cyro dos 233
Antunes, José Freire 192, 193, 195
Aragão, Dulce de 112
Aranda 133
Arciniega, Victor Díaz 233
Artajo, Martín 188
Araújo, Carlos Miguel de 17
Arciniegas, Germán 26, 30
Arrese y Magra, José Luís 197
Arteaga, Francisco de 215
Astray, Millán 53
Athayde, Tristão de 232
Averróes 46
Avis 130, 131
Azaña, Manuel 186, 187
Azevedo, Francisca L. Nogueira de 135
Azevedo, João Lúcio de 183, 184
Azorín (José Martínez Ruiz) 53, 55, 215, 229

B

Balaguer, Ernesto 125
Bañez, Domingo 120

Bandeira, Manuel 232
Barata, Óscar 201
Barbosa, João Alexandre 217, 219
Barca, Calderón de la 174, 214, 222
Baroja, Pío 59, 164, 214
Barrès, Maurice 172, 173
Barreto, Antônio 207
Barreto, Moniz 174
Barreto, Tobias 19
Barros, Júlia Leitão de 191
Barroso, José Manuel Durão 207, 248
Barthes, Roland 52
Bastos, Élide Rugai 215
Bataillon, Marcel 47, 85
Bath, Sérgio 193
Bazán, Emília Pardo 147, 225
Beatriz 112
Bell, Aubrey F. G. 85
Beckman 15, 212
Beigbeder, Juan 189
Belgrano, Manuel 134, 135, 209
Beltraneja, Juana la 92, 112
Beresford 136
Bernardes, Manuel 129
Bernecker, Walther L. 145
Berredo, Bernardo Pereira 211
Bessa, Antônio Marques 201
Bessa-Luís, Agustina 101
Bethell, Leslie 35
Bielschowski, Ricardo 234
Bismarck 147
Bjorson, Bjornsterne 76
Blás, Andrés de 139
Bloch, Joseph 83
Boas, Franz 169, 183
Bobbitt, Philip 252
Bodin, Jean 126
Bolívar 32, 34, 208, 249
Bomfim, Manoel 31, 47, 48, 227
Borges, Jorge Luís 32, 228, 230
Bourbon 133

Bousoño, Carlos 218
Boxer, C. R. 13, 132, 210
Braancamp, Anselmo José 149
Braga, Isabel Mendes Drumond 113
Braga, José Alberto 17
Braga, Teófilo 98, 102, 148, 152
Bragança 105, 129, 131, 139
Brandão, Raul 93, 134, 151
Brandes, Georg 76
Brandi, Karl 113
Braudel, Fernand 20, 49, 67, 91, 122, 123, 127, 164, 248
Bravo, López 188
Brent 182
Brito, Antônio José de 196
Buarque de Holanda, Aurélio 233
Buarque de Holanda, Sérgio 17, 28
Bueno, Amador 15, 212
Bueno 211
Buñuel, Luís 80
Burns, E. Bradford 193

C

Cabral, Amílcar 31
Caeiro, Francisco da Gama 106
Caetano, Marcelo 101, 155, 194, 195
Calderón, Francisco García 218
Calhamares 211
Calvino 24
Câmara Cascudo, Luís da 222
Camargo 211
Camões, Luís de 90, 100, 104, 108, 110, 139, 170, 212, 214, 216, 223, 230
Campbell, Ronald 194
Candido, Antônio 23
Cândido Mendes 242
Campanella 20
Campbell 195
Canalejas 159

Cañamares 21
Canaris, Wilhelm 1891
Canelones 159
Canning 137
Canotilho, Gomes 81
Cánovas 139, 140
Cárcano, Ramón J. 217
Cardoso, Fernando Henrique 226
Cardozo, Manoel da Silveira 208
Cardozo, Efraím 134
Carlos , Infante Dom 121, 124
Carlos I 151, 155
Carlos II 130
Carlos III 14, 16, 106, 131, 133, 135, 210
Carlos IV 133
Carlos V 14, 24, 30, 32, 45, 73, 111, 112, 113, 114, 115, 119, 122, 123, 125, 130, 164, 254
Carlos Magno 222
Carlota Joaquina 34, 129, 134, 135, 181, 209, 243
Carmona, Óscar 163, 186
Carvajal, Gaspar de 211
Carvalho, Adriano de 17
Carvalho, Joaquim de 184
Carvalho, Maria Amália Vaz de 105
Carvalho, Ronald de 232
Carvalho, Vasco de 172, 180
Casas, Bartolomé de las 25, 119, 251
Cascudo, Câmara 222
Castelar, Emilio 138, 139, 141, 142, 150
Castelo Branco, Camilo 17, 93, 214
Castiella, Fernando María 188
Castilho , Guilherme de 103
Castillo, Antonio Cánovas del 139
Castlereagh 135, 137
Castro Alves 213
Castro Alves, Dário de 17
Castro, Américo 47, 55, 56, 84, 107, 215

Castro, Eugênio de 98, 183
Castro, Rosalía de 9, 55, 98, 214, 225
Catalano, Pierangelo 14
Catarina a Grande 105
Cavalcanti, Di 232
Cenáculo, Manuel do 105, 106, 253
Cervantes 66, 90, 94, 95, 110, 117, 175, 212, 213, 214, 222, 223, 230
Cervera , Campos 228
Céspedes , Luís de 132
Chacon, Vamireh 119, 208, 250
Chateaubriand 172, 173
Chaunu, Pierre 49
Chaves, Julio César 72
Chesterton 228
Chorão, João Bigotte 17
Churchill, Winston 191, 198
Cidoncha, Carlos Saiz 127
Cluny, Isabel 130
Cochrane (lord) 241
Coelho, Latino 148, 168
Coimbra, Leonardo 81
Colombo 97
Comênio 253
Comte, Auguste 152, 164, 170
Conceição, Romana da 237
Connaught (duque de) 157
Considérant, Victor 60
Corrales, Pazzis Pi 127
Corrêa da Costa, Sérgio 243, 244
Correa, Juan Antonio 109
Correia de Sá, Salvador 132
Correia, Natália 229, 230
Cortesão, Jaime 87, 88, 131, 211, 230
Costa, Afonso 151, 162, 163
Costa, Darc 247
Costa e Silva, Alberto da 238, 239, 240, 241, 242
Costa, João Baptista da 238
Costa, Joaquín 70
Coulanges, Fustel de 172

Coutinho, Albano 149
Coutinho, Marco Antônio de Azevedo 133
Coutinho, Rodrigo de Sousa 15, 133
Couto, Mia 35
Cripps, Stafford 191
Croce, Benedetto 16, 20
Cruz Gouvêa, Fernando da 181
Cuesta, Pilar Vásquez 116
Cueva, Beltrán de la 111
Cunha, P. Penner da 135, 136
Cunqueiro, Álvaro 225
Churchill 191, 192, 193, 194, 195, 198
Cunha, Euclides da 249
Cunha, Dom Luís da 101, 130, 131, 133
Cunha, Dom Pedro da 133
Curtius, Ernst Robert 48

D

Dalí, Salvador 80
Dantas, San Thiago 214, 228, 236
Dato 159
Dehesa, Rafael Pérez de la 64, 77
Dehio, Ludwig 87
Descartes 86
Deus, João de 93, 97, 102, 103
Dias, Carlos Malheiros 177
Dias, Cícero 232
Dilthey 220
Dinis, Dom 112
Dollfuss, Engelbert 167
Domingues, Joaquim 81
Dönitz, Karl 193
Dostoievsky, F. 60
Droysen 46
Duarte, Dom 112, 152
Durántez Prados 249, 250
Dürer 118

E

Echevarría, José Medina 220
Eden, Anthony 195
Eguiluz, Alberto Cavanna 165
Elcano, Juan Sebastián 115
Elizabeth I 114, 117, 123, 126
Eliot, T. S. 228
Elliott, J. H. 116, 129
Ellison, Fred P. 232, 233
Encinas, Francisco de 252
Engels, Friedrich 83, 242
Entralgo, Pedro Laín 51, 223
Erasmo 85, 118
Escudero, José María 81
Espada, João Carlos 207
Espartero 143
Espronceda, José de 146
Estevão, José 149
Esteves, Ricardo 226
Etchepareborda, Roberto 134

F

Falcão, Aníbal 152
Faoro, Raymundo 17, 87
Faria, Manuel Severim de 118, 119
Farnese, Alessandro 114
Febvre, Lucien 16, 39
Feijóo, Benito 106, 253
Fernandes, Florestan 23
Fernández-Miranda, Alfonso 80
Fernández-Miranda, Pliar 80
Fernández-Miranda, Torcuato 80
Fernando II 137, 138, 147
Fernando VI 243
Fernando VII 34, 129, 133, 134, 181, 209, 243
Fernando de Aragão 24, 32, 50, 111, 112, 123, 124, 125, 148
Fernando de Portugal 94

Ferreira Cascão, Rui de Ascensão 179
Ferreira, Silvestre Pinheiro 15
Ferro, Antônio 160, 167
Figueiredo, Fidelino de 62, 63, 96, 137, 182, 183, 184, 185
Filipe II 14, 22, 24, 32, 45, 62, 67, 73, 94, 108, 112, 114, 116, 117, 118, 119, 120, 121, 122, 123, 124, 125, 126, 127, 128, 163, 164, 168, 174, 177, 211, 243
Filipe III 108, 116, 125, 139
Filipe IV 108, 116, 119
Filipe de Anjou 130
Fish, Bert 193
Floridablanca 135
Fonseca, Edson Nery da 216
Fonseca, Hermes da 160
Fonseca, Pedro da 120
Fontes Pereira de Melo 80, 149
Fouillée 33
Fox, Vicente 226
Fraga Iribarne 229
Francisco I 49
Franco, Francisco 155, 163, 166, 168, 177, 187, 188, 189, 190, 191, 192, 194, 195, 196, 198, 200
Franco, Francisco de Assis Carvalho 211
Franco, Nicolás 198, 199
Frederico o Grande 105
Freire Carvalho, José Liberato 135
Freitas, Serafim de 117
Freyre, Gilberto 12, 13, 16, 26, 32, 35, 36, 37, 40, 169, 180, 181, 183, 184, 185, 208, 214, 215, 216, 217, 218, 227, 230, 231, 232, 233, 235, 237, 245, 251
Fuentes, Carlos 28, 226, 227, 231
Furtado, Celso 220, 234, 235

G

Gaborg, Arne 76
Galdós, Benito Pérez 59, 147
Gandavo, Pero de Magalhães 94
Ganivet, Ángel 70, 73, 74, 75, 76, 77, 78, 79, 96, 99, 175, 185, 214
Gaos, José 220
Garcez, Henrique 94
Garcia de Resende 169
García Escudero 56
García-Calderón 217
García Lorca 80
García Morente 53
García Prieto 159
Garrett 173, 214
Geisel, Ernesto 236, 241
Gibson Barbosa, Mário 239
Girão 211
Girón 211
Godoy 133, 211
Goethe 12, 95
Gogol 60
Góis, Damião de 85
Gómez de la Serna 104
Gonçalves Crespo 105
González-Blanco, Edmundo 160, 161
Gonzalo de Córdova 212
Gonzalo, Ignacio Chato 156, 157, 158
Goyeneche, José Manuel de 134
Graça Aranha 227
Gracián, Baltasar 124, 125, 126, 128, 214
Granada, Luís de 94
Grócio, Hugo 25, 117
Groussac, Paul 134
Guatemozim 244
Guedes, João Alfredo Libânio 109, 115, 210

Guerra Junqueiro 93, 97, 98, 102, 151, 176
Guesde, Jules 141
Guevara, Vélez de 175
Guilherme de Orange 22, 121
Guimarães Rosa, João 35, 223
Güiraldes, Ricardo 228
Gusmão, Alexandre de 15, 131
Gusmão, Bartolomeu de 131
Guterres, Antônio 226

H

Habermas, J. 71
Habsburgo 115, 119, 130
Hamsun, Knut 76
Hegel, F. 128, 141, 235, 246
Heim, Heinrich 197
Henequin, Pedro de Rates 213
Henrique IV 50, 112
Herculano, Alexandre 23, 70, 85, 86, 87, 90, 97, 100, 149, 170
Hermida, Vicente Justo 17
Hertzen 60
Hildebrand, Klaus 87
Hirsch, Elisabeth 86
Hitler, Adolf 166, 189, 190, 193, 197
Hoare, Samuel 189
Hobbes 25, 120
Holstein, Pedro de Sousa 135
Huizinga, Johan 16
Hull, Cordell 193, 194
Huntington, Samuel P. 28, 37

I

Ibero, Santiago 146
Ibsen, Henry 71, 76
Iglesias, Pablo 77
Ímaz, Eugenio 220
Inácio de Loyola (santo) 125

Iribarne, Manuel Fraga 226
Isabel 54, 112, 113
Isabel II 136, 137, 156
Isabel de Castela 24, 32, 50, 111, 112, 114, 125, 148, 163
Isabel de Portugal 114
Ivo, Ledo 233

J

Jakobson, Roman 52
Jaguaribe, Hélio 37, 220
Japurá (barão de) 208, 249
João 116
João I 50, 87, 130
João II 14, 15, 50, 112, 123, 145, 181
João III 14, 15, 181
João IV 117, 129
João V 211
João VI 14, 15, 34, 129, 131, 134, 135, 181, 182, 209, 213
João da Cruz (são) 214
João Paulo II 229
Joergesen 76
Jordana, Francisco 189, 190, 197
Jozef, Bella 228
Juan Carlos I 80, 155
Juderías y Loyot, Julián 22, 121
Junqueira, Ivan 228

K

Kamen, Henry 30, 114, 117, 118, 121, 122, 123, 127, 128
Kant, Immanuel 172
Kepler 86
Keyserling 95
Kierkegaard 71
Knopfli, Francisco 17
Kolakowski, Leszek 20
Kujawski, Gilberto de Melo 220

L

Lamb, Frederick 136, 137
Lambert, Jacques 13, 251
Lavradio (marquês do) 159
Laytano, Dante de 235
Ledesma, Navarro 73
Lema (marquês de) 159, 180
Lencastre, Filipa de 130
Leonor 112
Lequerica, José Félix de 188
Lima, Jorge de 232
Linhares (conde de) 15
Lins, Álvaro 208
Lisboa, Carlos 109
Lisboa, Miguel Maria 208
List, Friedrich 139
Llanos y Torriglia, Félix de 180
Llosa, Mário Vargas 66
Locke, John 25, 120
Loff, Manuel 197
Lope de Vega 51, 93, 95, 108, 109, 174, 175, 214
Lopes d'Oliveira 143
Lopes, Fernão 98, 214
Lopes, Teresa Coelho 103
Lorca, Federico García 53, 165, 214
Loubeira, Vasco 94
Loureiro, Maria Amélia Salgado 180
Lourenço, Eduardo 229, 248
Luís 138
Luís Filipe 155
López Letona 188
López Rodó 177
Loureiro dos Santos 207
Lucano 44
Luís XIV 130
Lula da Silva, Luís Inácio 242
Lúlio, Raimundo 66, 214
Llull, Ramón 66, 214
Lutero 24

M

McCann Jr., Frank 193
Machado, Antônio 9, 54, 61, 69, 78, 80, 91
Machado, Bernardino 162
Machado de Assis 214, 227
Madariaga, Salvador de 50, 190, 191
Maeztu, María de 102, 163, 164, 165
Maeztu, Ramiro de 29, 49, 50, 53, 102, 163, 164, 165, 174, 176, 180, 199, 230
Magaldi, Sábato 222
Magalhães, Fernão de 115
Magalhães Lima 150, 157, 168, 177
Magno, Alberto 46
Maimônides 46, 235
Malatian, Teresa 181, 183
Maltez, José Adelino 200
Mannheim, Karl 220
Manuel I 111, 112, 113, 114, 213
Manuel II 151, 155, 159, 160, 163
Maquiavel 24, 118, 122, 123, 125, 126
Marañón, Gregorio 54, 129
March, Auzías 66
Maragall, Joan 99
Marcial 44
Margarida de Parma 114
Margarido, Alfredo 102, 103
Maria I 134
Maria II 137, 243
Mariana, Juan de 25, 120, 250, 253
Marías, Julián 38, 78, 217
Marinho, José 81
Martí, José 69
Martinez, Pedro Soares 112, 138, 151, 156, 157, 159, 162
Martorell, Johannot 66, 94, 95
Marx, Karl 141, 242
Más, Sinibaldo de 148, 168, 180

Matos, Gregório de 223
Maurício de Nassau 13, 132
Mauro, Frédéric 49
Maurras, Charles 164, 167, 173, 196
Mayno, Juan Bautista 29, 109
Maxwell, Kenneth 36, 131, 192
McCann Jr., Frank 193
Mehring, Franz 83
Meinecke, Friedrich 122
Melgarejo 211
Mello, Evaldo Cabral de 109
Mello Neto, João Cabral de 214, 218, 219, 220
Melo, Francisco Manuel de 139
Melo Franco, Afonso Arinos de 236, 241
Melo Franco, filho, Afonso Arinos de 241
Ménard, L. 60
Mendes, Cândido 242
Menéndez Pidal, Ramón 51, 63, 113
Menéndez y Pelayo 16, 79, 98, 164, 174, 218, 230
Menéndez Pidal 16, 24, 63
Mendes Pinto 104
Mendible, Alejandro 208
Menéndez y Pelayo, Marcelino 78, 79, 106, 175
Meneses, Sebastião César de 123
Methuen 101
Michelet 16
Mickiewicz, Adam 60
Miguel 136, 148, 181, 182, 243
Miranda, Jorge 81
Miró, Joan 219
Mitre, Bartolomé 134
Moisés 60
Molina, Luís de 120
Molina, Tirso de 55, 174
Moncada, Cabral de 81
Monfort, Ricardo Pérez 166

Mônica, Maria Filomena 80, 230
Monteiro, Armindo 190, 191, 195, 196
Montello, Josué 95
Montemayor, Jorge de 94, 95, 139, 175, 222
Montesquieu 100
Moog, Vianna 247
Mora, José Ferrater 56
Morán, Fernando 205
Moreira, Adriano 17, 206, 207, 209, 217, 246, 249
Morente, Manuel García 53, 61
Morejón, Julio Garcia 98
Morell, Antonio Gallego 76
Moreno, Gabriel René 134
Morse, Richard 23, 24, 25, 26
Moutinho, José Viale 64
Mouzinho da Silveira 86
Mouzinho de Albuquerque 97
Munhoz 211
Muñoz 211
Mussolini 166, 189, 197

N

Napoleão III 147
Napoleão Bonaparte 34, 134, 209
Naquet, Alfred 150
Narváez 143
Navarro y Monzó, Júlio 147
Nebrija, Antonio 35, 52
Nejar, Carlos 228, 235
Newton 86
Nictheroy, Hermenegildo Frederico 240
Nina Rodrigues 239
Nido y Segalerva, Juan del 168, 180
Nobre, Antônio 93, 97, 103
Nogueira, Alberto Franco 167, 168, 178, 179, 188, 200

Nogueira, José Félix Henriques 177
Nun'Álvares 86
Nunes, Carlos Alberto 43
Nunes, Cassiano 56
Nye Jr., Joseph S. 27, 246

O

O'Donnell 143
Olinto, Antônio 236, 237, 238
Olivares, (conde-duque de) 129
Oliveira, Felipe d' 233
Oliveira, José Aparecido de 250
Oliveira Lima, Manuel de 134, 136, 137, 138, 148, 164, 180, 181, 182, 183, 208, 209, 217, 249
Oliveira Marques, Antônio Henrique de 150, 248
Oliveira Martins, Francisco de Assis de 245
Oliveira Martins, Guilherme de 91
Oliveira Martins, Joaquim Pedro de 43, 44, 80, 83, 84, 89, 91, 92, 97, 105, 142, 143, 144, 145, 146, 147, 148, 151, 160, 170, 176, 214, 230, 245
Oliveira, Pedro de 191
Olympio, Octaviano 242
Olympio, Sylvanus 241
Ornelas, Manuelito de 235
Ors, Eugenio d' 92, 214
Ortega y Gasset, José 43, 48, 51, 52, 59, 61, 63, 64, 78, 215, 220
Ortiz, Antonio Domínguez 133

P

Pabón, Jesus 180
Pailler, Jean 151
Pais, Álvaro 86
ais, Sidônio 162

Palmela (duque de), 135
Parker, Geoffrey 121
Pascal 59, 86
Passionária (la) 16
Patrício, Manuel Ferreira 17, 80, 253
Payne, Stanley G. 165
Paz, Octavio 231, 232
Peces-Barba, Gregorio 81
Pedrayo, Otero 225
Pedro 136, 181, 182
Pedro I (IV) 133, 137, 181, 213, 243, 244
Pedro V 138, 148
Pena, Afonso 231
Pereda, José María 146
Pereira, José Esteves 17
Pereira, Pedro Teotônio 152, 187, 188, 189, 190, 197
Pereira, Sara Marques 134
Pereira, Teotônio 187, 188, 189, 198, 199
Pérez del Pulgar, Fernando 212
Pérez Galdós 134, 137, 140, 146, 147, 214
Pery, Cervera 127
Pessanha, Camilo 97, 103
Pessoa, Epitácio 175, 176
Pessoa, Fernando 35, 104, 169, 214
Pétain 189, 193, 197
Picasso, Pablo 219
Picker, Henry 197
Pierson, Peter 121
Pietri, Arturo Uslar 32
Piñon, Nélida 214, 223, 224, 225, 226, 227, 229
Pimenta, Alfredo 172, 196
Pina, Rui de 123
Pina Martins, J. V. 47
Pinheiro Chagas 149
Pinto, Fernão Mendes 98, 212, 214
Pinto, Jaime Nogueira 200

Pinzón, Vicente Yañez 220
Pires, Homero 239
Pi y Margall, Francisco 140, 141, 142, 145, 147, 152, 177
Platão 39
Plínio o Jovem 44
Pombal (marquês de) 14, 15, 101, 105, 106, 120, 131, 182, 183
Portella, Eduardo 214, 218, 220, 235, 241, 242
Portinari, Cândido 232
Prado Coelho, Jacinto do 103
Prado, Eduardo 175, 246
Prebisch, Raul 234
Presas, José 134, 135
Prestage, Edgar 84
Preston, Paul 166
Prim, Juan 137, 138, 143, 149
Primo de Rivera, general 62, 163, 168, 187
Primo de Rivera, José Antonio 53, 165, 168
Prisciliano 98
Proudhon, Pierre-Joseph 140, 141, 177
Proust, Marcel 228
Prudêncio 44
Pujals, Esteban 94

Q

Quebedo 211
Queirós, Eça de 80, 97, 168, 176, 184, 214
Queiroz, Rachel de 233
Quental, Antero de 23, 80, 93, 97, 105, 141, 142, 143, 145, 176, 214, 230
Quevedo, Francisco de 22
Quevedo 211, 212
Quijano, Alonso 70

R

Rabelais 222
Ramalho 184
Ramalho Ortigão 149
Romanones 159
Ramón y Cajal, Santiago 68, 69, 70, 71, 79, 253
Ramos, Arthur 244
Ramos, Ledesma 165
Ranke 16, 46
Raposo, Hipólito 180
Raposo Tavares, Antônio 28
Rassow, Peter 113
Rato, Raul Moreira 201
Raynal e Buckle 23
Reale, Miguel 81
Rebelo, José Pequito 170, 171, 172, 178, 179
Redondo, Juan Carlos Jiménez 200, 208
Redondo, Onésimo 165
Régio, José 104
Reis, João José 239
Reis Torgal 248
Relvas, José 162
Renan 172
Resende, André de 254
Reyes, Alfonso 227, 231, 232, 233, 234
Reyes, Alicia 233, 234
Ribadeneira, Pedro 125, 126
Ribbentrop 166
Ribeiro, Álvaro 20, 81
Ribeiro, Aquilino 95, 99
Ribeiro, Casal 148
Ribeiro Couto 232
Ribeiro, Darcy 26, 32, 38, 39
Ribeiro, João Ubaldo 129
Ribeiro, Joaquim 109
Ribeiro Sanches, Antônio 86

Ricardo, Cassiano 28, 109, 211
Ricardo, David 235
Richelieu 116, 129
Riego 54
Rio Branco, (barão do) 208, 209, 218, 249
Ríos, Francisco Giner de los 80, 253
Ríos, Giner de los 79, 253
Risco, Vicente 64
Rivadeneira, Pedro 125, 126
Rhodes, Cecil 101, 150
Robertson 23
Robles, Gil 16
Rodarte, Claus 17
Rodó, José Enrique 37, 144, 175
Rodrigues, Antônio Maria Bettencourt 250
Rodrigues, José Honório 241
Rodríguez, Ricardo Vélez 81
Rojas, Alonso de 211
Rojas y Moreno, José 200
Roldán, Amélia 73
Romanones, (conde de) 162, 180
Roosevelt, Franklin D. 191, 192, 193, 194
Rosas, Fernando 191, 200
Rosenzweig, Franz 38
Rousseau 120
Rulfo, Juan 231
Russell, Peter E. 130
Ruyer, Raymond 20

S

Sá-Carneiro, Mário de 169
Sábato, Ernesto 31
Salazar, Antônio de Oliveira 63, 67, 152, 155, 166, 168, 185, 186, 187, 188, 189, 190, 191, 192, 194, 195, 196, 197, 198, 199, 200

Saldanha, Nelson 220
Salgado, Plínio 180
Salisbury 102
Salmerón, Fernando 64
Sampaio, Jorge 249, 254
Sánchez-Albornoz, Claudio 30, 31, 47, 48, 50, 84, 96, 99, 100, 107, 185, 186, 187
Sánchez Toca, Joaquín 161
Sancho I 112
Sancho II 112
San Martín, José de 134, 209
Sant'Anna, Affonso Romano de 232
Santayana, George 215
Santiago, Silviano 221, 223
Santos, Boaventura de Sousa 106
Santos, Filipe dos 212
Santos Pérez, José Manuel 17
Saraiva, Antônio José 89, 92, 100, 105
Saraiva, Arnaldo 218
Saraiva, José Hermano 115, 116
Saraiva, Mário 89, 177
Sardinha, Antônio 163, 168, 169, 170, 171, 172, 173, 174, 175, 176, 177, 178, 179, 180, 182, 183, 184, 196
Sarmiento 249
Sá, Salvador de 132
Savonarola 118
Saxe-Coburgo-Gotha 137
Sebastião 87, 104, 108, 114, 115, 177
Secchin, Antônio Carlos 218, 219
Sêneca 44
Sérgio, Antônio 16, 85, 86, 100, 103, 145, 183
Serna, Ramón Gómez de la 230
Serrão, Joaquim Veríssimo 109, 248
Serrão, Joel 141
Schiller 22, 121
Schopenhauer 25

Shakespeare 95
Silva, Abílio Diniz 133
Silva, Agostinho da 16, 84, 89, 229, 243
Silva Carvalho 182
Silva, Inocêncio da 148, 149
Simões, João Gaspar 80
Smuts, Jan Christian 195
Soares, Alexandre Freitas Ribeiro 17
Soares dos Reis 97
Soares, Mário 250
Solana, Javier 248
Sombart, Werner 164
Sorel 33, 172
Soromenho-Marques, Viriato 106
Soto, Domingo de 119
Southey, Robert 94
Sousa, Marcelo Rebelo de 81
Sousa, Octávio Tarquínio de 134
Souza, Francisco Félix de 237, 238, 242
Sousa Viterbo 94
Spinoza 235, 211
Starkenburg, Heinz 83
Stein, Barbara H. 106
Stein, Stanley J. 106
Stella, Roseli Santaella 109
Storck, Wilhelm 141
Suárez, Francisco 25, 120, 250, 253
Suassuna, Ariano 32, 221, 222, 223
Suñer, Serrano 166, 187, 188, 189, 190, 192

T

Tapajós, Vicente 109, 210
Taunay, Afonso de E. 28, 109, 210, 212
Tavares, Raposo 211
Teixeira, Antônio Braz 81
Teixeira de Pascoaes 92, 93, 97, 102, 103, 168
Teixeira, Nuno Severiano 151, 160
Teixeira, Pedro 211
Telo, Antônio José 205, 207
Teodósio 44
Teresa de Ávila (santa) 129, 214
Thomas, Henry 94
Tiradentes 213
Tito Lívio 44
Toca, Sánchez 161, 162
Tomás de Aquino (santo) 25, 46, 118, 119
Tönnies, Ferdinand 33
Torga, Miguel 9, 40, 90, 92
Torgal, Luís Reis 206, 248
Torres, Alberto 169
Torre Gómez, Hipólito de la 157, 158, 159, 160, 161, 162, 163, 187, 197, 205, 206
Touraine, Alain 35
Trajano 44
Tröltsch, Ernst 164

U

Überweg, Friedrich 25, 120
Unamuno, Miguel de 9, 17, 53, 55, 56, 60, 61, 64, 68, 70, 71 72, 73, 76, 77, 78, 85, 89, 90, 92, 93, 96, 97, 98, 99, 100, 102, 105, 151, 164, 175, 214, 230
Ureña, Pedro Henríquez 218, 227
Urraca 112
Uslar Pietri 26, 32

V

Vacher de Lapouge 169, 170
Valdés, Juan 252
Valério, Nuno 206
Valle-Inclán 225

Varnhagen, Francisco Adolfo de 95
Vargas, Getúlio 191, 193, 194, 195, 196
Vasconcelos, Álvaro de 201
Vasconcelos, José 26, 32, 231, 232
Vasconcelos, Luís Mendes de 118
Vasco da Gama 170
Vasques 211
Vázquez 211
Vassallo, Lígia 221, 222
Vejarano, Juan Trías 141
Velázquez 94
Venâncio, José Carlos 201
Verdaguer, Jacint 9
Verde, Cesário 103
Verger, Pierre 236
Vergílio 43
Veríssimo, Érico 233, 235
Veríssimo, José 217
Verney, Luís Antônio 86
Viana Filho, Luís 208
Viana Lyra, Maria de Lourdes 133
Vicente, Ana 198, 199, 200, 205
Vicente, Gil 88, 100, 110, 111, 139, 214, 221
Vieira, Antônio 25, 100, 251
Vieira de Castro, Luís 151
Villega, Manuel de 212

Vives, Luís 106, 214, 254
Viotti, Hélio Abranches 128
Vitória 137
Vitoria, Francisco de 25, 119, 163, 164, 250, 253
Voltaire 106
Vossler, Karl 45, 46, 47, 48

W

Wallerstein, Immanuel 253
Warwick, Guy de 94
Weber, Alfred 11
Weber, Max 11, 23, 24, 122, 164, 220, 251
Wehling, Arno 40
Wellington 134, 135, 136

X

Xavier, Baltazar 56
Xaxá de Souza 237, 238, 242

Z

Zorrilha 211
Zorrilla 211
Zúñega 211

SOBRE O LIVRO

Formato: 14 x 21 cm
Mancha: 23,5 x 45,5 paicas
Tipologia: Garamond Book Condensed 11/14,7
Papel: Offset 75 g/m² (miolo)
Cartão Supremo 250 g/m² (capa)
1ª edição: 2005

EQUIPE DE REALIZAÇÃO

Produção Gráfica
Anderson Nobara

Edição de Texto
Paralelo 15 (Preparação de Original)
Luciene A. B. de Lima (Revisão)

Editoração Eletrônica
Paralelo 15 (Diagramação)

Capa
Roland, sobre planisfério de Cantino, 1502